中国社会科学院创新工程学术出版资助项目

国家社科基金重大特别委托项目

西南边疆历史与现状综合研究项目·研究系列

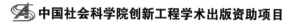中国社会科学院创新工程学术出版资助项目

国家社科基金重大特别委托项目
西南边疆历史与现状综合研究项目·研究系列

云南行政中心的历史变迁及疆域形成

王振刚／著

社会科学文献出版社
SOCIAL SCIENCES ACADEMIC PRESS (CHINA)

总　　序

　　"西南边疆历史与现状综合研究项目"（以下简称"西南边疆项目"）为国家社科基金重大特别委托项目，由全国哲学社会科学规划办公室委托中国社会科学院科研局组织管理。"西南边疆项目"分为基础研究和应用研究两个研究方向，其中基础研究类课题成果结集出版，定名为"西南边疆历史与现状综合研究项目·研究系列"（以下简称"西南边疆研究系列"）。

　　西南边疆研究课题涵盖面很广，其中包括西南区域地方史与民族史等内容，也包括西南边疆地区与内地、与境外区域的政治、经济、文化关系史研究，还涉及古代中国疆域理论、中国边疆学等研究领域，以及当代西南边疆面临的理论和实践问题等。上述方向的研究课题在"西南边疆项目"进程中正在陆续完成。

　　"西南边疆研究系列"的宗旨是及时向学术界推介高质量的最新研究成果，入选作品必须是学术研究性质的专著，通史类专著，或者是学术综述、评议，尤其强调作品的原创性、科学性和学术价值，"质量第一"是我们遵循的原则。需要说明的是，边疆地区的历史与现状研究必然涉及一些敏感问题，在不给学术研究人为地设置禁区的同时，仍然有必要强调"文责自负"："西南边疆研究系列"所有作品仅代表著作者本人的学术观点，对这些观点的认同或反对都应纳入正常的学术研究范畴，切不可将学者在研究过程中发表的学术论点当成某种政见而给予过度的评价或过分的责难。只有各界人士把学者论点作为一家之言，宽厚待之，学者才能在边疆研究这个颇带敏感性的研究领域中解放思想、开拓创新，唯有如此，才能保证学术研究的科学、公正和客观，也才能促进学术研究的进一步深入和不断繁荣。

自 2008 年正式启动以来，中国社会科学院党组高度重视"西南边疆项目"组织工作，中国社会科学院原副院长、"西南边疆项目"领导小组组长江蓝生同志对项目的有序开展一直给予悉心指导。项目实施过程中，还得到中共中央宣传部、全国哲学社会科学规划办公室、云南省委宣传部、广西壮族自治区党委宣传部、云南省哲学社会科学规划办公室、广西壮族自治区哲学社会科学规划办公室以及云南、广西两省区高校和科研机构领导、专家学者的大力支持和参与，在此一并深表谢意。"西南边疆研究系列"由社会科学文献出版社出版，社会科学文献出版社领导对社会科学研究事业的大力支持，编辑人员严谨求实的工作作风一贯为学人称道，值此丛书出版之际，表达由衷的谢意。

"西南边疆研究系列"编委会

2012 年 10 月

目　　录

绪 论

一 论题的提出及释义

云南，东方人类的起源地之一，尤其是时代为 170 万年前的元谋人遗址的发现，揭开了中国古人类的第一页。云南新石器时代的文化遗址就已灿若群星、光彩耀人。这里山河壮美、风光秀丽、物产丰饶，青铜时代曾孕育过光辉灿烂的古滇国文明；先秦时期，云南就以作为联系中外民间交流的通道（古西南丝绸之路）而发挥了重要作用；战国时期，"庄蹻王滇"，云南地区首次与内地诸侯国发生了关系；秦始皇时出现了中央王朝经营"西南夷"的先声——"开道、设郡、置吏"，但只是昙花一现；直到汉武帝元封二年（公元前 109 年）益州郡①的设置，云南才真正地成为中原王朝西南边疆的一部分并与之发生了紧密联系。自此，云南地区首个行政中心便在滇池地区（今晋宁县）确立。此后，随着历朝各代中央（原）王朝对云南地区经营侧重点的不同以及云南地区政治、经济、民族和文化发展程度的不平衡，云南行政中心在两千多年的时间里

---

① 两汉时期，在行政区划方面，汉代基本上承袭了秦王朝的郡县二级管理体制（只是又增加了诸侯王国一级），益州郡大部分时间里是作为两汉王朝的一级政区而存在的，只不过中央政府为了便于对郡国体制进行高效管理的需要，汉武帝时期才在郡国一级政区之上设立了监察区，即所谓的刺史部，全国共设有 13 刺史部（州），益州郡为益州刺史部监察区的南部。东汉末年，鉴于农民起义不断、郡守束手无策的困局，朝廷才不得不将州（刺史部）由监察区变为行政区，于是，州（刺史部）便首次成为郡之上的一级行政区划（李晓杰：《疆域与政区》，江苏人民出版社，2011）。

先后发生了 3 次变迁：由滇中滇池地区（从西汉至三国初期）向滇东曲靖地区（从三国初期至唐前期），由滇东曲靖地区向滇西洱海地区（从唐中叶至元初），再从滇西洱海地区回归滇池地区（从元初至今）。此外，自西汉武帝元封二年（公元前 109 年）益州郡的设置至清代的两千余年中，随着历朝各代中央（原）王朝以及云南地方民族政权对云南地区不同程度的开拓与经营，云南作为中国西南边疆牢不可破的一部分在元明清时期才最终底定。

历史时期，云南作为中央（原）王朝西南边疆的一部分，在经济开发、行政中心的选址以及民族变迁等方面都出现了有别于中原及其他边疆地区的独特模式。当然，这一结果的出现是由地理环境、移民、交通、经济发展、文化繁荣、王朝治策等众多因素影响、制约产生的，其中历史时期云南行政中心的 3 次转移，对云南辖域的盈缩以及区域政治、经济和文化的整合都产生了深远影响。

今天，在社会主义现代化建设过程中，我们对"云南行政中心的历史变迁及疆域形成"这一课题进行专门的深入研究，从中总结出云南行政、经济与文化中心变迁的时代背景和历史影响，可以为社会主义现代化建设提供历史的启示和借鉴；对云南疆域形成问题进行全方位、多视角的系统研究，总结云南边疆在中国疆域形成发展中的特点、地位、作用、贡献及其与其他边疆地区的异同之处，这也是中国疆域形成理论研究中亟待深耕的领域，其学术价值和现实意义亦十分重大。

此外，需要注意的是，为了主旨明确与行文的便利，论著主题需要给出以下三点说明：一是，本课题研究的时空范围是自西汉以来不同历史时期云南辖域内行政中心的变迁及疆域形成问题。不同历史时期云南的管辖范围是指以元代时的云南行省（包括今天的云南全省、四川西南的一部、贵州西部、缅甸的东北部及中南半岛北部的一些地区）地区为基点，其前后朝代又有所损益的云南历史辖境。历史时期的云南自西汉以来作为中原王朝西南边疆的一部分或相对独立的地方政权，其辖域演变是一个动态的过程，大致定型于明，奠定于清。二是，由于本课题研究的是长时段的时空变换问题，这就往往会出现同一地区在不同的历史时期地名变换不定的问题，为了行文的便利，文中有众多地方采用了今天的地名来表述历史上名称变换不定的地区。三是，本课题中"云南疆域"、"云南边疆"或"云南辖域"等词的含义主要是指"不同历史时期作为中国历史疆域不可分割一部分的云南地方政权所管辖的地域范围或统治范围"，这也是行文中特别需要指出的。

二 研究现状述评

20 世纪 80 年代以来，随着思想解放和学术氛围的宽松，中国边疆研究的第三次高潮渐趋形成，目前仍方兴未艾，显现出持续发展的强劲势头。① 作为地处西南的云南边疆研究来说，由于其独特的地理环境和久远的历史文化，更是备受关注。目前，学界对云南区域史和边疆史方面的研究大有百家争鸣、各放异彩之势，其研究主要体现在对历史时期云南多民族的源流变迁、经济文化的发展、王朝治边治策的演变、西（云）南边疆的变迁等方面的研究。但学界对"云南行政中心的历史变迁及疆域形成实践及理论"相关问题的研究较显薄弱。

（一）学界涉及云南行政中心历史变迁问题的相关研究

云南行政中心的历史变迁问题是当今云南区域史、地方史和边疆史研究中的一个重要视点。从目前看，学界涉及云南行政中心变迁的代表性著述主要有范建华的《云南民族历史与文化的变迁——关于云南政治文化中心五百年一迁移的思考》②，该文是 10 余年来涉及云南行政中心变迁问题研

---

① 20 世纪 80 年代以来，随着思想解放和学术氛围的宽松，在党和国家有关部门的关注下，中国的边疆研究开始逐步摆脱 50～70 年代前期"左倾"思潮的影响，呈现日趋繁荣之势。伴随着 1983 年 2 月中国社会科学院中国边疆史地研究中心（现更名为中国边疆研究所，是中国大陆唯一的中国边疆史地专业研究机构）的成立及其以后三大边疆重点研究（中国古代疆域史、中国近代边界沿革史和中国边疆研究史）系列的确定，20 世纪 90 年代以后，当代中国边疆调查与研究的展开，诸多边疆学术机构的建立、边疆学术团体的成长壮大以及边疆学术交流平台的增多，中国边疆研究的第三次高潮渐趋形成，其标志是研究中实现了两大突破：一是突破了以往仅仅研究近代边界问题的狭窄范围，开始形成了以中国古代疆域史、中国近代边界沿革史和中国边疆研究史三大研究系列为重点的研究格局，促成了中国边疆史地研究的大发展；二是突破了边疆史地研究的范围，将中国边疆历史与现实相结合，形成了成果众多、选题深化、贴近现实、多学科相结合的特点（马大正：《边疆研究应有一个大发展》，《东北史地》2008 年第 4 期）。

② 范建华：《云南民族历史与文化的变迁——关于云南政治文化中心五百年一迁移的思考》，《学术探索》2004 年第 7 期。

究较多的一篇文章，作者在文中对云南政治文化中心迁移的原因和规律做出了分析，认为"云南历史在与祖国历史整体发展的前提下，有其自身的特点和规律，其突出特点便是云南历史发展的多民族多中心和每隔 500 年左右便发生一次统治中心的周期性转移"，但由于篇幅所限，作者对这一复杂问题的分析难免有所不足。支云华的《古代云南的第一个政治经济中心》① 概要梳理了曲靖成为云南最早的政治经济中心的原因所在，但文中认为曲靖是古代云南的第一个政治经济中心的观点似有欠妥之处。此外，李孝聪在其《中国区域历史地理》第二章"西南地区：川、渝、滇、黔、藏"部分内容中，从云南历史自然环境与地缘政治结构的视角对云南行政中心的变迁问题进行了简要论述与分析。② 郑维宽的《试论明清时期云南经济发展的区域差异及重心分布》③ 从元代云南政治中心东移昆明的视角对云南经济重心的东移进行了分析，认为云南经济重心的东移是整个中国政治、经济与文化重心东移南迁大势下的必然产物。

近年来，笔者在做硕士学位论文的基础上对云南行政中心变迁问题进行了重点关注，笔者的《汉代云南行政中心在滇池地区的确立及影响》（与黄梅合作）、《历史上云南行政中心东移曲靖的原因及影响》、《历史上云南行政中心西移洱海地区的原因及其影响》（与王泽君合作）、《元代云南行政中心重返滇池地区之考察》（与崔志敏合作）④ 等文，从地理环境、经济发展、王朝治策与汉族移民入滇等多角度考察了导致云南行政中心确立及变迁的主客观原因以及行政中心变迁后产生的深远影响。诸文是迄今为止学界对不同历史时期云南行政中心的确立及变迁问题进行的最为系统的分析与探讨，但由于篇幅所限，文中所涉及的诸多问题仍

---

① 支云华：《古代云南的第一个政治经济中心》，《云南日报》2002 年 5 月 22 日。

② 李孝聪：《中国区域历史地理》，北京大学出版社，2004，第 87 页。

③ 郑维宽：《试论明清时期云南经济发展的区域差异及重心分布》，《曲靖师范学院学报》2006 年第 4 期。

④ 王振刚、黄梅：《汉代云南行政中心在滇池地区的确立及影响》，《文山学院学报》2010 年第 2 期；王振刚：《历史上云南行政中心东移曲靖的原因及影响》，《曲靖师范学院学报》2008 年第 1 期；王振刚、王泽君：《历史上云南行政中心西移洱海地区的原因及其影响》，《大理民族文化研究论丛》2012 年第 5 辑；王振刚、崔志敏：《元代云南行政中心重返滇池地区之考察》，《文山学院学报》2012 年第 1 期。

需进一步的丰富与完善。

此外，张刚、伍雄武的《云南民族关系的历史与经验》，谢本书、李江主编的《昆明城市史》，方铁的《唐宋元明清的治边方略与云南通道变迁》，古永继的《明清时期云南文人的地理分布及其思考》，龙永行的《杰出的回族改革家赛典赤》，杨永福、何廷明的《论元明时期的"入湖广道"与滇、黔政治中心的变迁》，杨永福的《滇川黔相连地区古代交通的变迁及其影响》，蓝勇的《明清时期西南地区城镇分布的地理演变》和《明清时期云贵汉族移民的时间和地理特征》，曹小曙、朱竑的《历史时期昆明市城区拓展及结构演变研究》，乔飞的《明代移民与昆明城市的发展》，徐建军的《清代昆明城市发展研究》① 等文，从交通变迁、文化繁荣、移民入滇及城镇拓展等角度对云南行政中心的变迁相关问题或直接或间接地有所触及。

（二）学界涉及云南疆域变迁史的相关研究

学界对中国疆域史及疆域理论的相关研究是随着 20 世纪上半叶，特别是三四十年代外敌入侵的特殊情况下展开的。如顾颉刚、史念海的《中国疆域沿革史》，夏威的《中国疆域拓展史》，童书业的《中国疆域沿革略》② 等著作最具代表性，"开拓了近代中国历史疆域研究的先河，但缺少从多民族国家角度来看待中国历史疆域问题的视角，基本上往往以历代王朝疆域为限来论述历史上的中国疆域"③。

① 张刚、伍雄武：《云南民族关系的历史与经验》，社会科学文献出版社，2014；谢本书、李江主编《昆明城市史》，云南大学出版社，2009；方铁：《唐宋元明清的治边方略与云南通道变迁》，《中国边疆史地研究》2009 年第 1 期；古永继：《明清时期云南文人的地理分布及其思考》，《云南学术探索》1993 年第 2 期；龙永行：《杰出的回族改革家赛典赤》，《云南师范大学学报》1987 年第 2 期；杨永福、何廷明：《论元明时期的"入湖广道"与滇、黔政治中心的变迁》，《贵州民族研究》2011 年第 5 期；杨永福：《滇川黔相连地区古代交通的变迁及其影响》，云南大学博士学位论文，2008；蓝勇：《明清时期西南地区城镇分布的地理演变》，《中国历史地理论丛》1995 年第 1 期；蓝勇：《明清时期云贵汉族移民的时间和地理特征》，《西南师范大学学报》1996 年第 2 期；曹小曙、朱竑：《历史时期昆明市城区拓展及结构演变研究》，《热带地理》2000 年第 3 期；乔飞：《明代移民与昆明城市的发展》，《史学月刊》2006 年第 12 期；徐建军：《清代昆明城市发展研究》，四川大学硕士学位论文，2007。

② 顾颉刚、史念海：《中国疆域沿革史》，上海书店，1938；夏威：《中国疆域拓展史》，桂林文化供应社，1941；童书业：《中国疆域沿革略》，上海开明书店，1946。

③ 刘清涛：《60 年来中国历史疆域问题研究》，《中国边疆史地研究》2009 年第 3 期。

改革开放 30 余年来，中国古代疆域史的相关研究取得十分丰硕的成果，是国内专家重点攻关的领域之一。学界从统一多民族国家视角对中国古代疆域（涉及云南）进行整体性研究的代表性成果主要有：林荣贵主编的《中国古代疆域史》① 是一部全面、系统反映中国古代统一多民族国家疆域形成和发展历史的学术专著。该著史料翔实，内容丰富，历经长时期多次研讨和修正，字数多达 161 万，是国家"八五"计划社会科学研究的重点课题。马大正主编的《中国边疆经略史》② 是最全面系统阐述中国历朝各代边疆经略历史的专著，也是一部集创新性、科学性、权威性于一体中国边疆通史研究的典范之作，代表着改革开放以来我国边疆研究领域的较高水平，受到了国内外学术界的高度重视。

对西南或云南（古代）疆域史进行专题研究的相关著述主要有方国瑜的《中国西南历史地理考释》③ 阐述了历史上各个时期西南地区的行政机构设置和疆界划分的演变情况，是作者几十年研究西南地区历史地理的重要成果；尤中的《中国西南边疆变迁史》《云南地方沿革史》等文④较为系统全面地论述了秦汉至清各个时期西南（云南）边疆的变迁，考察了中缅边界、中老边界和中越边界西段的演变情况。上述成果反映了改革开放以来西南疆域史研究的重要进展。方铁的《西南通史》⑤ 探讨了从远古至清代鸦片战争前西南地区（包括滇、黔、桂及川西南）的政治变化、疆域变迁、经济发展、文化演变及其族群兴衰的诸种情形，该著是新世纪以来西南边疆区域性通史领域中的创新与典范之作，具有较高的学术水平。何耀华总主编的《云南通史（6 卷本）》⑥，编撰历经 10 多个春秋，数易其稿，字数多达 300 余万，对云南各民族自远古至 1949 年的历史进行了深入阐释及全景展现，是迄今为止篇幅最大、内容最完整、阐述最系统的云南通史著作，也是近年来云南疆域史、地方史和民族史

① 林荣贵主编《中国古代疆域史》，黑龙江教育出版社，2007。
② 马大正主编《中国边疆经略史》，中州古籍出版社，2000。
③ 方国瑜：《中国西南历史地理考释》，中华书局，1987。
④ 尤中：《中国西南边疆变迁史》，云南教育出版社，1987；尤中：《云南地方沿革史》，云南人民出版社，1990。
⑤ 方铁主编《西南通史》，中州古籍出版社，2003。
⑥ 何耀华总主编《云南通史（6 卷本）》，中国社会科学出版社，2011。

研究中的重要成果。

此外，冯建勇的《秦汉时期的云南西部疆域变迁》，黄国安等的《中越关系史简编》，陆韧的《明朝的国家疆域观及其明初在西南边疆的实践》和《元代西南边疆与麓川势力兴起的地缘政治》，秦树才的《绿营兵与清代的西南边疆》，何平的《中国西南边疆的变迁与中缅佤族跨国境格局的形成》和《中国西南边疆的变迁与缅甸掸族的由来》① 等文，对西南或云南古代疆域变迁的相关问题进行了探讨，也是 30 余年来值得关注的成果。

（三）学界涉及云南疆域形成的实践及理论的相关研究

20 世纪 80 年代以来（特别是进入 21 世纪以来），中国疆域形成的实践及理论的相关研究受到学界越来越多的重视与关注，对中国疆域形成的过程、原因和规律进行深层次的理论探讨，已成为当今中国边疆学研究的一个重要领域。从整个中国疆域形成视角进行相关研究的代表性成果主要有马大正的《中国疆域的形成与发展》对数千年中国疆域形成的历史进行了高度的概括和总结：秦汉时期中国疆域的形成、隋唐至元时期中国疆域的发展、清代中国疆域的奠定、19 世纪中叶以后至民国时期中国疆域的变迁四个阶段，中国边疆在历史发展的长河中日益成为统一多民族国家的重要组成部分。该文是这一领域具有代表性意义的优秀成果。杨建新的《"中国"一词和中国疆域形成再探讨》，厉声的《先秦国家形态与疆域、四土刍见——以殷商国家叙述为主》，于逢春的《构筑中国疆域的文明板块类型及其统合模式序说》，李方的《试论唐朝的"中国"与"天下"》，毕奥南的《历史语境中的王朝中国疆域概念辨析——以天下、四海、中国、疆域、版图为例》，李大龙的《汉唐藩属体制研究》《传统夷夏观与中国疆域形成——中国疆域形成理论探讨之一》《不同藩属

---

① 冯建勇：《秦汉时期的云南西部疆域变迁》，《思茅师范高等专科学校学报》2007 年第 4 期；黄国安等：《中越关系史简编》，广西人民出版社，1986；陆韧：《明朝的国家疆域观及其明初在西南边疆的实践》，《云南师范大学学报》（哲学社会科学版）2010 年第 5 期；陆韧：《元代西南边疆与麓川势力兴起的地缘政治》，《中国边疆史地研究》2008 年第 3 期；秦树才：《绿营兵与清代的西南边疆》，《中国边疆史地研究》2004 年第 2 期；何平：《中国西南边疆的变迁与中缅佤族跨国境格局的形成》，《世界民族》2001 年第 5 期；何平：《中国西南边疆的变迁与缅甸掸族的由来》，《云南民族大学学报》（哲学社会科学版）2007 年第 3 期。

体系的重组与王朝疆域的形成——以西汉时期为中心》《"中国"与"天下"的重合——古代中国疆域形成的历史轨迹》《关于藩属体制的几个理论问题——对中国古代疆域理论发展的理论阐释》① 等文，从不同视角对统一多民族国家疆域构筑以及形成规律进行了探讨，形成了一些新的认识。

从朝贡体制或封贡体系视角对中国疆域形成问题进行探讨的相关研究成果主要有：韦东超的《朝贡体制和分封制对我国统一多民族国家形成的作用》②，认为朝贡体制对夏商周时期疆域范围的扩大与整合发挥着非常重要的作用，夏商周时期形成的国家形态和文化形态也为后世中国统一多民族国家的发展与壮大奠定了坚实的政治基础和文化基础。李云泉的《五服制与先秦朝贡制度的起源》和《朝贡制度的理论渊源与时代特征》，谢禹的《以德怀远的磅礴唐风——管窥唐朝政权与西南、南部民族间的封贡现象》③ 等文，认为朝贡制度曾是中国历代王朝处理民族关系和对外关系的主要模式之一。贾丛江的《西汉属部朝贡制度》④ 认为属部朝贡制度是在西汉建立统一多民族国家进程中逐渐形成的，它所确立的原则和模式对后世历代王朝产生了重大影响。此外，管彦波的《论唐代内地与边疆的"互市"和"朝贡"贸易》，黄木、吴克娅的《中国古代

---

① 杨建新：《"中国"一词和中国疆域形成再探讨》，《中国边疆史地研究》2006 年第 2 期；厉声：《先秦国家形态与疆域、四土刍见——以殷商国家叙述为主》，《中国边疆史地研究》2006 年第 3 期；于逢春：《构筑中国疆域的文明板块类型及其统合模式序说》，《中国边疆史地研究》2006 年第 3 期；李方：《试论唐朝的"中国"与"天下"》，《中国边疆史地研究》2007 年第 2 期；毕奥南：《历史语境中的王朝中国疆域概念辨析——以天下、四海、中国、疆域、版图为例》，《中国边疆史地研究》2006 年第 2 期；李大龙：《汉唐藩属体制研究》，中国社会科学出版社，2006；李大龙：《传统夷夏观与中国疆域形成——中国疆域形成理论探讨之一》，《中国边疆史地研究》2004 年第 1 期；李大龙：《不同藩属体系的重组与王朝疆域的形成——以西汉时期为中心》，《中国边疆史地研究》2006 年第 1 期；李大龙：《"中国"与"天下"的重合——古代中国疆域形成的历史轨迹》，《中国边疆史地研究》2007 年第 3 期；李大龙：《关于藩属体制的几个理论问题——对中国古代疆域理论发展的理论阐释》，《学习与探索》2007 年第 4 期。

② 韦东超：《朝贡体制和分封制对我国统一多民族国家形成的作用》，《光明日报》2007 年 8 月 17 日。

③ 李云泉：《五服制与先秦朝贡制度的起源》，《山东师范大学学报》（人文社会科学版）2004 年第 1 期；李云泉：《朝贡制度的理论渊源与时代特征》，《中国边疆史地研究》2006 年第 3 期；谢禹：《以德怀远的磅礴唐风——管窥唐朝政权与西南、南部民族间的封贡现象》，《重庆工商大学学报》2008 年第 5 期。

④ 贾丛江：《西汉属部朝贡制度》，《西域研究》2003 年第 4 期。

少数民族朝贡初探》① 等文，对认识朝贡制度在中国疆域形成中的作用也具有十分重要的意义。

　　从中国历朝各代的民族政策和羁縻政策，特别是土官土司制度视角对涉及西（云）南疆域形成的相关研究成果较为丰硕。其中代表性成果主要有：徐杰舜等的《中国民族政策简史》，龚荫的《中国历代民族政策概要》《民族史考辨》② 等著，对历朝各代的民族政策进行系统的分析与论述，从中我们可以清楚地看到历代民族政策无论是羁縻政策，还是怀柔政策，抑或是和亲政策，还是宗教政策，都体现了从多元走向一体的大一统的倾向和趋势。龚荫的《中国土司制度史》（上、下编，全书 3 册 220 余万字）、《明史云南土司传笺注》、《明清云南土司通纂》③ 等著，讲述了中国土司制度的滥觞、形成、发展与消亡的历史，"阐述了中国历来是一个多民族国家，正是由于历朝历代对边疆民族地区施行土司制度，方才保证了中央王朝对边疆民族地区的有效统治和长治久安，成为统一的多民族国家"④。方铁的《论羁縻治策向土官土司制度的演变》和《土司制度及其对南方少数民族的影响》⑤ 等文，认为土司制度是对元代以前羁縻治策制度的重要发展，实现了对施治地区社会关系的有效整合，使封建王朝的统治在蛮夷地区得以深入，促进了边疆同内地间文化的交流与融合，同时造成了南方少数民族性格的改变。此外，李大龙的《多民族国家建构视野下的土司制度》，于逢春的《"泛中原农耕文明板块"视域中的西南边疆及土司研究》，吴永章的《从秦汉时期的民族政策看我国

---

① 管彦波：《论唐代内地与边疆的"互市"和"朝贡"贸易》，《黑龙江民族丛刊》2007年第 4 期；黄木、吴克娅：《中国古代少数民族朝贡初探》，《青海民族研究》2001 年第 4 期。

② 徐杰舜、罗树杰、许立坤：《中国民族政策简史》，宁夏人民出版社，2011；龚荫：《中国历代民族政策概要》，民族出版社，2008；龚荫：《民族史考辨》，云南大学出版社，2004。

③ 龚荫：《中国土司制度史》，四川人民出版社，2012；龚荫：《明史云南土司传笺注》，云南民族出版社，1988；龚荫编著《明清云南土司通纂》，云南民族出版社，1985。

④ 《〈中国土司制度史〉简介》，全国哲学社会科学规划办公室网站，2012 年 10 月 25 日。

⑤ 方铁：《论羁縻治策向土官土司制度的演变》，《中国边疆史地研究》2011 年第 2 期；方铁：《土司制度及其对南方少数民族的影响》，《中南民族大学学报》（人文社会科学版）2012 年第 1 期。

土司制度的渊源》，杨庭硕、李银艳的《"土流并治"——土司制度推行中的常态》，王缨的《鄂尔泰与西南地区的改土归流》，龚荫的《关于明清云南土司制度的几个问题》，张晓松的《论元明清时期的西南少数民族土司土官制度与改土归流》，林荃的《云南土司制度的历史特点及分期》，曹相的《云南土司制度源流》① 等文，对于我们认识土司制度及改土归流在西（云）南疆域形成中的作用具有重要的启示意义。

（四）学界涉及本课题其他方面的相关研究

学界涉及云南边疆治理史的相关研究。自秦汉以来，历代中央（原）政权都十分重视对边疆地区的经营与治理，其治理的成败得失给后人留下了宝贵的历史遗产，对这一课题的研究具有重要的史鉴价值和现实意义。从纵横两个方面来看，边疆治理研究的内容可谓十分丰富，囊括了从古至今所有历史时期的边疆行政体制、中央和地方的管理机构、边境管理、边防（国防）、周边外交、民族政策、宗教政策、经济开发、文化政策、治边思想等诸多方面。目前，学界对这一问题的研究所涉云南边疆治理史的成果十分显著。专著方面主要有马大正主编《中国古代边疆政策研究》、赵云田的《中国治边机构史》、马汝珩、马大正主编《清代的边疆政策》、郑汕主编《中国边防史》、周平等的《中国边疆治理研究》、罗彩娟等的《中国西南边疆治理模式研究》② 等。其中需要特别指

---

① 李大龙：《多民族国家建构视野下的土司制度》，《云南师范大学学报》（哲学社会科学版）2012 年第 6 期；于逢春：《"泛中原农耕文明板块"视域中的西南边疆及土司研究》，《民族学刊》2012 年第 5 期；吴永章：《从秦汉时期的民族政策看我国土司制度的渊源》，《中南民族学院学报》（哲学社会科学版）1984 年第 3 期；杨庭硕、李银艳：《"土流并治"——土司制度推行中的常态》，《贵州民族研究》2012 年第 3 期；王缨：《鄂尔泰与西南地区的改土归流》，《清史研究》1995 年第 2 期；龚荫：《关于明清云南土司制度的几个问题》，《西南民族学院学报》1986 年第 3 期；张晓松：《论元明清时期的西南少数民族土司土官制度与改土归流》，《中国边疆史地研究》2005 年第 2 期；林荃：《云南土司制度的历史特点及分期》，《云南民族学院学报》（哲学社会科学版）1993 年第 1 期；曹相：《云南土司制度源流》，《云南师范大学学报》（哲学社会科学版）1984 年第 4 期。

② 马大正主编《中国古代边疆政策研究》，中国社会科学出版社，1990；赵云田：《中国治边机构史》，中国藏学出版社，2002；马汝珩、马大正主编《清代的边疆政策》，中国社会科学出版社，1994；郑汕主编《中国边防史》，社会科学文献出版社，1995；周平等：《中国边疆治理研究》，经济科学出版社，2011；罗彩娟等：《中国西南边疆治理模式研究》，黑龙江人民出版社，2014。

出的是，马大正主编的《中国古代边疆政策研究》是对先秦至清代前期的边疆问题和边疆政策进行的分题论述，探讨了各个时代边疆政策的特点及其对后世的影响，分析了传统治边思想、土司制度、和亲政策、边疆管理制度的发展及其演变情形；该论著是对中国古代边疆政策进行的宏观研究，对当代中国边疆治理具有重要的借鉴意义。周平等的《中国边疆治理研究》深入探讨了边疆治理中的若干理论问题和重大现实问题，总结了历史上边疆治理的经验教训，对当代边疆治理过程进行了梳理和反思；论著代表了改革开放以来中国边疆治理研究领域的最新成果，具有重要的学术价值和现实理论意义。论文方面主要有方铁的《中原王朝的夷夏观及其治边》《论封建王朝治边的历史经验》《中原王朝的治边方略》《古代治理边疆理论与实践的研究构想》《秦汉蜀晋南朝的治边方略与云南通道开发》《论唐朝统治者的治边思想及对西南边疆的治策》《蒙元经营西南边疆的统治思想及治策》《清朝治理云南边疆民族地区的思想及举措》① 等一系列相关论文的发表，体现了作者对历代王朝治理（云南）边疆的理论与实践有着精深的研究，把古代中国（云南）边疆治理史的相关研究推向了一个新的高度。

学界涉及云南民族史方面的相关研究。新中国成立以来，中国民族史的研究一直以来都是学术界关注较多的领域，特别是对西南或云南民族史的研究在近 30 年来一直是云南学术界的一个优势学科，在全国居于绝对领先地位。其代表性成果主要有方国瑜的《彝族史稿》，江应樑的《傣族史》，马曜主编的《云南简史》，尤中的《云南民族史》《中国西南的古代民族（续编）》《中华民族发展史》，郭大烈、和志武的《纳西族史》，朱德普的《泐史研究》，杨兆钧主编的《云南回族史》，王文光等的《中国西

---

① 方铁：《中原王朝的夷夏观及其治边》，《社会科学战线》2009 年第 11 期；《论封建王朝治边的历史经验》，《云南师范大学学报》（哲学社会科学版）2010 年第 2 期；《中原王朝的治边方略》，《学术探索》2009 年第 4 期；《古代治理边疆理论与实践的研究构想》，《社会科学战线》2008 年第 2 期；《秦汉蜀晋南朝的治边方略与云南通道开发》，《云南师范大学学报》（哲学社会科学版）2007 年第 6 期；《论唐朝统治者的治边思想及对西南边疆的治策》，《云南民族学院学报》（哲学社会科学版）2001 年第 2 期；《蒙元经营西南边疆的统治思想及治策》，《中国边疆史地研究》2002 年第 1 期；《清朝治理云南边疆民族地区的思想及举措》，《思想战线》2001 年第 1 期。

南民族关系史》① 等。其中，尤中的《中华民族发展史》是一部全面系统地论述中华民族（56 族）古代至近代族系源流及其历史发展演变的学术巨著，字数达 500 万之巨，其内容宏富、体系庞大、史料丰富、布局科学、分析严谨而深刻，具有很高的学术价值和深远意义；从全国民族史研究的整体视角来看，该著代表了改革开放以来中国民族史研究领域的较高水平。这些成绩的取得也大大推动了云南边疆民族史研究的繁荣发展。

学界涉及云南移民史方面的相关研究。30 余年来，云南移民史的研究取得了一大批相关研究成果，其代表性论著主要有苍铭的《云南边地移民史》②，其对云南边疆民族人口迁徙的历史过程进行了分期研究，探讨了疟疾对边疆移民活动的影响，揭示了云南边疆历史上民族人口迁徙的规律，归纳了民族人口迁徙对移民社会文化影响的一般性特征。陆韧的《变迁与交融——明代云南汉族移民研究》③，在前人研究的基础上，通过发掘新史料和探索新的研究方法，从汉族移民进入云南、汉族移民的土著化和移民对云南各民族社会历史的深远影响等几个方面进行了系统深入的探讨。另外，古永继的《明代外来移民对云南文化发展的影响和推动》《明清时期云南的江西移民》《元明清时期云南的外地移民》，林超民的《汉族移民与云南统一》，丁柏峰的《明代移民入滇与中国西南边疆的巩固》，苍铭的《云南民族迁徙文化研究》《西南边疆历史上人口迁移特点及成因分析》④

① 方国瑜：《彝族史稿》，四川民族出版社，1984；江应樑：《傣族史》，四川民族出版社，1983；马曜主编《云南简史》，云南人民出版社，2009；尤中：《云南民族史》，云南大学出版社，1994；尤中编著《中国西南的古代民族（续编）》，云南人民出版社，1989；尤中：《中华民族发展史》，晨光出版社，2007；郭大烈、和志武：《纳西族史》，四川民族出版社，1999；朱德普：《渤史研究》，云南人民出版社，1993；杨兆钧主编《云南回族史》，云南民族出版社，1994；王文光等：《中国西南民族关系史》，中国社会科学出版社，2005。

② 苍铭：《云南边地移民史》，民族出版社，2004。

③ 陆韧：《变迁与交融——明代云南汉族移民研究》，云南教育出版社，2001。

④ 古永继：《明代外来移民对云南文化发展的影响和推动》，《西南边疆民族研究》2010 年第 2 期；古永继：《明清时期云南的江西移民》，《思想战线》2011 年第 2 期；古永继：《元明清时期云南的外地移民》，《民族研究》2003 年第 2 期；林超民：《汉族移民与云南统一》，《云南民族大学学报》（哲学社会科学版）2005 年第 3 期；丁柏峰：《明代移民入滇与中国西南边疆的巩固》，《青海社会科学》2003 年第 1 期；苍铭：《云南民族迁徙文化研究》，云南民族出版社，1997；苍铭：《西南边疆历史上人口迁移特点及成因分析》，《中央民族大学学报》（哲学社会科学版）2002 年第 5 期。

等文，对历代云南移民的类型、特点、性质及其作用等相关问题进行了探讨。

学界涉及云南与周边地区关系史方面的相关研究。20 世纪 80 年代以来，随着学术氛围的宽松和中国睦邻友好关系的发展以及国际上全球化趋势的日益凸显，中外关系史的研究逐渐成为史学界的一大亮点，受到越来越多的学者关注，研究领域涉及政治、经济、文化及华侨史等诸多方面，并取得了不俗的成就。其中有关云南与周边地区关系史研究方面的成果也十分丰富，具代表性的成果主要有陈吕范的《泰族起源问题研究》、贺圣达的《"南诏泰族王国说"的由来与破产》① 等文，对南诏、大理国的族属和泰族起源问题作了深入研究，确证了南诏和大理国非泰族所建，驳斥了国外研究者把南诏和大理史说成泰族史，把南诏和大理国说成是泰族建立王国的错误说法，并对此作出了科学、全面、有说服力的分析与批判。余定邦的《中缅关系史》，余定邦等的《中泰关系史》，贺圣达的《缅甸史》《东南亚文化发展史》，申旭的《老挝史》，王民同的《东南亚史纲》② 等文，从不同方面和视角探讨了中国（云南）与东南亚诸国关系的历史。孙宏年的《清代中越宗藩关系研究》③，对 1644 ~ 1885 年中越宗藩关系以及在宗藩关系模式下的其他关系进行了研究和探讨，涵盖了中越宗藩关系的演变过程及其运作、朝贡贸易、民间贸易、边界领土交涉、边事、侨民问题等诸多方面，是有关清代中越关系史研究的新成果。申旭的《中国西南对外关系研究》、尤中的《中国历代王朝通过西南边疆民族地区与中印半岛各地的交往关系》④，是有关中国西南与东南亚以及南亚关系史研究方面的两篇力作。

---

① 陈吕范：《泰族起源问题研究》，国际文化出版公司，1990；贺圣达：《"南诏泰族王国说"的由来与破产》，《中国社会科学》1990 年第 3 期。

② 余定邦：《中缅关系史》，光明日报出版社，2000；余定邦等：《中泰关系史》，中华书局，2009；贺圣达：《缅甸史》，人民出版社，1992；贺圣达：《东南亚文化发展史》，云南人民出版社，1996；申旭：《老挝史》，云南大学出版社，1990；王民同：《东南亚史纲》，云南大学出版社，1994。

③ 孙宏年：《清代中越宗藩关系研究》，黑龙江教育出版社，2006。

④ 申旭：《中国西南对外关系研究》，云南美术出版社，1994；尤中：《中国历代王朝通过西南边疆民族地区与中印半岛各地的交往关系》，《西南民族历史研究集刊》1980 年第 1 集。

此外，陆韧的《云南对外交通史》，段玉明的《大理国史》，徐嘉瑞的《大理古代文化史》，赵寅松主编的《白族文化研究》（2007、2008），纳张元主编的《大理民族文化研究论丛》（第3辑、第4辑），尹建东的《对秦汉王朝开发经营西南地区的几点认识——古代西南边疆问题研究之一》，朱惠荣的《汉承秦制与西南边疆民族地区的开发》，高荣的《汉代对西南边疆的经营》，黎小龙的《论两汉王朝西南边疆开发中的"各以地比"之治理方略》，林超民、王跃勇主编的《南中大姓与爨氏家族研究》，方铁的《论南诏的民族政策》，毛德昌的《韦皋与唐代的西南边疆》，周宝砚的《论唐王朝治边方略及其启示》，查尔斯·巴克斯（林超民译）的《南诏国与唐代的西南边疆》，李清升的《赛典赤·赡思丁兴儒办学的历史功绩及其意义》，戴辉的《元初大理地区权力结构探析》，杨宗亮的《元明清时期滇桂通道及其历史作用》，李世愉的《清政府对云南的管理与控制》① 等文，从不同的视角对本课题的研究都具有重要的参考价值。

总体看，学界对"云南行政中心的历史变迁及疆域形成"相关问题的研究有如下一些特点和不足。

---

① 陆韧：《云南对外交通史》，云南人民出版社，2011；段玉明：《大理国史》，云南民族出版社，2003；徐嘉瑞：《大理古代文化史》，云南人民出版社，2005；赵寅松主编《白族文化研究（2007）》，民族出版社，2007；赵寅松主编《白族文化研究（2008）》，云南人民出版社，2008；纳张元主编《大理民族文化研究论丛（第3辑）》，民族出版社，2009；纳张元主编《大理民族文化研究论丛（第4辑）》，民族出版社，2010；尹建东：《对秦汉王朝开发经营西南地区的几点认识——古代西南边疆问题研究之一》，《文山学院学报》2012年第1期；朱惠荣：《汉承秦制与西南边疆民族地区的开发》，《思想战线》1975年第2期；高荣：《汉代对西南边疆的经营》，《中国边疆史地研究》2000年第1期；黎小龙：《论两汉王朝西南边疆开发中的"各以地比"之治理方略》，《西南师范大学学报》（社会科学版）2001年第6期；林超民、王跃勇主编《南中大姓与爨氏家族研究》，民族出版社，2002；方铁：《论南诏的民族政策》，《思想战线》2003年第3期；毛德昌：《韦皋与唐代的西南边疆》，《思茅师范高等专科学校学报》1999年第1期；周宝砚：《论唐王朝治边方略及其启示》，《南京政治学院学报》2007年第3期；〔美〕查尔斯·巴克斯：《南诏国与唐代的西南边疆》，林超民译，云南人民出版社，1988；李清升：《赛典赤·赡思丁兴儒办学的历史功绩及其意义》，《云南民族学院学报》（哲学社会科学版）1999年第1期；戴辉：《元初大理地区权力结构探析》，《徐州师范大学学报》（哲学社会科学版）2012年第1期；杨宗亮：《元明清时期滇桂通道及其历史作用》，《中南民族学院学报》1999年第2期；李世愉：《清政府对云南的管理与控制》，《中国边疆史地研究》2000年第4期。

第一，就历史上云南行政中心变迁问题而言，学界对这一主题的专门专志研究见之于文者寥寥，已有成果中有些论述和观点仍然值得商榷，缺乏对云南边疆历史的客观认识。另外，很多学者涉及云南行政中心变迁的一些相关研究也只是停留在"只言片语""蜻蜓点水"阶段，亟待深入。

第二，就西南边疆或云南疆域形成问题研究而言，尽管目前学界对整个中国疆域形成及演变相关问题的研究成果较多，但涉及西（云）南疆域形成问题的研究所占比重不高，而且大部分（涉及西南或云南疆域形成问题的）成果也仅仅局限于从单一视角进行实证论述，视角略显单一，视野高度不够，理论总结、归纳、提升不足，缺乏从综合角度对云南疆域形成和发展相关理论问题进行专门宏观系统整体性的研究。

第三，就云南行政中心的历史变迁对西南边疆或云南疆域形成问题的互动关系研究而论，目前学界还几乎无人从这一视角进行系统论述。

第四，可喜的是，学界从移民史、交通史、开发史、对外（周边地区）关系史、治理史视角涉及云南疆域相关研究的成果越来越丰富，这些成果一定程度上都为本课题的深入研究奠定了基础。

总之，从综合性、多角度、实证性视角对"云南行政中心的历史变迁及西南边疆或云南疆域形成问题"进行专门专志的系统研究显得迫切而重要；注重运用长时段、系统研究法和比较研究法对云南疆域形成和发展理论问题进行宏观整体性研究，分析并总结云南边疆在中国疆域形成发展中的特点、地位、作用、贡献及与其他边疆地区的异同之处，学术价值和现实意义亦十分重大。显然，这也是本课题的立意所在。

三　研究思路及主要方法

（一）基本思路

历史上，云南行政中心在两千多年的时间里先后发生了 3 次变迁：由滇中滇池地区（西汉至三国初期）向滇东曲靖地区（三国初期至唐前期），由滇东曲靖地区向滇西洱海地区（唐中叶至元初），再从滇西洱海地区回归滇中滇池地区（元初至今）。云南行政中心变迁的背后有着极其复杂的原因，历史上云南行政中心的变迁与疆域的形成也有着紧密联系。

鉴于此，在研究思路上本课题拟从以下三个步骤展开研究。

第一，首先在原有材料的基础上，努力挖掘新材料，以便尽力丰富完善之。

第二，本课题以时间为主线，将以6个章节分门别类地从地理环境、移民、交通、经济发展和王朝的治边治策等多角度、多因素对"历史上云南行政中心变迁及西南边疆或云南疆域形成问题"进行深入系统的分析研究；另外，每一次云南行政中心的变迁又对不同历史时期云南社会的发展格局产生了深远影响，本课题也将对这一问题做出深入分析、归纳与总结。

第三，最后结语部分将分别对历史上云南行政中心变迁的原因及其历史影响，云南疆域形成和发展相关理论问题，云南边疆在中国疆域形成发展中的特点、地位、作用、贡献及与其他边疆地区的异同之处进行系统归纳与评述总结。

（二）研究方法

本课题以历史唯物主义和辩证唯物主义为指导，坚持实事求是的原则，鉴于本课题研究的时空范围跨度比较长、比较大，涉及的问题复杂多样，本课题在研究方法上将采用法国年鉴学派所主张的中、长时段历史观的研究法理论，把云南行政中心的变迁及云南疆域形成问题放在历史的长河视野中进行审视与研究，从中发掘出中长时段下隐藏的结构性因素，找出历史发展的轨迹和历史演变的规律；同时，为了弥补其理论的缺陷和不足，本课题还将综合运用民族学、政治学及地理学等多学科、跨学科的理论与方法进行整体研究；此外，系统研究法（系统研究法主张对研究的对象立足从整体上分析，同时注意系统内部各要素、各部分、各层次之间的相互影响、相互制约的综合关系）和纵横比较研究法（横向比较法是将在同一时间范围、不同空间范围内的事物进行比较；纵向比较法是将在同一空间范围、不同时间范围的事物进行比较）在本课题的研究中也会得到充分体现。

四　研究的主要问题及重点

从地理、移民、交通、经济发展、文化繁荣和王朝治策等方面对历史上云南行政中心的变迁及疆域形成原因进行探讨是本课题研究的重要切入点；对历史上云南行政中心历次变迁后产生的重要历史影响进行系统论述和分析是本课题研究的凝练与升华；对云南行政中心的历史变迁与云南疆域形成问题的互动关系研究是本课题研究层面的一个突破；对历史时期云南行政中心的数次转移及其影响作规律性总结，为今天云南边疆构建社会主义和谐社会提供规律性的历史启示，也是本课题的宏旨所在；运用长时段、系统研究法和纵横比较研究法对云南疆域形成和发展相关理论问题进行宏观整体性研究，分析并总结云南边疆在中国疆域形成发展中的特点、地位、作用、贡献及与其他边疆地区的异同之处也是本课题研究的亮点所在。上述五个层面的研究不仅是本课题研究的主要问题，也是本课题研究的重点所在。

五　研究拟实现的突破、学术价值、理论意义和现实意义

（一）本课题拟在以下几个研究层面实现突破

第一，希望在相关资料的使用上有所突破，从相关文献典籍中挖掘新材料论述新问题，对相关问题提出自己的看法与见解。

第二，从研究视角和方法上实现新突破，本课题将第一次对历史上云南行政中心变迁的原因及其历史影响进行全面、深入、系统的论述与总结，运用跨学科知识探讨云南行政中心变迁的内在机理。

第三，从历史上云南行政中心变迁的视角来探讨西南边疆或云南疆域的形成问题也是本课题在前人研究基础上的一个突破。

第四，运用长时段、系统研究法和纵横比较研究法对云南疆域形成和发展相关理论问题进行宏观整体性研究，分析并总结云南边疆在中国疆域形成发展中的特点、地位、作用、贡献及与其他边疆地区的异同之处也是本课题研究中拟尝试的一大突破。

（二）研究的学术价值、理论意义和现实意义

本课题是专门专志集中研究云南行政中心的历史变迁及云南疆域形成问题的创新之作，本课题对前人相关研究成果进行了充分吸收，是第一次全面而系统地对这一问题所进行的研究。本课题的研究从新的视角丰富了西南边疆史的研究内容，不仅具有重要的学术价值，而且诸多跨

学科知识和跨学科理论的运用也极大地丰富了中国边疆学学科的理论建构。历史是凝固的现实，现实是流动的历史。本课题对云南疆域形成和发展相关实践及理论的探讨，对云南边疆在中国疆域形成发展中的特点、地位、作用、贡献及与其他边疆地区异同之处的比较研究，不仅极大地丰富着古代中国疆域形成理论的建构，还对现实西南边疆问题认识的深入大有助益。

六　文献资料的基础及来源

本课题研究的文献资料使用情况包含了以下几点：第一，课题资料主要涉及"二十四史"、历朝各代的云南通志、地方史、地方文献典籍等资料，笔者已对其进行了广泛搜集、阅读及有效使用；第二，对当代学人的相关研究成果进行系统梳理与借鉴；第三，充分使用中国知识资源总库、维普资讯、万方数据库以及其他科研资料库等。同时，笔者还广泛利用国家图书馆、云南省档案馆、云南省图书馆、云南大学图书馆等诸多馆藏文献典籍及其相关资料。这都为本课题研究提供了较好的资料基础。

第 | 一 | 章

首个行政中心在滇池地区的确立及其
影响（西汉至三国初）

云南地处祖国的西南边陲，虽与中原核心区相距较为险远，但由于独特的地理区位优势，却较早地引起了中央（原）王朝的重视。秦王朝时期在今滇东北地区开道、设郡、置吏的昙花一现，西汉王朝时期，从张骞一次西域见闻录的汇报，到汉武帝元狩元年（公元前122年）的复事西南夷，再到"使者还，因盛言滇大国，足事亲附，天子注意焉，后数平西南夷"①，看似具有偶然性的事件，却拉开了中原王朝大规模经营"西南夷"②的序幕。③ 秦汉王朝经营西南夷动机产生的客观效果，却远远超出了他们想象的范围，其历史意义之重大，历时愈久而愈为彰显。

---

① （清）顾祖禹：《读史方舆纪要·云南二》卷114，中华书局贺次君、施和金点校，2005，第5061页。

② 秦汉时期，称今天四川西南、贵州、云南境内的各少数民族为"西南夷"。当时，"西南夷"地区的历史事件往往相互联系，并不以今天的云南政区为界，但显然云南是构成西南夷地区的主体部分（《尤中文集》第1卷，云南大学出版社，2009，第17页）。

③ 自公元前206年西汉王朝建立之初，就一直面临着来自北方匈奴的威胁，经过六七十年时间的"休养生息"（特别是文景之治以来数十年的积蓄），公元前140年雄才大略的汉武帝即位时，为有效地联合西域诸国夹击匈奴，便于公元前138年（建元三年）派张骞出使西域，历经十余载，历尽艰险，及元狩元年（公元前122年），出使大夏等西域诸国归来的张骞上言，将在大夏时曾见到过的蜀布、邛竹杖的情况如实报告给了汉武帝，并分析认为自蜀郡经西南夷至身毒（今印度）再到大夏（今阿富汗一带）一定存在一条民间商道，且通过这条商道通往大夏、西域显然比常受匈奴阻碍的（**转下页注**）

第一节　滇池地区确立为行政中心的原因

汉武帝元封二年（公元前 109 年），西汉王朝在滇池县（今昆明晋宁县）益州郡①治所的设置，这是历史时期云南首个行政中心确立的标志。虽然在此之前，古滇国②已存在很长时间。据《史记·西南夷列传》记载，战国至西汉时在滇池周围地区就已有滇国存在："[滇池]方三百里，旁平地，肥饶数千里。"③又说："滇王者，其众数万人。"④但对滇国的范围叙述不详，仅说滇国在夜郎以西，邛都以南，滇东北有劳浸、靡莫，"皆同姓相扶"。据方铁先生的《西南通史》考证，滇国统治范围大致与滇文化分布的范围相同，即东达曲靖、陆良和泸西，西到禄丰，北至会泽，南抵元江、新平一带。⑤显然古滇国统治地域较为狭小，并且对周围部落族群统属关系也较为松弛，其西部又被"皆编发，随畜迁徙，毋常处，毋君长，地方可数千里"与滇国敌对的昆明族所占据。⑥所以笔者认为当时滇国还不能称其为整个云南地区的行政统治中心。另外，方国瑜先生在其《古滇国》一文中也表达了相同的观点，他认为："'滇'只是

（接上页注③）西北羌中道安全得多。而大夏等国"多奇物"且"慕中国"，但患匈奴阻隔其道而不能与中国交通。武帝闻之，以为然，便派遣使臣王然于等四道并出西南夷，寻求通向身毒的道路。虽然派出的使臣受到滇西昆明等部落的阻挡而失败，但使者归来时却把在滇国所见到的富饶情况，向汉武帝进行了回报，这就更加坚定了汉武帝开发复事西南夷的决心。汉武帝首次经营"西南夷"始于建元六年（公元前 135 年）汉朝派唐蒙出使南越，喻令其归附汉朝。后因唐蒙、司马相如数年修西南夷道，耗费巨大，还引发道路附近一些落后部落的反抗，适时为了集中力量专事北方的匈奴，再加上朝廷内部御史大夫公孙弘、徐乐、严安等人的反对，他们认为经略西南夷是"罢敝中国以奉无用之地"，鉴于此，汉武帝只好在元朔三年（公元前 126 年）暂罢西南夷。及至元狩元年（公元前 122 年）汉武帝听了张骞出使西域归来的报告后，才最终下定决心复事（再次经略）西南夷，持续性、大规模地拉开了经营西南夷的序幕。

① 喻为"疆壤益廓"，即"疆域"日"益"广阔之意。（清）顾祖禹：《读史方舆纪要·云南二》卷 114，中华书局贺次君、施和金点校，2005，第 5060 页。
② 战国西汉时期云南最重要的方国。
③ （汉）司马迁：《史记·西南夷列传》卷 116，中华书局点校本，1962，第 2993 页。
④ （汉）司马迁：《史记·西南夷列传》卷 116，中华书局点校本，1962，第 2997 页。
⑤ 方铁主编《西南通史》，中州古籍出版社，2003，第 25 页。
⑥ （汉）司马迁：《史记·西南夷列传》卷 116，中华书局点校本，1962，第 2991 页。

一个不太大的区域，不能以此区域概括全省。"①

汉武帝元封二年（公元前 109 年），"天子发巴蜀兵击灭劳浸、靡莫，以兵临滇。滇王始首善，以故弗诛。滇王离难西南夷，举国降，请置吏入朝。于是以为益州郡，赐滇王王印，复长其民"②。遣巴蜀兵一举击灭与滇国保持密切关系"皆同姓相扶"的劳浸和靡莫，兵临城下，迫使滇王举国降，并于其地设郡、置吏，把益州郡的郡治设在滇国统治的核心地区滇池县（今晋宁县晋城镇）。首个行政中心在滇池地区的确立不是偶然的历史现象，而是有着深刻历史原因的。

一　地理环境因素

滇池地区优越的地理环境、适宜的气候、开阔的坝区、丰沛的水源与相对发达的农业，是决定行政中心在滇池地区确立的客观基础因素。一般说来，在人类社会发展的初期阶段，由于生产力水平较为低下，地理环境往往对社会的经济形态、生产方式以及人们的生产、生活产生极大的影响，虽然不是决定性的。正如斯大林在批判"地理环境决定论"时所说的那样："地理环境无疑是社会发展的经常的和必要的条件之一，它当然影响到社会的发展，——加速或者延缓社会发展进程。"③ 此外，西方哲学家黑格尔在其名著《历史哲学》一书中，明确提出了"历史的地理基础"概念，他认为地理环境是人类精神的舞台，是历史的重要的而且必要的基础，对人类社会文明历程的演进起到了举足轻重的作用。④滇池地区拥有云贵高原上最大的湖泊和数量最多的开阔坝区，再加上气候温和、水草丰美、四季如春，于是便成了早期人类聚集、繁衍和耕作的理想场所，进而成就了司马迁《史记·西南夷列传》笔下的"耕田有邑聚""肥饶数千里"的富饶景象。作为西汉王朝统治者，降服滇国后把其行政中心设在滇池地区的滇池县，无疑是充分考虑到了滇池地区优良的自然地理环境因素。

---

① 林超民主编《方国瑜文集》第 1 辑，云南教育出版社，1994，第 1 页。
② （汉）司马迁：《史记·西南夷列传》卷 116，中华书局点校本，1962，第 2997 页。
③ 《斯大林文集》，人民出版社，1985，第 216 页。
④ 黑格尔：《历史哲学》，王造时译，上海书店出版社，2003，第 82～105 页。

二 地缘交通因素

在秦汉时期，中原王朝大都采取以巴蜀（今四川、重庆）为基地进行经营西南夷地区的策略，缘由是巴蜀（今四川、重庆）地区处于王朝都城与西南夷地区的衔接地带且经济富庶，已有"天府之国"之称。这样，巴蜀地区独特的区位优势就成了统治者经营西南夷地区的良好基地。对这一观点，西南大学黎小龙先生在其《战国秦汉西南边疆思想的区域性特征初探》一文中曾作过深入分析，他认为："中央王朝对西南边疆初郡承担的费用，除平乱的军费开支外，初郡吏卒的日常行政管理费、人员生活费及平乱时'取用不足'的其他费用，均由西南北部的巴蜀4郡承担。"① 西汉王朝在经营西南夷时采取的是"各以其地比近给初郡"的经费分摊制度，采取这一原则的依据应是汉代西南北部巴蜀数郡在战国以来200余年经济开发的基础上，已号称"家有盐铜之利，户专山川之材，居给人足，以富相尚"②。在西汉王朝面对北方用兵匈奴的庞大财政压力，利用西南夷北部巴蜀早期开发的成就来推动西南边疆的开发，这一思想策略应是正确可行的。关于秦汉王朝对西南夷地区道路的开辟，《史记·西南夷列传》中就有明确记载："秦时常頞略通五尺道，诸此国颇置吏焉。"③ 后来汉武帝元光五年（公元前130年）唐蒙在秦"五尺道"④的基础上借用巴蜀民力和物力修建了"南夷道"⑤，之后，此道又连通了由巴蜀（今四川、重庆）经滇东（今曲靖）地区至滇池地区的交

---

① 黎小龙：《战国秦汉西南边疆思想的区域性特征初探》，《中国边疆史地研究》2004年第4期。

② （晋）常璩：《华阳国志·蜀志》卷3，巴蜀书社刘琳校注本，1984，第225页；黎小龙：《战国秦汉西南边疆思想的区域性特征初探》，《中国边疆史地研究》2004年第4期。

③ （汉）司马迁：《史记·西南夷列传》卷116，中华书局点校本，1962，第2993页。

④ 五尺道是由秦国官方修筑的通往西南夷（今滇东北）地区的第一条通道，因地势险峻，开凿困难，宽度仅五尺，只能过人、畜而不能通车，因此被称作"五尺道"。

⑤ "南夷道"：此道自今宜宾通北盘江。唐蒙建议通夜郎是为了从牂牁江水路到番禺（今广州）以出南越，但自今贵州贞丰白层以上的牂牁江上游不能行船，故须从僰道修路经南广（今四川高县、筠连及云南镇雄一带）、平夷（今贵州毕节一带）、汉阳（今贵州威宁、水城一带），再与牂牁江水道连接。高荣：《汉代西南边疆的经营》，《中国边疆史地研究》2000年第1期。

通线；元光六年（公元前 129 年）司马相如又修建了由成都连通川西南的"西夷道"（又称零关道）。① 修筑这些道路的费用以及后来用于击灭劳浸和靡莫，招降滇国的巴蜀兵力，都是建立在耗费巴、蜀、汉中与广汉四郡民力及财富的基础上进行的。史称："唐蒙、司马相如开路西南夷，凿山通道千余里，以广巴蜀，巴蜀之民疲焉。"② 这样，由于"西南夷道"的开通，就使得滇池地区经巴蜀（今四川、重庆）至王朝都城的交通优势愈加彰显。武帝元封二年（公元前 109 年）降滇国后把益州郡的治所设在滇池县（今晋宁县晋城镇），显然是充分考虑到了滇池地区便利的区位交通有利于封建王朝政令的上传下达，增强中央政府对云南地区的控制力。

三　滇池地区经济、文化的优势和中央王朝的治策因素

滇池地区经济、文化的优势和中央王朝的治边策略也是影响行政中心确立的重要因素。据《史记·西南夷列传》记载和考古发掘印证，滇国应是西南夷地区经济文化最为发达的地区。在西汉王朝未降服滇国之前，滇国就已存在几个世纪，并以稻作农耕文明优于其他部落族群。这一问题的论证，我们可以从汪宁生先生的《云南考古》与李昆声先生的《云南考古学论集》两本云南考古界资深的著述中得到解答。史载西汉初年云南地区的状况："其（指夜郎）西靡莫之属以什数，滇最大；……此皆魋结，耕田，有邑聚。其外西自同师以东，北至楪榆，名为嶲、昆明，皆编发，随畜迁徙，毋常处，毋君长，地方可数千里。"③ 于此可见，西汉初年今云南地区存在着两种明显不同的文化类型：一种是以滇池地区滇国为代表的定居农耕文化，又称"滇文化"，其俗为"皆魋结"；另一种则是以滇西地区"昆明"为代表的游牧文化，其俗为"皆编发"。又据近几十年来对滇池地区的考古发现，在滇池地区发掘出土的一系列有关秦汉时期的墓葬遗址、文化遗存以及出土的众多青铜器具，与同期的云

---

① 此道由今成都至西昌。
② （汉）司马迁：《史记·平准书》卷 30，中华书局点校本，1962，第 1420~1421 页。
③ （汉）司马迁：《史记·西南夷列传》卷 116，中华书局点校本，1962，第 2991 页。

南其他地区相比具有明显的优势。① 因此，在西汉统治者招降滇国以后，仍将行政中心益州郡治所设在滇池地区（原滇国统治中心所在地）不变，显然是想借助于对滇王的羁縻以及滇池地区雄厚的经济基础，实现其对西南边疆的进一步开发和治理。如：西汉王朝在降服滇国后曾借助于滇国的协助，于汉武帝元封二年（公元前109年）和元封六年（公元前105年）两次对昆明用兵，最终打败了滇国以西的昆明人，并把其地归并于益州郡管辖，进而开通了被滇西昆明人阻断已久的蜀身毒道（古西南丝绸之路）。② 此外，欧鹏渤在《滇云文化》一书中也表达了相同的观点，他认为：汉王朝封"滇王"以后，曾利用"滇人"镇压其他民族和部落的反抗。③ 著名西南边疆史地研究专家方铁先生在其《秦汉蜀晋南朝的治边方略与云南通道开发》一文中也表达了相同的观点："据笔者考证，自元封六年（公元前105年）郭昌征昆明之后，武帝联合滇王继续用兵，终于打败雟、昆明，并将雟、昆明活动的区域并入益州郡管辖。汉军还击败分布滇西的哀牢夷，开通渡兰沧水（今澜沧江）、经身毒至大夏的蜀身毒道（又称博南山道，因途径澜沧江畔之博南山而得名），并于澜沧江两岸置不韦、雟唐两县。"④

第二节　滇池地区作为行政中心的历史影响

从汉武帝元封二年（公元前109年）设立益州郡治所于滇池县（今晋宁县晋城镇），到三国初期行政中心转移滇东（今曲靖）地区的300多年时间里，滇池地区由于处于云南区域统治的核心位置，受到了中原王朝的高度重视与积极经营。经济基础决定上层建筑，上层建筑反作用于经济基础。作为益州郡（云南）行政中心所在的滇池地区，这一时期对本地区区域经济的整合、生产力的发展、生产关系的变革，以

---

① 张增祺：《中国西南民族考古》，云南人民出版社，1990。
② 方铁：《边疆民族史探究》，中国文史出版社，2005，第404页。
③ 欧鹏渤：《滇云文化》，辽宁教育出版社，1998，第76页。
④ 方铁：《秦汉蜀晋南朝的治边方略与云南通道开发》，《云南师范大学学报》（哲学社会科学版）2007年第6期。

及以此为基点进一步开拓西南边疆"化生为熟"等方面，都产生了深远的影响。

一　对滇池地区经济的促进

行政中心在滇池地区确立以后，中央王朝为进一步巩固其统治基础也在不断地对滇池地区进行积极的经营，并在此基础上对滇池地区的区域经济进行了初步的整合。方铁先生的《西南通史》认为："设置郡县后西南夷受内地汉文化影响较大的区域，仍仅限于滇池、洱海等农业基础较好的地区，而且主要是在郡治和要县的所在地。"① 作为行政中心所在地的滇池地区则显得尤为明显。由于上层建筑对经济基础的重要作用，这一时期滇池地区迎来了发展史上的第一个高峰期，众多的太守郡吏和汉族移民在300多年的时间里为滇池地区经济的发展与文化的繁荣做出了积极贡献。如：文齐任益州郡太守时，"造起陂池，开通灌溉，垦田二千余顷。率厉兵马，修障塞，降集群夷，甚得其和"②。这是滇池地区见于记载的最早水利工程。可想而知，这一具有灌溉水田2000余顷的大型蓄水工程对滇池地区农业的发展必将产生重要影响。我们根据汉武帝时推行的赵过代田法，用人力犁田，1人最多耕种30亩的标准来算，在滇池地区垦田2000余顷所需人力至少应不下万余。③ 由此可见，这一时期滇池地区应是汉族移民的重点。又如东汉元和中（公元84～86年），"蜀郡王追为［益州郡］太守，政化尤异，……始兴起学校，渐迁其俗"④。开云南兴学校之先河，移风易俗。又有灵帝时，景毅为益州郡太守，初到郡时米斛值万钱，经过他的治理，"少年间，米至数十云"⑤。这是仅见于史书记载治理滇池地区表率的官吏。另外，在初步开发西南夷地区的同

① 方铁主编《西南通史》，中州古籍出版社，2003，第97页。
② （南朝·宋）范晔：《后汉书·南蛮西南夷列传》卷86，中华书局点校本，1973，第2846页。
③ 刘小兵：《滇文化史》，云南人民出版社，1991，第109页。
④ （南朝·宋）范晔：《后汉书·南蛮西南夷列传》卷86，中华书局点校本，1973，第2847页。
⑤ （南朝·宋）范晔：《后汉书·南蛮西南夷列传》卷86，中华书局点校本，1973，第2847页。

时，封建统治者也颇为重视对官吏的选用，像文齐、王追这样未见史载的良吏在滇池地区应不在少数。在众多优秀官吏的治理下，滇池地区遂成为云南经济发展最快的地区之一。如《后汉书·南蛮西南夷列传》中就曾有这样的记载，滇池周围地区"河土平敞，多出鹦鹉、孔雀，有盐池田渔之饶，金银畜产之富。人俗豪忲，居官者皆富及累世"①。这也充分显现了滇池地区物产的富足，经济的发展。

此外，在汉族官吏和移民的影响下，滇池地区的交换得到了进一步发展，同时刺激了奴隶制经济的快速发展并向封建领主制的经济转化。西汉中晚期是奴隶制快速发展并达到鼎盛时期，这从近几十年来晋宁出土的滇王墓葬文物中可以得到证明。从晋宁石寨山贮贝器纳贡的场面到贮贝纺织的场面，再到众多青铜器外形的制作方面，无不展现了奴隶制的兴盛及青铜制作手工技术的进步。② 还有在一个贮贝器上，刻画着许多人，他们排成行列，替奴隶主把大量的粮食放入仓库中，这是奴隶制大生产在农业方面的一个例证。③ 这一时期奴隶主们还受到了纳贡和商品交换的刺激，开设了许多使用奴隶进行生产的手工工场，制造了大量各式各样的器物。其中有生产工具（铜犁、斧、锛）、生活用品（贮贝器）、武器（戈、剑、矛）以及各种各样的装饰品，其中金属品加工场中的分工之细密、工序之繁多已达到了一个较高水平。从晋宁出土的成千件殉葬物品中来看，若非奴隶制生产的充分发展，奴隶主们是不可能得到的，更何况殉葬品仅是奴隶主获得的极少一部分。④ 东汉时期，由于铁器和牛耕在滇池地区的广泛推广和应用，农业和手工业生产技术在汉族移民的直接影响下取得了较大进步，进而促进了生产制度的变革，激化了奴隶与奴隶主之间存在已久的尖锐矛盾，导致了奴隶主贵族势力的衰落，同时以夷化大姓为主导的封建领主制崛起。刘雪河的《论两汉时期滇人的封建化问题》一文认为，西汉时期滇池地区由于受（政治）上层建筑对

---

① （南朝·宋）范晔：《后汉书·南蛮西南夷列传》卷86，中华书局点校本，1973，第2846页。

② 汪宁生：《云南考古》，云南人民出版社，1992，第56～60页。

③ 《尤中文集》第1卷，云南大学出版社，2009，第54页。

④ 《尤中文集》第1卷，云南大学出版社，2009，第54～55页。

经济基础的反作用，生产力已获得巨大进步，生产关系已发生重大变革，东汉时期滇池地区已在西南夷地区率先完成封建化进程。① 虽然这一结论仍有待商榷，但从益州郡设置以后，受到内地官吏及汉族移民带来的先进技术及封建化的影响，生产力得到一定提高，区域经济得到初步整合并获得快速发展确是不争的事实。

二 滇池地区生产技术的进步和文化繁荣

行政中心在滇池地区的确立，加速了滇池地区生产技术的进步和经济文化的发展。这一时期由于郡县的设置，统治阶级出于巩固自身统治的需要也不断派遣大批的官吏和兵士驻守在郡县治所及附近的平坝地区。还有政府为了减轻从内地向西南夷转粟运输的负担，不断地迁移内地民众到西南夷地区进行屯田戍守，以期实现自给自足。《史记·平准书》载："汉通西南夷道，作者数万人，千里负担馈粮，率十余钟致一石，……悉巴蜀租赋不足以更之，乃募豪民田南夷，入粟县官，而内受钱于都内。"② 方国瑜先生在其《汉晋时期云南的移民》一文中认为，汉晋时期进入云南的汉族移民基本有 3 种类型：一是为巩固封建统治屯田戍守而来的汉人；二是因战争流散不归的汉人；三是由于封建统治造成灾难被迫而来的汉人。无论哪种类型的汉人都对云南地区经济、技术和文化的发展做出了重要贡献。③ 由于移民迁移的地区大都是在统治者驻兵保护的郡县治所及附近平坝地区，尤其是统治者在边疆的核心地区，因此滇池地区成为这一时期经济、技术和文化发展最快的地区之一。李昆声先生在《云南考古学论集》中指出：滇池地区于汉武帝元封二年设置益州郡后，大大加速了中原文化在滇池地区的传播。西汉中晚期，滇池地区墓葬中出现了中原文化和地方文化（滇文化）共存的现象，如铜镜和五铢钱这样一些典型的汉式器物在滇族墓葬中的不断出现。东汉初、中期，中原文化在滇池地区已占主导地位，滇文化和中原文化糅合为一

① 刘雪河：《论两汉时期滇人的封建化问题》，《中国边疆史地研究》2002 年第 1 期。
② （汉）司马迁：《史记·平准书》卷 30，中华书局点校本，1962，第 1421 页。
③ 林超民主编《方国瑜文集》第 1 辑，云南教育出版社，1994，第 258～270 页。

体。① 尤其显著的是，这一时期铁器和牛耕在益州郡的广泛使用，对滇池地区农业的开发及经济的发展起到了巨大的促进作用。汪宁生先生在《云南考古》一书中根据出土的青铜器分析也认为："滇"人文化遗存可粗略地分为早晚两期，早期从战国时期到西汉初年，晚期从汉武帝时期到西汉末年。② 两个时期比较之后我们可以看出，从汉武帝设益州郡于西南夷之地后，滇池地区的青铜器无论是从种类、样式、制作风格以及青铜器物上的纹饰、使用范围和制作技术，都比早期青铜器有重大进步。后期与前期相比最显著的特点就是：种类的更加多样、纹饰的复杂繁多、制作技术和风格的中原化影响。汪宁生先生的《"滇"人文化遗存——云南青铜文化的高度发展和向铁器时代的过渡》一文认为，由于受到中原汉文化技术的影响，西汉中后期青铜文化在滇池地区获得了高度发展，并在西汉末年呈现出向铁器过渡的趋势。③

总之，这一时期云南行政中心在滇池地区的确立，造就了滇池地区灿烂的古代奴隶制社会文化、高度发达的青铜冶金技术、精美绝伦的造型艺术和纹饰图案、原始宗教祭祀的繁缛礼仪以及长脊短檐的建筑模式等"滇"文化的辉煌。④

三 开拓西南边疆 "化生为熟" 影响深远

行政中心在滇池地区确立以后，对两汉王朝进一步开拓西南边疆"化生为熟"产生了深远影响。从《史记·大宛列传》中我们可以看出，西汉武帝开始复事西南夷的初衷是由于听了张骞从大夏回来后的报告："天子既闻大宛及大夏、安息之属皆大国，多奇物，土著，颇与中国同业，而兵弱，贵汉财物；其北有大月氏、康居之属，兵强，可以赂遗设利朝也。且诚得而以义属之，则广地万里，重九译，致殊俗，威德遍于四海。天子欣然，以骞言为然，乃令骞因蜀犍为，发间使，四道并

---

① 李昆声：《云南考古学论集》，云南人民出版社，1998，第182~183页。
② 汪宁生：《云南考古》，云南人民出版社，1992，第67页。
③ 汪宁生：《云南考古》，云南人民出版社，1992。
④ 张增祺：《滇国与滇文化》，云南美术出版社，1997；刘小兵：《滇文化史》，云南人民出版社，1991。

出，……及张骞言可以通大夏，乃复事西南夷。"① 张骞自大夏回来后，建议汉武帝打通经西南夷至身毒（今印度）道，得到汉武帝的认可，可见汉武帝对西南夷的经营带有明显的功利目的和随意性。但尽管这样，也丝毫不会减弱汉武帝开发西南夷的客观历史意义。汉武帝为了寻得大夏和大宛等国的奇物，曾数次派遣使臣四出"西南夷"，寻求通向身毒的道路，使臣虽然受到滇西昆明族部落的阻挡而归于失败，却把在滇国所见到的富饶情况报告给了汉武帝，这就更加坚定了汉武帝借助滇国进一步开发西南夷的决心。元封二年（公元前 109 年）降服滇国后，西汉王朝为进一步打通蜀身毒道，曾于元封二年和六年在滇国的协助下，两次对昆明用兵，并最终打败了滇国以西的昆明人，把其地划为益州郡管辖。② 随着对滇西巂和昆明用兵的胜利，汉武帝时期又建博南山道，渡澜沧江，在今云南永平和保山一带置巂唐与不韦二县。公元 1 世纪初，东汉王朝在西汉以巴蜀（今四川、重庆）为基地、以益州郡为前哨对西南夷地区经营的基础上，更进一步向益州郡的西部和西南部边境发展。建武二十七年（公元 51 年），"贤栗等遂率种人户二千七百七十，口万七千六百五十九，诣越巂太守郑鸿降，求内属"③。东汉王朝于永平十年（公元 67 年）在益州郡西部的巂唐县设益州郡西部都尉，镇慰哀牢人和楪榆蛮夷④，以加强对益州郡西部及西南部边疆的经营。永平十二年（公元 69 年），"哀牢王柳貌遣子率种人内属，其称邑王者七十七人，户五万一千八百九十，口五十五万三千七百一十一。西南去洛阳七千里，显宗以其地置哀牢（治今保山西南）、博南（治今永平）二县，割益州郡西部都尉所领六县，合为永昌郡"⑤。其益州郡西部都尉所属 6 县，为巂唐、比苏（治今云龙）、不韦（治今保山）、楪榆（治今大理以北）、邪龙（治今巍山）和云南（治今祥云东南）。永昌郡治（今保山一带）统辖范围

---

① （汉）司马迁：《史记·大宛列传》卷 123，中华书局点校本，1962，第 3166 页。
② 方铁：《边疆民族史探究》，中国文史出版社，2005，第 210 页。
③ （南朝·宋）范晔：《后汉书·南蛮西南夷列传》卷 86，中华书局点校本，1973，第 2848～2849 页。
④ （晋）常璩：《华阳国志·南中志》卷 4，巴蜀书社刘琳校注本，1984，第 431 页。
⑤ （南朝·宋）范晔：《后汉书·南蛮西南夷列传》卷 86，中华书局点校本，1973，第 2849 页。

"东西三千里，南北四千六百里"①，把西汉时期益州郡西部及西南部界外的今德宏州、保山地区南部、临沧地区、普洱地区以及西双版纳州都全部纳入了版图之内。永昌郡的设置，完成了今天云南西部和西南部边疆的统一，还使蜀身毒道经过的今缅甸东北部地区纳入了封建王朝管辖的范围。两汉王朝上述对永昌郡设置前一系列的开发与经营，无疑很大程度上是建立在益州郡境内物力及人力协助基础上的。益州郡的行政中心在滇池地区，一定程度上充当了西汉王朝经营滇西永昌郡的前哨，对永昌郡的设置及西南边疆的开拓产生了深远的影响。

在古代早期地理交通条件较为滞后的云南，滇池地区是云南拥有较为开阔坝区和良好自然地理条件为数不多的地区之一。从《史记》的记载中我们还可以推测到，早在先秦时期，经过云南的蜀身毒道（民间开发的古道）就已存在。据曲靖文史资料第1辑《曲靖古代历史概说》载，早在公元前4世纪，云南与内地民间交往的道路"蜀身毒道"就以蜀为中心，经夜郎至曲靖，向西由昆明、哀牢、掸至身毒。② 秦朝时常頞主持修通了至滇东的"五尺道"，西汉时期汉武帝又分派唐蒙与司马相如开通了"西南夷道"。由此，滇池地区便形成了较云南其他地区更为便利的早期交通格局。从近几十年来的地下考古发掘和《史记·西南夷列传》的记载中，我们可以清楚地了解到滇池地区是早期云南经济文化最为发达的地区。西汉武帝时期正值国力强盛、积极进取边疆之时，加上汉武帝的雄才大略和探求异域奇物的爱好，经营西南边疆遂也成为他的目标之一。上述众多有利条件聚集滇池地区，无疑为滇池地区取得首个云南行政中心的地位赢得了先声夺人的优势。又如孙大江在其《秦汉时期滇东北的经济开发》一文中所言："益州郡经济的发展使益州不仅成为整个云南的政治、经济中心，而且成为东汉交通天竺、掸邦的重要贸易地区；僰道一直是川南地区的一个经济、文化、政治中心。所以，僰道朱提益州一线的贸易亦是相当活跃。"③ 基本上对上述影响"云南行政中心确立

---

① （晋）常璩：《华阳国志·南中志》卷4，巴蜀书社刘琳校注本，1984，第428页。
② 曲靖市政协文史资料委员会编印《曲靖文史资料第一辑》，2001，第8页。
③ 孙大江：《秦汉时期滇东北的经济开发》，《云南社会科学》1992年第5期。

在滇池地区并持续 300 余年"的某些因素也表达了类似的认识。

益州郡的行政中心在滇池确立以后，两汉政府便把其视为进一步经营西南边疆的前沿阵地，不断地派遣官吏和士兵治理、屯田及戍守于此；此外，还有各式各样的移民迁徙于此。伴随着内地拥有先进技术文化的汉族移民进入交通便利的郡县治所平坝地区以来，滇池地区便迎来了经济文化发展的第一次高峰。另外，在进一步开拓西南边疆、经营滇西、设置永昌郡方面，滇池地区都发挥了作为两汉王朝经营西南夷前哨的作用。如：益州郡辖域下的滇国曾两次协助西汉王朝用兵滇西地区的昆明人，打通蜀身毒道，而后益州郡还多次派兵镇压哀牢人的反抗，并对滇西 6 县设置益州郡西部都尉进行治理直到永昌郡的设立等。总之，行政中心在滇池地区的确立为内地汉族进入"西南夷"地区架起了一座便利的桥梁，密切了汉族与云南各少数民族之间的联系；在此基础上，内地先进的技术文化也相继传入云南，并生根、发芽、开花、结果。两汉王朝以巴蜀（今四川、重庆）为基地、以滇池地区为前哨对滇西和滇西南的进一步经营，为永昌郡的设置，完成今天中国西南边疆的统一产生了深远的影响。

| 第 | 二 | 章 |

行政中心东移滇东地区的原因及其
影响（三国初至唐前期）

三国（公元 220 ~ 265 年）、两晋（公元 265 ~ 420 年）、南北朝（公元 420 ~ 589 年）和隋（公元 581 ~ 618 年）是中国历史上较为混乱的一段时期，中原王朝政权之间战乱不断，更迭频繁。受其影响，这一时期云南①与中原王朝之间的隶属关系也变换不定，严重削弱了中原王朝对云南地区的控制力度。此外，两汉以来汉族移民中的夷化"大姓"发展迅速，成为拥有政治、经济、军事和文化特权的强大势力，其在滇东的崛起尤为显著，虽几经两晋王朝的打压仍顽强不折，最终爨氏大姓在宁州形成了"独步南境，卓尔不群"的局面，成为真正意义上的"开门节度，闭门天子"，以至于在后来隋唐王朝的多次打压下也不曾彻底屈服，直到南诏政权崛起，削平诸爨，徙其民 20 万户于永昌地后，爨氏才最终淡出历史舞台。东汉以来滇东大姓的崛起及快速发展，是影响行政中心自滇池地区东移滇东（今曲靖）地区并持续 500 余年的重要原因。在此期间，从行政区划宁州②的设置来看，云南地区已较前一个时期的隶

---

① 三国、两晋、南北朝和隋时期，西南边疆的广大地区被称为"南中"（西晋及以后又被称为宁州）。南中即古西南夷地，相当于今云南、贵州两省及四川省大渡河以南地区。三国蜀汉以巴蜀为根据地，这一带在巴蜀之南，故名。显而易见，云南地区是构成南中或宁州统辖的核心地区。

② 西晋武帝泰始七年（公元 271 年），晋王朝把南中四郡（建宁、兴古、云南、永昌）从益州（治成都）刺史部分化出来，设立宁州刺史，与益州同列，为全国一级政区 19 州之一。东晋以后，"大姓"爨氏逐渐崛起，成为当时云南地区的实际统治者。

属层级方面有所提升，从而为后来云南实现地方一级行政区划奠定了坚实的基础。

第一节　行政中心东移滇东（今曲靖）地区的原因

从汉武帝元封二年（公元前 109 年）设置益州郡于滇池县（今晋宁县晋城镇）到三国初，蜀汉平定南中叛乱后迁最高军事管制机构"庲降都督"[①] 于建宁郡之味县（今曲靖市），表明云南的首个行政中心在滇池地区确立 300 余年后发生了转移。影响云南行政中心东移滇东（今曲靖）地区的因素主要有以下几个方面。

一　地理环境因素

地理环境位置的优越，曲靖自古就有"滇黔锁钥""入滇门户"之称。在中国古代，特别是自汉至唐时期，各中原王朝往往都采取以四川为基地对云南进行经营的策略，缘由是云南与四川之间存在着一种相互依存的特殊地缘战略关系。四川是中原王朝经营云南的基地与门户，而云南又是屏蔽四川的藩篱，藩篱破则门户危，门户危则藩篱毁。云南与四川彼此之间的相互战略关系，已被后来唐朝中后期南诏的叛服不定及蒙元时期的"斡腹之举"所证明。清人倪蜕在《滇云历年传》中总结南宋灭亡的经验教训时，曾对滇蜀之间独特的战略关系作过精彩的论述："段氏自改称后理，向慕中国，志不少衰，而南宋君臣视之蔑如者，终鉴于唐李之祸也。夫士不通经博古，固不足以宏济艰难；然而执经泥古者，岂可以弥纶宇宙乎！以天下大势而论，宋之视滇，犹唐之视蜀也。若使滇不慕宋，犹当来之，奈何持迂腐之陋见，而必阻其向化之心乎。且横山市马，张栻既戒严而塞其道矣；今请黎、雅入贡，孟珙又不

---

① 按蜀汉制度，往往于边地置都督，领兵屯守，庲降都督设于建安十九年（公元 214 年）南昌县（今昭通镇雄），章武二年（公元 222 年）改驻平夷县（今贵州毕节地区），建兴三年（公元 225 年）改驻建宁郡之味县（今曲靖市），是蜀汉政权经营南中的重大举措。"庲降"意即招徕降服之意。前期和后期不同，公元 225 年以前主要是负责南中地方的最高军事长官，公元 225 年以后，变为统摄南中地区的最高军政合一机构，这是西南边疆出现的第一个单一的特殊一级政区。

许而使之道于邕、广；是杜绝于南，珙阻于北，则滇将不得不并于元，而宋亦归于无可复之，惟有终之于蹈海而已，亦势所必致也。倘使滇、蜀相联，与吴玠为犄角，则蜀必益坚，而滇亦岂遽为元人之鱼肉哉!"①清初舆地学者顾祖禹在谈到四川与云南的地缘关系时，认为蜀汉平定南方（中），"然后可以固巴、蜀，固巴、蜀然后可以图关中"②，也道出了云南屏蔽四川的重要性。

鉴于四川与云南之间存在着如此特殊的关系——拥有四川者必将进取云南，稳定云南者方能固守四川；而滇东曲靖地区又拥有云南最大的坝区（今曲靖市所辖的陆良坝区）并受盘江流域水系的浸润，有适宜农业耕作的较好条件；还由于当地处在中原王朝经四川达云南交通线的衿喉之地，使滇东曲靖地区成为中原王朝与云南腹地物资与文化交流的桥梁。这一作用对滇东曲靖地区经济文化的发展产生了十分深远的影响，并为三国初期行政中心东移曲靖地区奠定了必要的条件。

二 移民因素

两汉时期，中央王朝出自对西南边疆巩固和开发的目的需要，不断从内地迁徙民众（多罪人、奸豪）到边疆戍边屯田。《史记·平准书》记载："汉通西南夷道，作者数万人，千里负担馈粮，率十余钟致一石，……悉巴蜀租赋不足以更之，乃募豪民田南夷，入粟县官，而内受钱于都内。"③ 这充分说明西汉王朝在开发"西南夷"的过程中，由于巴蜀租赋无力单独支撑对西南夷开发的费用，于是"募豪民田南夷，入粟县官，而内受钱于都内"便成为解决该问题的方法之一。又据《华阳国志·南中志》：置益州郡后，"汉乃慕徙死罪及奸豪实之"④。又《三国志·吕凯传》注引孙盛《蜀世谱》："初，秦徙吕不韦子弟宗族于蜀汉。

---

① （清）倪蜕：《滇云历年传》，云南大学出版社李埏点校，1992，第 184 页。
② （清）顾祖禹：《读史方舆纪要·陕西方舆纪要序》，中华书局贺次君、施和金点校，2005，第 2450 页。
③ （汉）司马迁：《史记·平准书》卷 30，中华书局点校本，1962，第 1421 页。
④ （晋）常璩：《华阳国志·南中志》卷 4，巴蜀书社刘琳校注本，1984，第 393～394 页。

汉武帝时，开西南夷，置郡县，徙吕氏以充之，因曰不韦县。"①《华阳国志·南中志》也说："孝武时，……置巂唐、不韦二县。徙南越相吕嘉子孙宗族实之，因名不韦，以彰其先人恶。"② 二说虽不相同，但在吕氏被流放永昌郡上则是一致的。再如：东汉时益州郡大姓雍闿，其先人亦是武帝时由四川什邡迁来；还有镇守西南夷地区的官吏和军将，很多人日久落籍，也成为移民。除此之外，还有一些出于不同目的自流进入边疆地区的农民和商贾，后来伴随着东汉末年黄巾农民大起义，中原大量的流民更是不断地迁徙于此。两汉以来有关内地汉民迁徙云南的类型繁多，不胜枚举，方国瑜先生的《汉晋时期在云南的汉族移民》③ 一文对此做了详细阐述。方铁先生在《秦汉蜀晋南朝的治边方略与云南通道开发》一文中认为两汉时期，由官方组织来自蜀地的移民大量进入今云南时，分布地区"尤以今滇东北、滇中一带最为密集。移民带来了先进的经济文化因素，有利于云南地区的开发。五尺道与零关道成为云南联系外地的要道，促进了蜀地与云南的经济文化交流"④。于此可见，这一时期从中原和巴蜀地区迁徙而来的移民，主要聚居在滇东平坝地区。

在中国古代，耕作以简单的手工工具为主，人口的流动就意味着生产力与生产方式的转移性影响。在两汉至三国初期，大量携带先进技术的中原汉族移民集居滇东，无疑会对滇东地区生产力的提高和生产方式的变革起到巨大的推动作用，并为后来滇东曲靖地区经济与文化的发展超越滇池地区打下了坚实的基础。1901 年在云南昭通发现东汉时的《孟孝琚碑》，是现存云南地区时代最早而较完整的碑刻。碑文说：朱提郡（治今云南昭通）人孟孝琚（据考证是中原移民后裔）"十二随官受《韩诗》，兼通《孝经》二卷"。《孟孝琚碑》由朱提郡人士撰写，文笔典雅流畅，并称孔子为"大圣"。⑤ 又汪宁生先生的《云南考古》一书认为：

① （晋）陈寿：《三国志·吕凯传》卷 43 注引孙盛《蜀世谱》，中华书局点校本，1962，第 1047 页。
② （晋）常璩：《华阳国志·南中志》卷 4，巴蜀书社刘琳校注本，1984，第 427 页。
③ 林超民主编《方国瑜文集》第 1 辑，云南教育出版社，1994。
④ 方铁：《秦汉蜀晋南朝的治边方略与云南通道开发》，《云南师范大学学报》（哲学社会科学版）2007 年第 6 期。
⑤ 方国瑜主编《云南史料丛刊》卷 1，云南大学出版社，1998，第 95 页。

滇东北和滇东地区存在着大量的被称为"梁堆"的东汉至两晋时期的墓葬，这种墓葬和内地同时期墓葬基本上属同一类型，表明墓主人的葬俗和生活方式与内地世家大族无甚区别，墓主人的身份并被认定是南中"大姓"——来自内地汉族移民的后裔。① 可见封建汉文化在滇东有很深的影响，三国初期行政中心东移曲靖地区与上述移民因素不无关系。

三 大姓崛起的因素

滇王国灭亡，奴隶制衰落，造成了大姓和夷帅在滇东地区影响的增强。众多夷化大姓聚集滇东是导致行政中心东移的又一原因。两汉时期在边疆的治理上采取的是土流两重政策，"太守"与"王"同为朝廷命官。如汉降服滇国后，即把其地"以为益州郡"，任命太守，同时又"赐滇王印，复长其民"，但王之进止予夺，听命于太守，受到节制。② 政权之所以如此设置，缘由是为了使上层建筑更好地适应（西南夷）边疆地区不同的社会经济基础。一方面，在自然经济条件比较好的平坝、郡县治所周围、封建经济处于优势的地区，直接采用郡县制管理，并制定赋役制度；另一方面，在自然经济基础条件较差、落后的奴隶制及前奴隶制地区，则采用羁縻之制，任用当地土长为王、侯，毋赋税，只有少数象征性的贡纳应设。因此，在益州郡设置后的很长一段时间里，羁縻之下的滇王国依然存在，而不是很快地消亡了。

那么滇王国又是什么时候灭亡的？奴隶制又是怎样衰落的呢？尤中先生的《云南民族史》分析认为：滇池地区设置郡县后的100多年时间里，奴隶制经济在王朝政权的扶持下获得了高度发展；伴随着汉族移民的进入，西汉后期铁工具已代替青铜工具，农业与手工业生产技术在汉族移民的直接影响下，也有了很大提高。由此引起了奴隶制生产关系与生产力之间的矛盾，导致了奴隶主与奴隶、村社农民之间矛盾的激化。东汉建武十八年（公元42年）以后，奴隶和村社农民的起义相继不断，奴隶主则受到了严重打击，以滇王家族为首的奴隶主们的势力也逐步走

---

① 汪宁生:《云南考古》，云南人民出版社，1992，第89～100页。
② 方国瑜主编《云南史料丛刊》第1卷，云南大学出版社，1998，第87页。

向了衰落与崩溃。东汉以后，滇王的活动已不见于记载，大概是在奴隶制的衰落中灭亡了。① 方国瑜先生在其《云南史料丛刊》卷1《滇王之印概说》一文中也阐述了类似的看法。② 伴随着奴隶制的衰落、滇国的灭亡，逐渐代之而起的则是东汉末年拥有部曲的夷化大姓（为西汉前期迁入的汉族移民上层的后裔）和因汉化崛起的夷帅（当地土著民族的首领），夷化大姓和汉化夷帅之间的密切结合，形成了一个新的阶层——封建领主制阶层。他们因拥有经济、政治和军事的特权而独霸一方，又由于大姓和夷帅的聚集地以滇东曲靖地区为多，大姓势力往往又是汉代以后中原王朝借以治理南中地区的依靠力量。因此，众多夷化大姓聚集滇东地区无疑是导致三国初期行政中心东移的又一原因。

四　王朝治策的影响

中原王朝为了借助夷化大姓实现其"以夷治夷"的治边策略，并同时起到对夷化大姓和夷帅的政治与军事威慑，防止其坐大叛乱，行政中心东移滇东曲靖地区便成为必然。

"大姓"大部分都是秦汉以来迁入西南地区的汉族上层人物，他们在封建政府的支持下，依靠汉族移民为主的"部曲"力量，凭借着先进的生产工具和技术，在"夷族"中发展势力、扩大地盘；同时在周围"夷"多"汉"少的情况下，为了巩固和发展自己的势力，他们与地方夷帅、土酋通过婚姻的方式结合在一起，接受夷人的风俗，借助夷人的势力，进而来达到巩固和发展势力的目的。《华阳国志·南中志》说："今南人言论，虽学者亦半引'夷经'。与夷为姓曰'遑耶'，诸姓为'自有耶'。世乱犯法，辄依之藏匿。或曰：有为官所法，夷或为报仇。与夷至厚者谓之'百世遑耶'，恩若骨肉，为其通逃之薮。故南人轻为祸变，恃此也。"③ 由于南中大姓与少数民族之间密切的融合关系，其夷化倾向则显得不可避免。"夷帅"即当地少数民族部落或军事联盟的首领，也是大姓依靠和联合的重要力量。

---

① 《尤中文集》第1卷，云南大学出版社，2009，第55~56页。
② 方国瑜主编《云南史料丛刊》第1卷，云南大学出版社，1998，第87页。
③ （晋）常璩：《华阳国志·南中志》卷4，巴蜀书社刘琳校注本，1984，第364页。

较早记载大姓的是《后汉书·南蛮西南夷列传》："公孙述时，大姓龙、傅、尹、董氏，与郡功曹谢暹保境为汉。"① 又据《华阳国志·南中志》载，诸葛亮平定南中后，"分其羸弱配大姓焦、雍、娄、爨、孟、量、毛、李为部曲；置五部都尉，号'五子'，故南人言'四姓五子'也"；建宁郡有"五部都尉、四姓及霍家部曲"，同乐县有大姓爨氏；朱提郡有"大姓朱、鲁、雷、兴、仇、递、高、李，亦有部曲。其民好学，滨犍为，号多（士人）（人士），为宁州冠冕"。② 由于众多夷化大姓聚集滇东，且又都有自己的一定武装部曲，他们势力的向背对南中地区的治乱兴衰将会产生重大影响。因此，蜀汉政权于公元 225 年平定南中之乱后迁"庲降都督"于建宁郡之味县（今曲靖），以及以后各王朝把宁州治所设置于此，都有对"大姓"依靠、扶持和政治、军事威慑两方面的用意。诸葛亮在平定南中之乱后便采取了恩威并用的两手策略治理南中。一方面，诸葛亮对有功于蜀汉、倾心内附的地方大姓实行积极扶持的政策，帮助其发展壮大，通过政治上的强制方式，把一些还未依附的夷人划归大姓作为部曲。《华阳国志·南中志》说："分其羸弱配大姓焦、雍、娄、爨、孟、量、毛、李为部曲。"③ 同时还帮大姓们策划，通过经济上的引诱，使未曾投靠大姓的夷人变为他们的部曲。《华阳国志·南中志》说："以夷多刚很，不宾大姓富豪，乃劝令出金帛，聘策恶夷为家部曲，得多者奕世袭官。于是夷人贪货物，以渐服属于汉，成夷、汉部曲。亮收其俊杰建宁爨习、朱提孟琰及获为官属，习官至领军，琰辅汉将军，获御史中丞。"④ 诸葛亮的这一扶持南中大姓的策略，使得一部分大姓获得快速发展。由于很多夷人成为大姓的部曲，蜀汉政权便可以通过控制与羁縻大姓来稳固整个南中地区，实现其"以夷治夷"的目的。另一方面，诸葛亮对那些扰乱南中、叛服不定的大姓与夷帅则采取较为严厉的震慑措施。例如：南征军还蜀后，"南夷复叛，杀害守将。（李）恢身往扑讨，

---

① （南朝·宋）范晔：《后汉书·南蛮西南夷列传》卷 86，中华书局点校本，1973，第 2845 页。
② （晋）常璩：《华阳国志·南中志》卷 4，巴蜀书社刘琳校注本，1984，第 357～414 页。
③ （晋）常璩：《华阳国志·南中志》卷 4，巴蜀书社刘琳校注本，1984，第 357 页。
④ （晋）常璩：《华阳国志·南中志》卷 4，巴蜀书社刘琳校注本，1984，第 357 页。

锄尽恶类，徙其豪帅于成都"①。建兴十一年（公元 233 年），"南夷豪帅
刘胄反，扰乱诸郡。征庲降都督张翼还，以忠代翼。忠遂斩胄，平南
土"②。又《三国志·马忠传》：庲降都督马忠"抚育恤理，甚有威惠"
"为人宽济有度量""处事能断，威恩并立，是以蛮夷畏而爱之"③。另
外，诸葛亮平定南中后还在南中保留了强大的军事力量，以武力为后盾，
经过悉心治理，蜀汉在南中才初步实现"纲纪粗定，夷汉初安"的局
面。④ 至于《汉晋春秋》谓诸葛亮在南中地区"不留兵""皆即其渠率而
用之"的说法，方铁先生认为缺乏足够的史实依据。⑤ 笔者认为，蜀汉把
统摄南中军事与民政管理机构的庲降都督府设在滇东建宁郡之味县，其
重要目的就是想借用强大的武力来控制和震慑滇东众多的大姓势力，使
其更好地服从于蜀汉政权的领导，从而使恩威并用的两重策略达到更加
完美的（协调）结合，进而确保南中地区的长治久安。

第二节　滇东（今曲靖）地区作为行政中心的历史影响

随着行政中心的东移，曲靖地区迎来了历史上第一个发展高峰。凭
借着三国时期蜀汉政权的积极扶持及滇东作为行政中心的优越地位，滇
东大姓在自身不断发展壮大的同时，也对当地区域经济的发展及统一做
出了积极贡献。"爨文化"的繁荣发展，则是这一时期行政中心影响下的
杰出成果。

一　对滇东地区经济发展的促进

行政中心东移曲靖地区，进一步巩固和促进了滇东地区的经济发展。
这一时期滇东的领主制经济获得了快速发展，同时也在一定程度上实现
了对滇东区域经济的整合。

---

① （晋）陈寿：《三国志·李恢传》卷 43，中华书局点校本，1962，第 1046 页。
② （晋）陈寿：《三国志·马忠传》卷 43，中华书局点校本，1962，第 1048 页。
③ （晋）陈寿：《三国志·马忠传》卷 43，中华书局点校本，1962，第 1048 ~ 1049 页。
④ 方铁：《边疆民族史探究》，中国文史出版社，2005，第 31 页。
⑤ 方铁：《边疆民族史探究》，中国文史出版社，2005，第 31 页。

诸葛亮平定南中之后，扶持大姓及稳定和发展南中经济的一系列措施，使得其"以汉治夷""以夷治夷"的策略也日见成效。许多投靠蜀汉的大姓势力在东汉以来的基础上得到了快速发展，尤其是诸葛亮鼓励和扶持大姓收拢夷人为部曲的策略，进一步促进了南中大姓经济实力的壮大，促进少数民族地区生产方式发生变革。众多的夷人依附于大姓成为其部曲，一定程度上也就受到了大姓汉文化的影响，并从那里获得了生产工具和技术的革新，进而推动了众多夷人部落地区由奴隶制逐步向封建领主制过渡的进程。蜀汉政权平定南中之乱并积极经营之的目的，是想通过稳定后方并从中汲取尽可能多的人力和物力以资北伐曹魏所需。虽然这一政策具有明显的功利性，但它毕竟客观上有利于南中地区经济和文化的发展，尤其是大姓集聚众多的滇东地区。《华阳国志·南中志》："建宁郡，治故庲降都督屯也，南人谓之屯下。"[①] 其中"屯下"是指屯军退役之后仍在当地从事农业生产。可见，这部分掌握先进技术的内地军人从事农业耕作，必将极大的促进当地经济的发展。又《三国志·李恢传》说，南征以后，蜀汉"赋出叟濮耕牛战马金银犀革，充继军资，于时费用不乏"[②]。据方铁的《西南通史》载，前文中的"濮"应指南征后庲降都督李恢"迁濮民数千落于云南、建宁界，以实二郡"，应是迁往云南和建宁郡的濮民而不是永昌郡内的濮民。[③] 又据《三国志·诸葛亮传》说："亮率众南征，其秋悉平。军资所出，国以富饶。"[④] 于此可见，三国蜀汉时期南中地区，尤其是滇东建宁郡的社会经济发展较快。

两晋至唐中叶的情况又如何呢？两晋至南北朝时期，封建政府对"大姓"和"夷帅"采取了以削弱、打击和抛弃不用为主的政策，但这一政策却导致大姓和夷帅不断反叛，以至于封建政府最终失去了对宁州的实质性控制，而地方大姓则也在封建政府的打击和内斗中走上了爨氏大姓割据宁州自雄的局面。这一时期，由于众多大姓被消灭或被兼并于爨氏，其赖以存在的经济割据基础不复存在，也必将被爨氏所整合与统一。

① （晋）常璩：《华阳国志·南中志》卷4，巴蜀书社刘琳校注本，1984，第402页。
② （晋）陈寿：《三国志·李恢传》卷43，中华书局点校本，1962，第1046页。
③ 方铁主编《西南通史》，中州古籍出版社，2003，第170页。
④ （晋）陈寿：《三国志·诸葛亮传》卷35，中华书局点校本，1962，第919页。

由于爨氏所能实质控制的地区以滇东为主，因此爨氏在一定程度上实现了对滇东地区封建领主制经济的整合，这也正是上层建筑与经济基础相互作用的结果。在此基础上，隋至唐初，滇东地区经济依然有一定的发展。如《隋书·梁睿传》所说：据益州总管梁睿所知，隋初宁州"户口殷众，金宝富饶，二河（按：指滇池和洱海）有骏马、明珠，益宁出盐井、犀角"，若在宁州、朱提、云南、西爨（按：至今昆明以东地区）置总管州镇，"计彼熟蛮租调，足供城防仓储。一则以肃蛮夷，二则裨益军国""南宁州（今云南曲靖），汉代牂柯之郡，其地沃壤，多是汉人，既绕宝物，又出名马"①。据其所言，隋初宁州凡农业基础较好的地区，社会经济均较繁荣，其中又以滇中和滇东一带为最。② 唐初对滇东地区的积极经营，扶持爨氏，使得滇东地区经济发展势头依然强劲。如《云南志·名类》载："当天宝中，东北自曲靖州，西南至宣城，邑落相望，牛马被野。"③ 从以上的叙述中不难看出，在云南行政中心东移滇东曲靖地区的 500 余年间，滇东地区屯耕扩大、物资充溢、户数增多、经济的富足都居全滇之冠。在此基础上，滇东地区大姓的封建领主制经济也获得了快速发展。

二　夷汉交融爨文化的繁荣发展

爨氏大姓在滇东的膨胀与崛起，造就了夷汉交融爨文化的发展。关于爨氏的崛起及爨文化的发展，早在 1990 年由曲靖地区文化局等单位主办的"首届爨文化学术讨论会"上已有专门的探讨，并对"爨"的认识产生了众多不同的见解。在此，笔者想在借鉴前人的基础上浅谈一下个人看法。笔者认为，爨氏大姓的崛起是建立在魏晋南北朝时期南中或宁州众多大姓相互兼并基础上的，爨氏凭借独特的手腕与策略从众多大姓兼并的纷争中脱颖而出。东晋永和三年（公元 347 年），晋将桓温伐蜀，李氏灭亡，蜀对宁州影响全部消失后，爨氏开始据宁州自雄。此后直到唐中叶诸爨氏被南诏兼并，在长达 400 余年的时间里，爨氏在宁州控制的

---

① （唐）魏征等：《隋书》卷 37，中华书局点校本，1973，第 1126～1127 页。
② 方铁主编《西南通史》，中州古籍出版社，2003，第 202 页。
③ 木芹：《云南志补注》，云南人民出版社，1995，第 47 页。

地域前后有所不同，大致是前期大于后期。但无论怎样，此期间爨氏对滇东地区的控制较为牢固，其控制地域内的各族人民统称"爨人"。李京《云南志略》说："晋成帝时，以爨深为兴古太守。今曲靖也。爨人之名始此。"① 在这400余年中，爨氏控制地区内由爨人创造的物质和精神文化的总和，我们习惯上称其为"爨文化"。爨文化是一种夷汉交融的复合型文化，它包括爨氏控制区域内的经济关系、政治制度、社会生活、宗教信仰、哲学思想、文学艺术以及民族风俗等诸多方面的总和。

爨文化的兴起受到了汉文化的影响，这是毋庸置疑的，它与三国蜀汉时期行政中心东移滇东（今曲靖地区）后的影响是密不可分的。对此，我们不妨分析一下爨文化的特点所在：第一，爨氏统治宁州的政治制度较中原地区有所不同，其特色是政治制度的"双轨制"，即由地方大姓"爨氏"土长担任王朝的官职。第二，爨氏控制地域的民族是多元的，他们创造的文化与艺术也必将是多元的。如爨人原始崇拜的多样性、"鼎立鼓群"现象、"盟誓文化"等。第三，爨人居住地环境的多样性，造就了种植作物、服饰及礼仪等文化生活的多样性。第四，爨氏控制的核心区滇东地区是汉族移民进入最早的地区，那么爨人也必将受到一定汉文化的影响。② 如：从现存的"两爨碑"看，无论是碑文的行文风格、职官题名，还是碑的形制以及大爨碑的饰物朱雀、玄武、穿耳等都有明显的汉文化色彩。③ 于此可见，爨文化的繁荣与滇东大姓爨氏是分不开的，因为爨氏本身就是夷汉交融的杰作。从三国蜀汉时期行政中心东移滇东大姓集居区，就为后来爨氏借助行政中心的优势地位来巩固和发展势力，造就夷汉交融爨文化的辉煌创造了条件。

三　对滇西边疆巩固的复杂影响

两晋南北朝时期由于行政中心远离滇西，中原王朝在宁州的统治虚弱，因此对滇西永昌郡的脱离也就显得鞭长莫及，只能任其自行其是了。

---

① 云南省民族研究所编《大理行记校注　云南志略辑校》，王叔武校注，云南民族出版社，1986，第70页。
② 范建华编《爨文化论》，云南大学出版社，1991。
③ （民国）《新纂云南通志·金石考四》卷84，云南人民出版社李春龙等点校，2007。

此时期由于行政中心东移滇东地区，一定程度上造成了对滇西地区控制的弱化，并对后来永昌郡的脱离产生了消极的影响。方国瑜先生在《汉晋时期在云南的汉族移民》一文中认为："所见记录，在三国到南朝时期的大姓，多在滇东区域，主要为建宁，次为朱提，而滇西区域的记载很少。当然，从东汉末年起，滇东大姓势力的发展，封建统治者与大姓的对垒，没有余力深入滇西，所以在滇西的事迹，见于记录的几乎没有；有之，则为由滇东区域牵涉的事迹。"[1] 笔者认为，三国蜀汉时期由于蜀汉政权对南中大姓，尤其是对滇东大姓采取了恩威并用、刚柔兼济的两手策略，使得蜀汉政权与南中大姓的关系相处较好，蜀汉对滇西的控制还算稳定与牢固。但自两晋以后，由于王朝统治者采取的是对大姓以打击、对抗为主的策略，同时再加上这一时期大姓之间的相互兼并日趋激烈，于是滇东大姓聚居的地区便成为政治与军事斗争的焦点，因而造成了王朝与大姓势力无暇顾及滇西，并最终导致了滇西永昌郡的脱离。《华阳国志·南中志》说："（吕）凯子祥太康中（公元280～289年）献光珠五百斤，还临本郡，迁南夷校尉。祥子元康末为永昌太守。值南夷作乱，闽濮反，乃南移永寿，去故郡千里，遂与州隔绝。"[2] 这显然是由于永昌郡内"闽濮"族群的反抗，迫使永昌郡太守为了避难不得已把郡治南迁到了永寿县（今耿马县）。自此，永昌郡太守便与内地失去了联系，永昌郡的统治也日趋松弛，以至于东晋咸康八年（公元342年）撤销了永昌郡。永昌郡被撤销后，宁州统治者便失去了对永昌郡部分地区（西北部、西部和南部边疆）的控制。

至南朝刘宋时期，从《宋书·州郡志》记载宁州刺史所辖15郡（建宁郡、晋宁郡、牂牁郡、平蛮郡、夜郎郡、朱提郡、南广郡、建都郡、西平郡、西河阳郡、东河阳郡、云南郡、兴宁郡、兴古郡、梁水郡）无永昌郡来看[3]，东晋咸康八年（公元342年）撤销永昌郡建制后，直到南朝刘宋时期仍未恢复。其原因我们仍然可以从《爨龙颜碑》中看出，是

[1]　林超民主编《方国瑜文集》第1辑，云南教育出版社，1994，第308页。
[2]　（晋）常璩：《华阳国志·南中志》卷4，巴蜀书社刘琳校注本，1984，第435页。
[3]　（梁）沈约：《宋书·州郡志》（卷三十八志第二十八·州郡四），中华书局点校本，1974。

永昌郡内"闽濮"族群的反抗所致。其碑文有云:"岁在壬申(宋元嘉九年,公元432年),百六遘衅,州土扰乱,东西二境,凶竖狼暴,缅戎寇场。君收合精锐五千之众,身亻亢失石,扑碎千计,肃清边嵎。君南中磐石,人情归望,迁本号龙骧将军,护镇蛮校尉、宁州刺史、邛都县侯。"① 碑文记载,刘宋初年爨龙颜率领其部曲前往永昌郡镇压了"闽濮"("缅戎")及"东西二境"各族的反抗之后,成为"南中磐石"而"人情归望",使得刘宋王朝不得不授其为"龙骧将军,护镇蛮校尉、宁州刺史、邛都县侯",于是爨氏便"独步南境,卓尔不群"②,成为独霸一方的"开门节度,闭门天子"。尽管如此,爨氏却并没有把永昌郡重新建立起来,所以《宋书·州郡志》宁州刺史所辖15郡并无永昌郡。此后直到唐中叶,中原王朝更迭频繁,宁州名义上也曾数次易主,而爨氏也在与更迭王朝势力的不断周旋中由鼎盛走向衰落,无暇顾及滇西永昌郡的脱离。

三国至唐前期,滇东曲靖地区成为历史上云南新的行政中心,有其历史的必然性。曲靖地区是早期的人类集居地之一,也是早期农业耕作的理想场所,这已被近几十年的考古发掘所证实。考古资料表明,至迟在4000年前,这里便出现了定居的原始农业,宣威尖角洞人和曲靖珠街炭化稻的发现③,均已证明原始农业在这里已有悠久的历史。从《史记·西南夷列传》中我们可以得知,曲靖地区是"耕田,有邑聚"的"劳浸、靡莫"之地,同时也是最早纳入中央王朝经营西南夷的地区之一,秦始皇时在此开道(五尺道)、设郡、置吏。五尺道是由政府主持修筑的最早通向云南地区的交通要道,也是内地人民最早进入西南夷的通道之一。另外,曲靖地区拥有云南最大的坝区和盘江流域水系的浸润,有适宜农业耕作的良好条件,这些都为早期以农业为主的时代提供了经济崛起的良好客观条件。随着西汉以来中原王朝对西南夷地区不断的经营,中原携带先进技术的汉族移民也不断地迁徙于此,其中聚居在滇东坝区的为

---

① 汪宁生:《云南考古》,云南人民出版社,1992,第116~117页。

② 汪宁生:《云南考古》,云南人民出版社,1992,第117页。

③ 李保伦:《云南宣威县尖角洞新石器遗址调查》,《考古》1986年第1期;李昆声、李保伦:《云南曲靖发现炭化古稻》,《农业考古》1983年第2期。

多。东汉中后期，由于奴隶制的衰落、滇王势力的灭亡、战乱不断，滇池地区经济发展的势头已有所减弱；与此同时，众多大姓势力则开始逐步在滇东崛起。蜀汉时期，滇东大姓已成为拥有政治、经济和军事特权，且能够左右南中局势的重要集团力量。诸葛亮平定南中后，处于对滇东大姓控制与威慑的双重需要，行政中心东移的主客观条件也日趋成熟。

马克思政治与经济学的相互关系原理认为：经济基础决定上层建筑，上层建筑对经济基础有反作用。笔者认为，众多拥有政治、经济和军事特权的大姓聚居滇东，是导致这一时期行政中心在滇东曲靖地区确立的重要原因；相反，行政中心在滇东曲靖地区的确立，也必将对滇东地区产生重大影响。事实也正是如此，经过三国蜀汉时期的快速发展，大姓之间割据的经济基础已十分接近，封建领主制经济基础在大姓之间已得到巩固和发展。两晋以来滇东大姓之间的相互兼并一定程度上促进了经济基础的统一，东晋时爨氏据南中自雄，在一定程度上也实现了对滇东区域经济的整合。这一时期爨氏大姓在滇东的膨胀与崛起，在其经营的以滇东为中心的广大区域内，爨人造就了这一时期夷汉交融复合型爨文化的繁荣发展，这一情况在"两爨碑"中得到了鲜明体现。与此同时，行政中心长期位于滇东，则对滇西永昌郡的脱离以及宁州西部及西南部边疆的统一产生了不利的影响。

第 三 章

行政中心西移洱海地区的原因及其影响（唐中叶至元初）

这一时期是云南土著民族乌蛮和白蛮在外部因素影响下发展壮大，据地自雄的重要时期。公元 7 世纪中叶，青藏高原上吐蕃政权的崛起、强大并南下洱海地区展开对唐王朝的竞争，是造就唐王朝扶持南诏统一洱海地区、南诏政权①逐步发展壮大的重要外部条件。两宋时期，由于中原王朝面临着北方辽、夏、金的强大压力以及明显的民族偏见，又导致大理政权②在西南边疆延续发展了 300 余年。在南诏、大理政权割据西南边疆的 500 余年间，这两个政权都以洱海地区作为行政中心，注重对西南边疆的开拓与巩固。这一时期随着乌蛮和白蛮民族群体的发展壮大，他们在以自身文化发展为"内核"的基础上吸收汉族封建文化，创造出富有民族特色的地方文化，可称之为"南诏—大理"文化。

第一节　行政中心西移洱海地区的原因

从三国初期到唐中叶，滇东曲靖地区作为云南地区的行政中心长达 500 余年，其间滇东曲靖地区发生了深刻的变革，而为何到唐中叶之时，滇东地区没有保持住行政中心的地位而被滇西洱海地区所取代？笔者认

①　南诏政权，是以乌蛮为主导，以白蛮为主体的多民族联合政权。
②　大理政权，以白蛮为主导和主体的多民族政权。

为行政中心的再次转移，是与滇西洱海地区所具有的独特区位优势和时代背景密切相关的，具体表现在如下方面。

一　南诏地方民族政权的崛起

南诏地方民族政权的崛起是云南行政中心西移洱海地区的主要原因。南诏本是唐初定居在洱海南部巍山地区的一个部落。唐前期洱海区域周围主要分布着 6 个比较大的部落即六诏，因蒙舍诏位于其他五诏之南，故称南诏。《新唐书·南蛮传》载："南诏，或曰鹤拓，曰龙尾，曰苴咩，曰阳剑，本哀牢夷后，乌蛮别种也。夷语王为'诏'。其先渠帅有六，自号'六诏'，曰蒙巂诏、越析诏、浪穹诏、邓睒诏、施浪诏、蒙舍诏。……蒙舍诏在诸部南，故称南诏。"① 南诏政权是以当时云南两个受汉文化影响较深的民族群体白蛮和乌蛮为主建立的政权。在南诏政权统一洱海地区五诏之后，南诏首领皮罗阁又于公元 748 年利用唐与滇东爨氏宗族的矛盾，借机平定了爨氏家族并迁西爨白蛮 20 万户于滇西永昌地。《云南志补注》卷 4 名类："皮阁罗凤遣昆川城使杨牟利以兵围胁西爨，徙二十余万户于永昌城。"② 西爨白蛮在隋唐时期是受汉文化影响较深的族群，这一举措无疑对南诏政权控制滇东地区并利用 20 万户的西爨白蛮开发滇西地区，加速滇西地区经济文化的发展发挥了重要作用。在南诏地方民族政权崛起并控制云南地区之后，其都城仍设在滇西洱海地区，这在一定程度上说明南诏统治者遵循了侯甬坚先生在其《中国古都选址的基本原则》一文中所谈到的"故地人和"的原则。③

二　地理环境的优势

有关地理环境影响历史演变进程的理论，前面已有叙述，此处无须赘言。无论是考古发掘，还是文献记载，均证明洱海地区是云南开发较

---

① （宋）欧阳修、宋祁：《新唐书·南蛮传》卷 222 上，中华书局点校本，1975，第 6267 页。
② 木芹：《云南志补注》，云南人民出版社，1995，第 48 页。
③ 侯甬坚：《历史地理学探索》，中国社会科学出版社，2004，第 73～76 页。

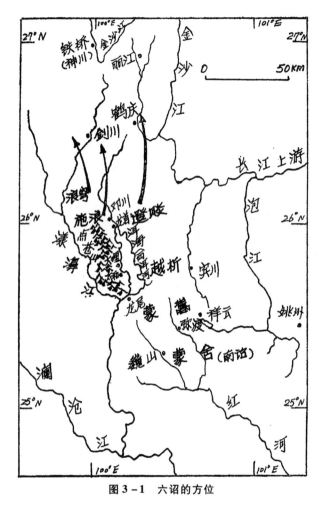

图 3-1 六诏的方位

资料来源：何耀华总主编《云南通史》第3卷，中国社会科学出版社，2011，第39页。

早的地区之一。[1] 这里自然条件较为优越，苍山、洱海和平坝交相辉映，沃野千顷，"有适宜农业耕种的土地、气候与降水，地近青藏高原，北上可入藏区，向南通过保山、腾冲可达缅甸，具有独白完善所需物资对外交流的条件，是一个相对封闭和独立的地缘政治单元"[2]。而且，在天宝

---

① 张增祺：《中国西南民族考古》，云南人民出版社，1990。

② 李孝聪：《中国区域历史地理》，北京大学出版社，2004，第87页。

战争之后，南诏已控制了经川西南至洱海地区较近的交通线（西夷道）清溪道，对于地方割据政权而言有重要的优势。

这一独特的战略区位优势，被后来唐王朝与南诏政权之间的多次对抗战争所证明。如：在天宝九载与十二载的"天宝战争"中，剑南节度使鲜于仲通和侍御史剑南留后李宓统率的大军与南诏战于洱海区域，结果是先后近20万大军丧失殆尽，鲜于仲通仅以身免，而李宓则沉江而亡，全军覆没。两次大战中虽然南诏都得到了吐蕃的协助，但南诏将帅们利用有利的地理环境和形胜的用兵之道给唐军以毁灭性的打击，则是南诏赢得胜利的重要原因。如清代顾祖禹在论述大理地区形胜时说道："府西倚点苍，东环洱水，山川形胜，雄于南服。昔武侯南征，规固其地，于是收资储以益军实，选劲卒以增武备，遂能用巴、蜀之众，屡争中原。唐之中叶，蒙氏负嵎于此，乘间抵隙，常为蜀肘腋患。段氏承之，抚有城邑，保其险塞，雄长群蛮者亦三百余年。"[①] 又如元代郭松年论述："'大理城一名紫城，方圆五里，西倚点苍，东扼洱水，龙首关于邓川之南，龙尾关于赵睑之北，称山水大都。'是也。"[②] 深刻表征了"当云南地区游离于中央王朝，自成一个独立的民族政权时，云南的政治中心区域自然回落到滇西地区。而且也只有远离中原王朝控制的交通线，滇西地区才可能发展出能与中原政权叫板的南诏和大理国。就区域优越性而言，滇西胜于滇东；就与中原王朝保持统一性而言，滇东胜过滇西"[③]。

三　经济因素

汉晋以后，伴随着中央王朝势力的不断发展，中原、滇池及滇东先进文化技术不断西进，再加上唐王朝从滇东逐步向滇西倾斜的经济发展方针，尤其是姚州都督府的设置，对滇西洱海地区经济的发展发

---

① （清）顾祖禹：《读史方舆纪要·云南五》卷117，中华书局贺次君、施和金点校，2005，第5153～5154页。

② （清）顾祖禹：《读史方舆纪要·云南五》卷117，中华书局贺次君、施和金点校，2005，第5154～5155页。

③ 李孝聪：《中国区域历史地理》，北京大学出版社，2004，第87～88页。

挥了重要作用。方国瑜先生的《唐宋时期在云南的汉族移民》一文认为：南诏建立前居住在洱海地区的汉人和受汉文化影响的僰人，主要是在蜀汉和两晋时期从滇东和内地迁移而来，人数虽然不多，但在初唐时对洱海以南地区形成部落，发展经济文化的作用已初步显现。[①] 其另文《唐代前期洱海区域的部族》认为：从《通典》所载洱海区域的社会情况看，"洱海区域的经济、文化在唐前期已达到相当高度，农业和手工业发达、贫富不均，已进入阶级社会"。其中洱海以南以僰人和汉人为主的区域，比之其他部族区域的经济文化还要高得多。但这些区域仍散为部落，没有统一起来，而是势均力敌，各守疆界，没有构成整体力量，约在这时期被蒙舍诏吞并；而蒙舍诏得此区域，凭这样高度的经济与文化基础，造成了强大势力，逐渐发展统一洱海四周地区，建立南诏政权。[②]

唐朝创建之初，对云南地区采取的是先东后西、自东向西的经营策略，于武德元年（公元 618 年）便优先开始了对滇东爨区的经营，对诸爨采取积极扶持的政策。如："诏释爨宏达，以为昆州刺史，奉文表归。"[③] 先后设置戎州都督府、南宁州都督府及众多的羁縻州县隶属于二督府之下。唐王朝在对滇东地区控制稍微加强之后，便又很快地投入到对滇西的经营，在巂州都督府经略滇西的基础上，于麟德元年（公元 664 年）设置姚州都督府于昆明之弄栋川，下辖西洱河地区若干羁縻州县，作为唐王朝经略滇西洱海地区诸蛮部落与遏止吐蕃势力南下的前哨和基地。唐王朝设置姚州都督府（在洱海附近地区的姚安）后，内地汉族进入滇西的活动就变得愈加频繁。这就在一定程度上打破了滇西"乌蛮""白蛮"各个群体以往封闭的大门，从政治和经济的各个方面给滇西"乌蛮""白蛮"各部的社会发展以刺激，尤其是对"乌蛮"各诏的刺激，使他们面临着社会突变的前夜。[④] 因此，姚州都督府的设置与经营，使洱海地区的崛起初步具备了必要的经济基础。

---

① 林超民主编《方国瑜文集》第 1 辑，云南教育出版社，1994，第 454 页。
② 林超民主编《方国瑜文集》第 1 辑，云南教育出版社，1994，第 434~435 页。
③ （清）倪蜕：《滇云历年传》，云南大学出版社李埏点校，1992，第 87 页。
④ 《尤中文集》第 1 卷，云南大学出版社，2009，第 98 页。

四 唐王朝治边策略的推动

唐初开元年间，唐朝经略云南，意图巩固云南地方统治政权作为基地，以便更好地对付安南的叛乱与吐蕃的南下。时遭云南部族内部争斗，当先统一安定，然后建立据点，进而威慑安南，控制吐蕃的南下，因此，扶持洱海地区南诏（蒙舍诏）与滇东爨氏已成为唐王朝的当务之急。如：唐初在安南委命的刺史和都护不能控制局面而被杀，至开元初，当地渠帅梅叔鸾号黑帝又结林邑与真腊等，号众 30 万，据安南城以叛。① 有鉴于此，唐朝策划以三路大军进剿安南，岭南道水、陆二路，另一路则想从剑南道前哨之南宁州进发。但此时正值南宁州都督所辖诸爨内讧，唐王朝便在劝和无效的情况下，扶持南宁州都督爨归王消灭了其他势力，使滇东爨地实现短暂的平静。另一方面，吐蕃势力从高宗时就已开始南下，至开元初，其势力已发展到神川（金沙江）以南，已占洱河之浪穹、巂州之昆明盐池，姚州都督府已受到严重威胁。《资治通鉴》载："永隆元年（公元 680 年），西洱诸蛮皆降于吐蕃"②；又说："永昌元年（公元 689 年），浪穹州蛮酋傍时昔等二十五部，先附吐蕃，至是来降；以傍时昔为浪穹州刺史，令统其众。"③ 唐初为了反击吐蕃在西洱河地区的争锋，曾先后派李知古与唐九征多次出兵反击吐蕃于此，"唐标铁柱"虽曾一度起到了震慑吐蕃的作用，但最终并未达到彻底解除姚州都督府受威胁的目的。是时，西洱河诸部族则在唐与吐蕃两大势力争锋中左右摇摆，叛服不定，彼此之间又相互争长，未能实现统一。在这样的形势下，唐朝便想从洱海地区的各部落中选择一个部落的贵族势力来加以扶持，帮助其统一洱海各部，并服从唐朝的命令调度，以此来实现稳固控制洱海周围地区，同时遏止吐蕃势力南下的双重目的。

当时洱海地区较大的 6 个部落，唐王朝为何选中南诏作为其联合抵御吐蕃的助手？笔者认为这并不是唐朝统治者的偶然抉择，而是有

---

① 《越史略》及《安南志》，《云南史料丛刊》卷 1，云南大学出版社，1998，第 124 页。
② （宋）司马光编著《资治通鉴·唐纪十八》卷 202，中华书局，1956，第 6396 页。
③ （宋）司马光编著《资治通鉴·唐纪二十》卷 204，中华书局，1956，第 6457 页。

着深刻的内在原因。其一，在洱海周围的六诏中，以南诏的社会经济最为发达，具备了统一洱海地区和号令诸诏的实力。关于这一原因，笔者在滇西洱海地区崛起的经济因素部分中已经作过论述。另外，相传早在永徽元年（公元 650 年），细奴逻就兼并了其东北部经济较发达的"白子国"，在一定程度上增强了自身的经济实力。其二，南诏地处其他五诏之南，几乎与吐蕃没有交往，但却较早地与唐王朝建立了密切的联系，并获得唐的信任。据载："永徽六年（公元 655 年），细奴逻初立，遣其子逻晟入朝，奉唐正朔，求内属。高宗纳之，因册封奴逻为巍州刺史，赐以金袍。"① 自细奴逻起，南诏诸诏主就臣服于唐王朝，细奴逻被授予巍州刺史，其子孙逻晟、盛逻皮、皮逻阁等都因对唐王朝忠诚而受到恩奖。在吐蕃南下洱海地区之后，南诏又主动讨伐投降吐蕃的群蛮，博得了唐廷的欢心。得到唐廷扶持的南诏，最终在开元二十五年（公元 737 年）由皮逻阁夺占了邓睒和浪穹诸地，并灭五诏，完成了统一洱海地区"合六诏为一"的历史性任务。唐玄宗开元二十六年（公元 738 年），唐朝册封皮逻阁为"云南王"，标志着南诏地方民族政权的建立。

在实现洱海地区统一稳固之后，唐王朝便想打通一条能够连接北部戎州都督府（驻今四川宜宾）、南部安南都护府和姚州都督府的交通线，实现安南与戎州的军事联系，以便对动荡不定的滇东爨区和刚刚统一起来的洱海地区实施更加深入稳固的控制，必要时可以调兵安南以加强云南的军事实力。于是天宝元年（公元 742 年），唐朝便选在安宁筑城作为开通"步头路"的中心点。"步头路"即从安南都护府溯红河水道而上至步头（目前说法不一，大概在今建水县南部红河北岸一带），然后陆行北上，经通海城、安宁，再向东北达戎州都督府或向西北达巂州、姚州都督府。可以说，安宁城的修筑事关对步头路交通线的掌控以及整个西南边疆的稳固，战略地位十分重要。然而，唐王朝的这一举动却引起滇东诸爨的惊恐，后者害怕安宁城筑好后，会威胁到他们的割据势力。因此，天宝四至五年间，诸爨便联合发动对唐朝的反抗，杀了筑城使并摧毁了

---

① （明）诸葛元声：《滇史》，德宏民族出版社刘亚朝点校，1994，第 109 页。

安宁城。事后，玄宗遣中使孙希庄、御史韩洽、都督李宓等，委蒙归义讨之。于是，云南王皮逻阁便借机率兵镇压了东方爨区的叛乱，进而控制了滇东地区。从此，滇东爨氏一蹶不振，唐王朝在爨部的势力影响也不复存在。由此，南诏政权控制的地域自滇西至滇东在逐步地扩大。而此时，唐朝在西南的官员也逐步意识到，南诏已由昔日的盟友转变成了与唐在西南地区争夺利益的对手，并开始有意采取遏制南诏发展的策略，但已悔之晚矣。尤其是后来唐王朝的地方官员在处理与南诏关系时的失策，使得唐与南诏苦心经营的多年隶属关系，于公元750年全面破裂，南诏脱离了唐王朝的控制并转而与吐蕃结盟，开启了南诏与唐长达100多年叛服不定的关系。

南诏崛起前，关于南诏在唐与吐蕃激烈争夺洱海地区控制权的政治格局中是否是始终如一对唐王朝忠心耿耿呢？朱丽双的《8世纪前后吐蕃势力入西洱河地区问题研究》一文，从藏文文献分析认为："唐朝的不幸在于，他一心以为南诏不比其他诸蛮，是完全忠诚于自己的，所以扶持南诏统一洱海地区。然而据藏文文史籍的记载，事情的真相并非如此。敦煌吐蕃历史文书 P. T. 1288《大事记年》记狗年（733），'蛮罗阁（mywa-la-kag）等人前来赞普王廷致礼'。我们应该都记得，统一六诏、被唐朝封为云南王的南诏王就叫皮逻阁（728~748年在位）。《汉藏史籍》记赤德祖赞（khri-lde-gtsug-brtsan，704–754年在位）迎娶南诏女子为妃，生下一位相貌出众的王子。并谓由于此子美妙绝伦，吐蕃境内没有一位女子可以相配，所以才派人到汉地迎娶金城公主。虽然此事与汉文史料不合，但南诏与吐蕃有联姻关系，却是事实。所有这些记载说明，南诏并不是一心一意向着唐朝，必要的时候，为了自己的利益，完全可以能找新的盟友。而唐朝直到天宝末年才明白事情真相。"[1] 作者显然认为："南诏从一开始就不是完全忠于唐朝，……它与吐蕃至少是维持着表面上的外交关系。南诏统一洱海地区后，也没有帮助唐朝对抗吐蕃，而是不断扩张自己的势力范围。从而在必要的时候，为了自己的利益，可

---

① 朱丽双：《8世纪前后吐蕃势力入西洱河地区问题研究》，《中国藏学》2003年第3期。

以马上抛开唐朝，投向吐蕃。"① 虽然这一认识与汉文史料在某种程度上不甚相符，但却代表了学界对这一问题认识的不同声音，目前，有待学界将这一问题的争论引向深入。

第二节 洱海地区作为行政中心的历史影响

大理地区以其富有民族特色的风华物茂著称于世，名扬海内外。"大理有名三塔寺，剑川有名石宝山"已为众多的游人所知。追根溯源，这些都无不与南诏、大理时期的民族文化有密切关系。南诏、大理时期地方政权定都洱海对行政中心地区政治、经济、文化等各方面的发展都产生了深远影响，其中"南诏、大理文化"的繁荣发展则是云南民族文化发展史上的一朵奇葩。

一 对洱海地区经济的促进作用

行政中心在滇西洱海的确立，对促进洱海地区经济的繁荣发展和生产方式由奴隶制向封建领主（农奴）制的转变起到了重要作用。洱海地区经济的崛起造就了南诏政权的割据，反之，统治者为了更好地巩固其统治，也必将采取尽可能多的手段来鼓励和刺激经济的发展。南诏地方政权在统一云南及发展壮大的过程中，往往采取依靠武力征服其他部落、迁其民众的办法掠夺土地；并在战争中常常掠夺大量的俘虏作为奴隶安置在洱海地区，驱使他们从事农业生产或其他方面的劳动，如纺织、采矿、建筑、淘金、煮盐等。这一现象在天宝战争及以后南诏政权对唐王朝的众多战事中表现明显。此时因战争而流落到洱海地区的汉人或因被掳掠而安置在洱海地区的汉人，其人数之多是南诏辖境内其他地区无可比拟的。这些人中以战败被俘的军人为多，从天宝战争到南诏中后期对唐的诸多战争中，因俘被安置在洱海地区的汉人约有 20 余万之众，他们落籍于洱海地区从事农业生产，对洱海地区农业生产方式的变革必将产生重大影响。还有后来从西川和成都

---

① 朱丽双：《8 世纪前后吐蕃势力入西洱河地区问题研究》，《中国藏学》2003 年第 3 期。

掳掠而来的大批工匠，他们大部分被安置在洱海地区，必将对洱海地区手工业技术的发展及进步发挥重要作用。樊绰《云南志》卷7载："俗不解织绫罗，自大和三年蛮贼寇西川，掳掠巧儿及女工非少，如今悉解织绫罗也。"① 又李京《云南志略》载："唐太和中，蒙氏取邛、戎、巂三州，遂入成都，掠子女工技数万人南归，云南有纂组文绣自此始。"② 类似资料在《新唐书》与《旧唐书》中也多有记载。这都表明，南诏从成都掳掠子女工技，为后来洱海地区文织手工业实现"与中国埒"产生了重要影响。另外，由于汉族人口在洱海区域的分布，一定程度上对洱海区域不同的部族融合为一也起到加速催化的作用，南诏晚期洱海区域已开始进入封建社会。③

南诏后期洱海区域无论是在农田水利的发展，还是手工技艺的变化，抑或是畜牧业及工商业的发展，都已达到了一个较高水平。我们还可以从南诏晚期政治制度的变化看出，封建领主制似乎在南诏社会中已逐步登上历史舞台。尤其是从"九爽"④ 中主商贾的"禾爽"设置来看，表明南诏商业的范围在扩大，而且已分离农业、手工业和畜牧业而存在。这必然在一定程度上瓦解着奴隶制，促使着封建制的到来。大理政权建立以后，许多方面在继承南诏的基础上，解决了阻碍生产力发展、导致社会秩序动乱的奴隶制经济体制，稳定了统治基础，把南诏的奴隶制经济体制推向了封建领主制阶段，但仅限于自然条件较好的政区治所及行政中心周围的地区。方铁先生在《论南诏的民族政策》一文中认为，南诏时期，"洱海地区经济文化发展水平领先云南各地的情况，一直延续至13世纪，即元朝以中庆（在今昆明市）为中心建立云南行省后才改

---

① 木芹：《云南志补注》，云南人民出版社，1995，第100页。
② 云南省民族研究所编《大理行记校注　云南志略辑校》，王叔武校注，云南民族出版社，1986，第86页。
③ 林超民主编《方国瑜文集》第1辑，云南教育出版社，1994，第470～471页。
④ 南诏的政务行政机构，是在前期"六曹"（分别为兵曹、户曹、客曹、刑曹、工曹和仓曹，相当于唐朝的六部）的基础上改制而来。"九爽"分别是：幕爽（掌管军事）、琮爽（掌管户籍）、慈爽（掌管礼仪）、引爽（掌管外交）、罚爽（掌管刑法）、劝爽（掌管官吏调遣）、万爽（掌管财政）、厥爽（掌管工程建设）和禾爽（掌管商业贸易）。曹的官员称曹长，爽的官员称爽长。

变"①。也进一步表征了，这一时期作为云南行政中心的洱海地区其经济文化的发展水平在云南地区是首屈一指的。

二　对西南边疆开拓和巩固的贡献

南诏在西南边疆的开拓，始于"天宝战争"②以后。"天宝战争"打破了唐与南诏之间约100年左右和睦相处的局面，南诏叛唐转而投向吐蕃。因受天宝战争胜利的鼓舞，阁罗凤开始向外大规模扩张，他四面出击，修筑道路，设置城邑，完善制度。于是，新兴筑造的城池也随着南诏的扩张而遍布各地。据《南诏德化碑》载："西开寻传，禄郫出丽水之金；北接阳山，会川收瑟瑟之宝。南荒奔凑，覆诏愿为外臣；东爨悉归，步头已成内境。建都镇塞，银生于墨嘴之乡；候隙省方，驾憩于洞庭之野。盖由人杰地灵，物华气秀者也。于是，犀象珍奇，贡献毕至，东西南北，烟尘不飞。遐迩无剽掠之虞，黔首有鼓击之泰；乃能骧首邛南，平眸海表。"又说："邛泸一扫，军郡双灭。观兵寻传，举国来宾。巡幸东爨，怀德归仁。碧海效祉，金穴荐珍。"③到公元779年时，南诏已疆土四辟，称雄一隅了。后来异牟寻时又攻占了西北与吐蕃接境的铁桥城。丰祐以后，又屡次出兵中南半岛，使南诏的疆域在原有的基础上变得更加巩固和扩大。南诏势力最强盛时所控制的地域范围，据《新唐书·南蛮传》记载"东距爨（滇东、黔西、桂西交界处），东南属交趾（今越南北部），西摩伽陀（今印度比哈尔邦），西北与吐蕃（今西藏）接，南女王（今泰国北部南奔府），西南骠（今缅甸中部），北抵益州（今大渡河南岸），东北际黔、巫（贵州北部与四川南部接壤处）"④。显然，此时南诏疆域已达东接贵州、广西，北至大渡河，南至越南、缅甸等中南半

---

① 方铁：《论南诏的民族政策》，《思想战线》2003年第3期。

② 唐王朝扶持南诏，本想借其牵制吐蕃。南诏势力坐大以后，唐王朝又非常害怕，企图对之加以限制。双方反目以后，唐王朝发动了两次大规模的战争，企图一举消灭南诏。南诏则联合吐蕃军队，在西洱河两败唐军。因其均发生在唐天宝（公元742～756年）年间，史称"天宝战争"又称"唐天宝战争"。

③ 汪宁生：《云南考古》，云南人民出版社，1992，第161～163页。

④ （宋）欧阳修、宋祁：《新唐书·南蛮传》卷222上，中华书局点校本，1975，第6267页。

岛北部一带，西部与古代印度为邻，今天云南全省都在它的统治之下。南诏政权在开疆拓土方面贡献卓著。

阁逻凤在公元 762 年"西开寻传"时，不仅把南朝刘宋时脱离的永昌郡重新统一起来，而且还有所扩大。扩张之后，南诏政权的辖域较为辽阔，而且在疆域内设置的统治机构也较前朝密集，先后设置的六节度（后期为七节度）、二都督、六赕（后期十赕）以及节度下辖的众多州郡机构已密布四境。众多边疆管理机构的设置，再加上南诏政权不时迁徙腹地民众于边疆（如迁西爨白蛮 20 万户于永昌地），必然会给边疆地区经济文化的发展以积极的刺激。大理国时期也较为重视辖区内经济的发展，统治者根据各地不同的情况分别设置府、州、县以及王侯羁縻机构，并在边疆修城筑寨方面于南诏的基础上又前进了一步。这些措施都对边疆地区经济文化的发展发挥了重要作用。方铁先生的《西南通史》认为：大理时期，大部分的僻地和边疆地区也先后进入了私有制经济有较大发展的阶段。① 万永林、谷跃娟的《南诏的守土措施与中国西南疆域的稳定与发展》一文认为南诏时期对其西南部地区的一系列开拓行动，在中国西南疆域发展史上具有划时代的意义："这不仅是南诏疆域的扩展，更重要的是，南诏从政治上把澜沧江东、西两岸联系起来，使割据 300 余年的永昌地区，再次恢复了与南诏政治经济文化中心的联系，并成为南诏疆域的重要组成部分，进而随着元代对西南地区的统一，成为统一王朝领土的一部分。"②

显然，南诏、大理国为西南边疆的开拓和巩固，为缩小疆域内经济发展的差异，为云南区域经济发展不平衡性的整合做出了历史性贡献，这也为后来蒙元在较高层次上统一云南地区发挥了重要作用。

三　对"南诏、大理文化"形成的影响

这一时期行政中心在滇西洱海地区的确立及延续，对于中原文化和佛教文化与当地文化的相互交融，并形成富有地方民族特色的南诏、大

---

① 方铁主编《西南通史》，中州古籍出版社，2003，第 361 页。
② 万永林、谷跃娟：《南诏的守土措施与中国西南疆域的稳定与发展》，《中国边疆史地研究》2008 年第 3 期。

理文化产生了深远的影响。南诏、大理文化的繁荣发展，是建立在南诏、大理政权经济文化繁荣发展基础之上的，是以洱海地区乌蛮和白蛮为主体的多民族创造的，是在乌蛮和白蛮自身文化发展基础上，受到周围的汉文化及佛教文化影响后形成的。南诏、大理国形成发展时期，正是周围汉文化发展史上的一个高峰时期，也是佛教文化发展的极盛时期。南诏、大理政权的行政中心设在滇西洱海地区，出于对汉文化和佛文化的仰慕，统治者特别重视对行政中心地区内外交通线的完善与开发。据记载，宋熙宁七年（公元 1074 年）四川进士杨佐到大理联系买马时，在大云南驿（今祥云县）看到里堠碑，"题东至戎州，西至身毒国，东南至交趾，东北至成都，北至大雪山，南至海上，悉著其道里之祥，审询其里堠多有葺者"①。上述六道有四道是在沿袭汉晋旧道的基础上加以完善的，有两道应是南诏时新开辟的，即"北至大雪山道"和"南至海上道"。另外，还有南诏时期新开拓、未见上述记载的"邕州道"和"黔州道"。于此可见，南诏、大理时期对内外交通线的完善，无疑会对汉族文化与佛教文化汇集于洱海与滇池地区提供便利。据《新唐书·南蛮传》载："自南诏叛，天子数遣使至其境，酋龙不肯拜，使者遂绝。骈以其俗尚浮屠法，故遣浮屠景仙摄使往，酋龙与其下迎谒且拜，乃定盟而还。"② 所说是唐僖宗乾符三年（公元 876 年）时，唐遣蜀僧景仙与唐使入南诏之事。从南诏王酋龙对唐使和僧人的不同态度可以看出，此时南诏受佛化影响已经很深了。

这一时期佛教对南诏、大理国的影响，主要有三大流派：第一，从中南半岛骠国传入的小乘佛教，如贞元十年（公元 794 年）唐使袁滋等人到南诏时，就已见到了南诏演奏的从骠国传入的释氏乐曲。第二，来自中原地区的禅宗。在云南地方志中，关于中原佛教传入云南的说法很多，流传最广的就是南诏人张建成入唐求佛法和唐遣工匠建崇圣寺塔，这在张道宗《记古滇说》中有明确的记载。从崇圣寺塔建筑风格与唐代

---

① （宋）杨佐撰《云南买马记》，载于李寿撰《续资治通鉴长编》卷 267，中华书局，2004，第 6540～6541 页。

② （宋）欧阳修、宋祁：《新唐书·南蛮传》卷 222 中，中华书局点校本，1975，第 6290 页。

中叶内地佛塔样式完全相同看来，崇圣寺塔建造者来自中原是有根据的。① 第三，来自吐蕃密宗派。由于密宗的教义与南诏前期乌蛮和白蛮中盛行的巫鬼文化有相似之处，因此，藏传密宗一进入南诏就很快受到了南诏统治者及广大民众的尊崇。伴随着不同佛教流派的传入，佛教文化对南诏、大理国的影响也逐步地深化。元代李京《云南志略·诸夷风俗·白人》载："佛教甚盛。戒律精严者名得道，俗甚重之。有家室者名师僧，教童子，多读佛书，少知六经者；段氏而上，选官置吏皆出此。民俗，家无贫富皆有佛堂，且夕击鼓参礼，少长手不释念珠，一岁之中斋戒几半。"② 又据郭松年《大理行记》载："然而此邦之人，西去天竺为近，其俗多尚浮屠法，家无贫富皆有佛堂，人不以老壮，手不释数珠；一岁之间斋戒几半，绝不茹荤、饮酒，至斋毕乃已。沿山寺宇极多，不可殚纪。"③ 于此可见佛教文化在民众中影响之深入。另外，南诏、大理国文化在建筑、雕刻、绘画、音乐、舞蹈、宗教等方面，无不深深打上了佛教文化影响的烙印，如崇圣寺三塔，石宝山石窟，《南诏图传》《南诏奉圣乐》，本主崇拜等。

这一时期，大量的汉人因战争等原因流落到洱海地区，对洱海地区生产技术的提高与经济文化的繁荣发挥了重要作用。南诏、大理统治者对中原文化的敬仰与崇拜，也使他们不断地主动与唐王朝进行经济文化交流。500 余年间，南诏、大理国虽然保持相对独立，但中原汉文化对南诏、大理文化的影响则是广泛深入的。如《南诏德化碑》说阁逻凤"不读非圣贤之书，尝学字人之术"④，表明阁逻凤曾读儒书。又如《旧唐书·南诏传》载："有郑回者，本相州人，天宝中举明经，授嶲州西泸县令，嶲州陷，为所虏。阁罗凤以回有儒学，更名曰蛮利，甚爱重之，命教凤迦异。及异牟寻立，又命教其子寻梦凑（即寻阁劝）。回久为蛮师，凡授学，虽牟寻、梦凑，回得箠挞，故牟寻以下皆严惮之。"⑤ 可

---

① 刘小兵：《滇文化史》，云南人民出版社，1991，第 164~166 页。
② 云南省民族研究所编《大理行记校注 云南志略辑校》，王叔武校注，云南民族出版社，1986，第 87 页。
③ 云南省民族研究所编《大理行记校注 云南志略辑校》，王叔武校注，云南民族出版社，1986，第 22~23 页。
④ 汪宁生：《云南考古》，云南人民出版社，1992，第 157 页。
⑤ （后晋）刘昫等：《旧唐书·南诏传》卷 197，中华书局点校本，1997，第 5281 页。

见，郑回被南诏俘虏后，因其儒学学问之高，不但被授予高官（清平官），同时还被委以重任担任南诏宫廷教师，相继教授南诏王子凤迦异、异牟寻和寻阁劝。受其影响，出于对汉文化的仰慕，异牟寻时曾遣众多南诏子弟去成都就学，如："选群蛮子弟聚之成都，教以书数，欲以慰悦羁縻之，业成则去，复以他子弟继之。如是五十年，群蛮子弟学于成都者殆以千数。"① 剑南西川节度使韦皋在成都创办了专门培养南诏子弟的学校，相继 50 余年，培养了南诏子弟数千人，达到了南诏时期学习汉文化的高峰，极大地促进了南诏经济文化的发展。丰祐时更是"慕中国，不肯连父名"②；唐乾符五年（公元 878 年），邕州节度使派使臣出使南诏，其王隆舜更是遣使者"问客《春秋》大义"。③ 此足以看出，南诏国内对读儒书，学习汉文化的热情。大理国时期，尽管两宋王朝以大渡河为界，对大理国持有较深的民族偏见，对于两地之间的文化交流态度也较为冷淡，但大理政权却始终持积极态度，通过各种方式追求与两宋之间的文化交流。宋徽宗崇宁二年（公元 1103 年），段正淳使高泰运奉表入宋，求经籍，得 69 家，药书 62 部以归。④ 宋代范成大的《桂海虞衡志》载，南宋乾道九年（公元 1173 年）冬，大理国曾派李观音得、董六斤黑、张般若师等人，"凡二十三人，至横山议市马"，并向宋求购经籍所需之书，"大略所须《文选五臣注》《五经广注》《春秋后语》《三史加注、都大》《本草广注》《五藏论》《大般若十六会序》及《初学记》《张孟押韵》《切韵》《玉篇》《集圣历百家书》之类"，内容涵盖了儒、佛、医、历及音韵文字诸多方面。⑤ 段智濂于南宋庚申庆元六年即位，而后便派人入宋求《大藏经》，置五华楼，凡 1465 部。⑥ 又据郭松年《大理行记》载："师僧有妻子，然往往读儒书，段氏而上有国家者设科选士，

---

① （宋）司马光编著《资治通鉴·唐纪六十五》卷 249，中华书局，1956，第 8078 页。
② （宋）欧阳修等撰《新唐书·南蛮传》卷 222 列传 147，中华书局，1975，第 628 页。
③ （宋）欧阳修等撰《新唐书·南蛮传》卷 222 列传 147，中华书局，1975。
④ 木芹会证《南诏野史会证》，云南人民出版社，1990，第 269 页。
⑤ （宋）范成大撰《桂海虞衡志辑佚校注》，四川民族出版社胡起望、覃光广校注，1986，第 257 页。
⑥ 木芹会证《南诏野史会证》，云南人民出版社，1990，第 305 页。

皆出此辈。"① 此足以说明，大理政权对中原文化的认同感正在逐步增强。元初郭松年曾言游大理时的见闻："其宫室、楼观、言语、书数，以至冠昏丧祭之礼，干戈战阵之法，虽不能尽善尽美，其规模、服色、动作、云为，略本于汉。自今观之，犹有故国之遗风焉。"② 表明汉文化已对大理时期众多方面产生了深刻影响。此外，汉文化对这一时期白文字的形成及云南诗文的进步也产生了重要影响。徐嘉瑞先生在其《大理古代文化史》一书中曾如此评价南诏时期的诗文："南诏诗歌、散文、骈文虽记载缺乏，然就现存文献征之，无论诗歌、散文，均以发展至高度，其完满成熟，与中原文化相差无几。"③ 彰显了汉文化对南诏文学的深刻影响。

总之，这一时期逐步形成的"南诏、大理文化"是一种多元的复合型文化，它根植于洱海地区，辐射于云南大部，是佛教文化和汉文化影响下的极具民族特色的文化。这一文化的繁荣发展，与行政中心植根于洱海地区 500 余年产生的影响是密不可分的。

四　促进了洱海地区城市群落的发展

从公元 739 年皮逻阁走出巍山定都洱海西岸的太和城，到公元 1254 年大理国灭亡，南诏、大理国在洱海地区经营了 515 年。其间，大理在中国历史上扮演了重要的角色，也领导着云南地区的城市从萌芽状态到破土而出，从稀稀疏疏到雨后春笋般形成，从不成熟到走向成熟，其形成和发展的速度超过以往任何一个时期。④ 秦佩珩的《关于南诏史研究中的一些问题》一文中对南诏时期洱海地区城市的发展也表达了类似的认识："南诏后期，已急速向封建制转化。当南诏政权日益巩固的时候，出现了一些由城市本身前一阶段的发展所造成的城市经济繁盛的因素。有许多城市，像雨后春笋般地成长起来。点苍山东麓兴建了很多城市。龙口城（大理县北）、大厘城（大理县东北）、太和城（大理南太和村）、阳苴咩

---

① 云南省民族研究所编《大理行记校注　云南志略辑校》，王叔武校注，云南民族出版社，1986，第 23 页。
② 云南省民族研究所编《大理行记校注　云南志略辑校》，王叔武校注，云南民族出版社，1986，第 20 页。
③ 徐嘉瑞：《大理古代文化史》，云南人民出版社，2005，第 214 页。
④ 吴晓亮：《洱海区域古代城市体系研究》，云南大学出版社，2004，第 113 页。

城（大理县），都在急速地发展。出于南诏统治阶级军事的需要，还形成了一些设防的城市居民点，这为手工业居民从邓川、剑川、宾川等地迁移到都城及其附近来，大开了方便之门。例如，太和城（今太和村），最初只是一个简陋的山村，本'河蛮'所筑，自唐开元二十五年（公元737年）为南诏王皮逻阁所取后，次年重建，徙都于此，于是发展成为当时滇西繁华的城市。周十余里，'巷陌皆垒石为之，高丈余，连延数里不断。'再如阳苴咩城（今大理），自八世纪末异牟寻迁都此地后，阳苴咩城顿然繁华起来了。根据樊绰记载：'阳苴咩城，南诏大衙门。上重楼，左右又有阶道，高二丈余，鏊以青石为磴。楼前方二三里。南北城门相对，太和来往通衢也。'当时阳苴咩城范围极广，东起洱海之滨，西至点苍山麓，城堞连绵，楼阁相望。所谓'自苍山直抵洱水，城有九重。'规模之大，可以想见。这一都城，西背点苍、东临洱海。它是南接龙尾（下关），北抵大厘（喜州）之间的交通枢纽，也是当时南诏的经济政治中心。"①

南诏、大理政权在开拓、经营与巩固西南边疆的过程中，注重对各地城池的修建，以此作为对外作战和地区开发的据点。方铁先生的《西南通史》认为，南诏在中后期建置的城镇达100余个，大部分是在前代城镇的基础上发展而来；但同时认为，在腹地修建的城镇与边陲城镇相比已有所不同，边陲的城镇主要是作为"设险防非"的军事据点来使用，而腹地的城镇虽也有镇戍的效用，但主要是统治机构的所在地，同时也是该地区经济与文化的中心和交通枢纽，且这些城镇事实上已是城市了。② 这类城市主要以聚集在政治中心洱海地区为多，已较为明显地形成了城市聚落群。图3-2是选自谭其骧先生主编《中国历史地图集》一书中有关南诏"十赕"城镇的分布图。③ 该图显示了南诏时期作为行政中心，洱海地区已初步形成了"群星拱月"的城市群落。这些城市主要有：太和城（今大理太和村）、阳苴咩城（今大理城）、龙尾城（今下关）、

① 秦佩珩：《关于南诏史研究中的一些问题》，《吉林大学社会科学学报》1980年第6期。
② 方铁主编《西南通史》，中州古籍出版社，2003，第361页。
③ 谭其骧主编《中国历史地图集》第5册，中国地图出版社，1982，第81页。

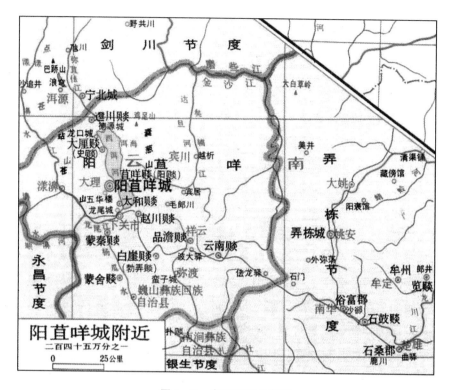

图 3-2　南诏城镇分布图

龙口城（今上关）、大厘城（今大理喜洲）、邓川城（今邓川县德源村）
等。这些城镇主要是在南诏政权重点经营的洱海周围及附近的十赕[1]地
区，这些地方往往是南诏王公大臣的居住之所，基本上是奴隶主贵族们
的营垒和庄园中心。他们在数十里的范围内彼此之间连成一片，居住的
人口较多，王族和清平官、大军将、六曹长们的"重屋制如蛛网"，庑厅
亭榭相连，各城"巷陌皆垒石为之，高丈余，连延数里不断"[2]。大理国
时期，城镇建设在继承南诏的基础上又有所发展，这一时期，特别是洱

---

[1]　十赕：为南诏统治的中心区域，起初为六赕（当地"夷"语"赕"若州），后增加为
"十赕"，分别为大和赕（又称矣和赕，今大理太和村）、苴咩赕（今大理古城）、大厘
赕（又称史赕，今大理喜洲）、邆川赕（今邓川）、蒙舍赕（今巍山）、赵川赕（今大
理凤仪）、白崖赕（今弥渡红崖）、蒙秦赕（今漾濞）、品澹赕（今祥云县城）、云南赕
（今祥云、宾川）。

[2]　《尤中文集》第 1 卷，云南大学出版社，2009，第 123 页；（唐）樊绰：《蛮书》卷 5。

海地区手工业和商业的发展，封建制经济已居于主导地位，洱海地区城市聚落的商业性也日渐加强。

　　南诏、大理政权以洱海地区为中心经营了 500 余年，这在中国南方以少数民族为主体建立的政权中，在如此广大的地域内保持如此长时间是绝无仅有的。学术界曾从南北方民族地区所处的地理环境着手分析，认为中国北方有平缓辽阔的大草原，有集中连片的大片民族聚居区，与南方（包括西南边疆的云南）边疆相比，各地生态环境与动植物资源方面差异性较小，以畜牧业为主的生产和生活方式比较单一，以部落血缘为基础的社会组织形式简单但行动有力，这些特点造就了北方草原游牧民族易于聚集和组合成一个强大的集团力量。再加上游牧经济生态的脆弱性和中原农耕经济优越性的吸引，往往造成游牧民族为了与农耕民族争夺有限的生存空间和物质财富，时常周而复始地发动战争与冲突。这样在地理环境和外部环境的双重刺激下，北方游牧民族往往容易产生较大的民族政权且能长期存在，如历史上的匈奴、柔然、突厥等。相反，南方少数民族居住的地理环境显然与北方有明显不同，南方少数民族地区众多的高山、峡谷、丘陵及纵横交错的湖泊，把土地分割得支离破碎，再加上古代沼泽密布、树木丛生，而且还有很多地方较早地被纳入了中原王朝的控制和羁縻之下。因此，在这样封闭的地理环境与外部因素影响下，南方土著少数民族也就难以形成政治上与文化上的统一体或共同体，因而也就无法聚成一个强大的集团力量，产生地域辽阔的民族政权几乎是不可能的。那么为什么在公元 7~8 世纪拥有南方典型地理环境的云南地区却突然崛起一个南诏地方政权且又沿袭到了大理政权长达 5 个多世纪之久呢？笔者对这一相关问题在前文（本章第一节中）已作过深入分析，在此，想借用西方"文明诞生外部条件"的理论对此问题作进一步探讨。南诏政权崛起与发展时期，正是唐朝与吐蕃政权彼此相互竞争时期，洱海地区是唐王朝稳固云南、遏止吐蕃南下的门户和基地，同时也是吐蕃政权进取云南进而包抄巴蜀地区的战略要地（据点）。唐与吐蕃在洱海一带彼此双方为了削弱对方，都把南诏政权作为扶持、联合的第三种力量。正如英国史学家汤因比在其名著《历史研究》中所说的那样，"我们已经证明文明诞生的环境是一个非常艰难的环境而不是一个非常安逸的环境"①。他称这个艰难的环境为逆境，认为逆境向人们提出了挑战，刺激了人们的应战能力。但是这种逆境挑战的强度还不能超过一定的限度，否则就会击垮人们的应战能力。汤因比断言："足以发挥最大刺激能力的挑战是在中间的一个点上，这一点是强度不足与强度过分之间的某一个地方。"②而此时期的南诏政权正是在借助于洱海地区"设险防非"的地理环境和一定的经济发展基础，在唐与吐蕃两大势力之间左右周旋，"其位置正好就处在强度不足与强度过分之间的哪个点上"。大理时期由于两宋王朝面临北方辽、夏、金王朝的强大压力以及对大理政权存有消极、狭隘的偏见，才使得大理政权继续在"那个点"上延续了300余年，直到公元1253年蒙古铁骑以锐不可当之势进入，才彻底压垮了大理统治者的"应战能力"，最终结束了以洱海地区作为行政中心地方民族政权的历史。

洱海地区作为南诏、大理国的行政中心，受这一因素的影响，洱海地区在众多方面都发生了巨大变化，如：经济基础由奴隶制转向了封建领主制，"南诏、大理"民族文化形成并繁荣发展，新的民族联合体"白族"③日趋形成等。另外，南诏、大理政权对西南边疆的开拓与巩固，尤其是重新统一了南朝刘宋时期脱离的永昌郡地区，意义十分重大；对辖域内经济文化的整合、对各民族间融合的促进，都产生了深远影响；更为重要的是，南诏、大理政权对云南地区500余年的持续经营为以后蒙元时期云南行省的创建奠定了坚实的基础。

---

① 〔英〕汤因比，曹末凤等译《历史研究》上册，上海人民出版社，1986，第174页。
② 〔英〕汤因比，曹末凤等译《历史研究》上册，上海人民出版社，1986，第174页。
③ "南诏后期随着封建领主制度的确立，洱海区域出现了白族这一稳定的人们共同体，她有一个以洱海为中心的共同地域，即河赕（今大理）、太和、史赕、邓川、赵州、勃弄、云南、蒙舍、蒙秦（今漾濞）、矣和共十赕区，即南诏首府区；以共同的封建领主经济紧密联系在一起，阳苴咩城（今大理）为核心，以太和、大厘、邓川、赵州、白崖、云南、弄栋、剑川等城为桥梁，发展着共同经济又有自己的语言文字（白文、白语），以及共同的文化和宗教信仰（本主及阿吒力）。"木芹会证《南诏野史会证》，云南人民出版社，1990，第8页。

行政中心再度回归滇池地区的原因及其影响（元初至今）

元明清时期是中华民族发展史上的重要时期，也是中国历史疆域奠定及最终形成时期。云南作为西南边疆的一部分，对祖国西南疆域的巩固更是贡献卓著。这一时期，昆明作为云南行省行政、经济和文化中心的地位，对辖域内经济的发展、民族的融合、边地的开发、交通的完善以及边防的巩固等方面都产生了深远的影响，并在一定程度上奠定了近代以来云南以昆明为中心，辐射周边的良好社会发展格局。

第一节 行政中心重回滇池地区的原因

自唐中叶至元初政治中心在洱海地区停留的 500 余年间，由于南诏、大理国的积极经营，云南的政治、经济和文化在这一时期发生了深刻的变革，疆域内的经济落差也实现了初步整合（其间经济发展最快的仍属滇西洱海地区和滇中滇池地区），这为后来蒙元统治者在较高层次上接收并统一云南行省于中原王朝的政权之下准备了条件。那么，蒙元入定云南地区不久，为什么又把（省治）行政中心从洱海大理地区迁往滇池地区鄯阐城（今昆明市）呢？笔者认为这是由以下因素影响的结果。

一 地方政权统治策略的推动

滇池地区本身具有优良的地理环境，南诏、大理国时期对滇池地区拓东城或鄯阐城的积极营建，目的是想把它作为统治东方的军事据点，进而把东方原爨区稳固地控制起来。据《南诏德化碑》记载，公元763年，阁逻凤曾亲自到这一地区审看形势，"言山河可以作藩屏，川陆可以养人民"①，故又于公元765年命凤伽异筑拓东城于此，"居二诏，佐镇抚。于是，威慑步头，恩收曲、靖，颁告所及，翕然俯从"②。后又于此置拓东节度，"言将开拓东境也，为六节度之一"③。丰祐时改称鄯阐府，"鄯阐犹言别都也。《滇记》：'蒙氏名都曰苴咩，别都曰鄯阐。'志云：寻阁劝尝改太和城为西京，鄯阐曰东京。隆舜时又改西京曰中都，东京曰上都云。大理因之。段氏时以高智升领鄯阐牧，遂世有其地"④。此外，南诏中后期，拓东城已成为仅次于南诏都城的第二都会，世隆、隆舜与舜化三代南诏国主，还曾居住在拓东城。"自凤伽异开始，历代国王都亲自巡驻拓东城。其中凤伽异、寻觉（阁）劝、劝龙盛、劝丰祐、隆舜五人均死于拓东城后才返葬滇西。"⑤ 大理国时期，还有很多国主曾往返于都城阳苴咩与鄯阐府之间，其中不乏"广营宫室于东京"而流连忘返者。⑥ 如大理国十世国主段素兴，"广营宫室于东京，筑春登、云津二堤"⑦，"每春月必游东京，挟美幸，载酒肴，自玉案三泉溯为九曲流觞。男女列坐畅饮，斗草簪花，以花盘羃上为饰"⑧。大理段氏统治者在此营造宫室园林，修水利，筑堤坝，拓展鄯阐（昆明）城市建设。于此可见，南诏、大理国时期在滇池地区都是以肱股重臣、将帅镇之，并对此地重点经营。这些措施都为以后滇池地区重新成为行政中心奠定了基础。

此外，于希贤先生在《中国历史名城·昆明》中认为：大理国时期

---

① 汪宁生：《云南考古》，云南人民出版社，1992，第161页。
② 汪宁生：《云南考古》，云南人民出版社，1992，第161页。
③ （清）顾祖禹：《读史方舆纪要·云南二》卷114，中华书局贺次君、施和金点校，2005，第5060页。
④ （清）顾祖禹：《读史方舆纪要·云南二》卷114，中华书局贺次君、施和金点校，2005，第5060页。
⑤ 徐建军：《清代昆明城市发展研究》，四川大学硕士学位论文，2007。
⑥ 鲁刚、吴宗友：《略论昆明古城的历史沿革、文化特色及其底蕴》，《中国边疆史地研究》2004年第2期。
⑦ （清）倪蜕辑：《滇云历年传》，云南大学出版社李埏点校，1992，第166页。
⑧ （明）诸葛元声：《滇史》，德宏民族出版社刘亚朝点校，1994，第221页。

鄯阐城也是和内地进行贸易的商业城市，输出以当时有名的良种滇马为大宗，输出量常常一次可达千匹以上。频繁的商业贸易，对鄯阐城的发展起了重要作用。[①] 鄯阐城已是大理国时期官方及民间与南宋交易的商品集散地，运往邕州横山寨的商品几乎都经鄯阐城抵达。大理与宋频繁的经济文化交往，极大促进了鄯阐城经济的发展以及文化的繁荣。至大理国晚期，鄯阐城已发展成为一座"商工颇众"的繁华城市，商业、手工业及其对外贸易业都获得了较快发展。龙永行的《杰出的回族改革家赛典赤》一文认为，赛典赤在公元 1276 年把云南的省治由大理迁到了中庆（今昆明），原因之一是在南诏、大理国统治云南的 500 余年间，大理一直作为国都处于首屈一指的地位，而滇池（今昆明）地区则在政治、经济和文化的发展方面均居次要地位。赛典赤决定迁移省治于中庆，三大目的之一就是"为了适应和促进当时已在滇池地区形成的、比较发达的封建地主经济的发展"[②]。充分表征了南诏、大理国统治者对滇池地区经济发展的推动作用。

二 区位（交通）优势的拉动

滇池地区自从两汉时期作为云南首个行政中心开始，得益于两汉统治者的大力经营以及后来中央王朝与地方统治者的重视，其经济文化发展水平始终处于全滇的前列而不曾衰落，这是与滇池地区所具有的特殊区位优势分不开的。蒙古军平定云南之初，重视由鄯阐经通海、蒙自到安南大罗城（今越南河内）道的畅通，这也是影响行政中心东移滇池地区的因素之一。[③]

自隋唐以来，统治者重视对滇池地区内外交通线的不断完善，使滇池地区比云南其他地区与中原王朝核心区的联系较为便捷。得益于此，滇池地区对其周围的经济和文化辐射能力也在不断地增强，元初鄯阐城（今昆明市）已显现出较为强劲的区位优势。自西汉连接滇池地区的西南夷道修

---

① 陈桥驿主编《中国历史名城》，中国青年出版社，2004，第 353 页。

② 龙永行：《杰出的回族改革家赛典赤》，《云南师范大学学报》（哲学社会科学版）1987 年第 2 期。

③ 方铁：《边疆民族史探究》，中国文史出版社，2005，第 425 页。

通之后，滇池地区的区位优势就已形成。后来中央王朝或地方统治者们出于不同的目的，对云南地区交通线进行完善和新辟，都直接或间接地与滇池地区发生了联系，至元代时，滇池地区的区位优势就更为显著。如：两汉时以滇池为中心，就已建立了朱提道、灵关道、永昌道、牂牁江道、麋泠道等交通干线。唐前期安宁城的修筑，步头路的开通，实现了以滇池地区为中心连接巂东北戎州都督府（驻今宜宾），经滇西北连接巂州都督府（驻今西昌），经通海、建水沿红河水路南下连接安南都护府（驻今越南河内）的道路。南诏、大理时期云南的交通进一步发展，除了对汉代以来通行的清溪关道、石门道和安南至天竺道修缮以外，还新开辟了邕州道、黔州道和北至大雪山道；此外，南诏时期开辟的岔道、间道和细道更多。据《资治通鉴》载，太和四年（公元 830 年），唐文宗命李德裕"修塞清溪关以断南诏入寇之路，或无土，则以石垒之"。德裕上言："通蛮细路至多，不可塞，惟重兵镇守，可保无虞。"① 虽然这一时期南诏修筑的道路是以大理为中心，但它们都直接或间接地与滇池地区发生了联系。此时期南诏除了修筑众多的道路之外，还在重要干线上设置了一些驿馆，对驿道进行较完善的管理，大理国则沿袭了南诏之旧。较之前代，南诏、大理时期的交通可谓四通八达。元代交通在前代的基础上，建立了较为完善的"站赤"（泛指驿传），用于"通达边情，布宣号令"②。可谓"东渐西被，暨于朔南，凡在属国，皆置驿传，星罗棋布，脉络通通，朝令夕至，声闻必达，此又总纲挈维之大机也"③。蒙元时期，云南地区是建立站赤较早的地区之一，自公元 1253 年蒙古兵占领大理之后就已开始。据《经世大典·站赤》：至元七年（公元 1270 年），"大理、鄯阐、金齿等处宣尉司，承准差来立站使臣带木得等，亦只里等文字，该与贴古得相接立站，卑司即使和买到铺马一百五十匹，并察罕章分到站户五百户。已于西番、小当当地起立马站毕"④。显然，此时从昆明到滇西腾冲一线，从成都经西番到丽江再到大理、昆明一线都已建立了站赤。

---

① （宋）司马光编著《资治通鉴·唐纪六十》卷 244，中华书局，1956，第 7872 页。
② （明）宋濂等：《元史》卷 101，中华书局点校本，1983，第 2583 页。
③ 《永乐大典·站赤》卷 19416，中华书局，1986，第 7192 页。
④ 《经世大典·站赤》，载于《永乐大典》卷 19417，中华书局，1986，第 7197 页。

由此可见，元初以滇池地区为中心的交通网络格局已初具规模，随着蒙元统治者以云南为基地，进取包抄中原战略的实施及南下中南半岛开疆拓土的延续，滇池地区作为居中策应和交通枢纽的地位显得更加重要，在一定程度上拉动了滇池地区重新成为云南地区行政中心的步伐。

三 外部因素的影响

唐以后，由于诸多综合因素的影响，中原王朝（特别是元明清三朝）的都城已不再像汉唐时期居于关中，而是东移大都，同时王朝的经济中心也日趋东移南下。伴随着中原王朝政治中心的东移北上和经济中心的东移南下，元初中原王朝与云南一系列的交通线也都随之东移或新设（尤其是云南入湖广道的开通），而中庆路正好处于云南各地与中原王朝相联系交通线的核心位置，其行政中心东移滇池地区，正好迎合了这种趋势。

盖蒙元对"大理之讨伐，殆于经营缅越外，更有席卷南宋，奠定中国之需要。故云南者，元帝国军事上唯一之中枢也"[1]。可见，蒙元统治者对云南地区的战略地位十分重视，将其看作"斡腹"（夹击）南宋长江中游的基地和经略东南亚的前哨，所以蒙元统治者在平定大理五城、八府、四郡、"泊乌、白等蛮三十七部"之初，便很快地实施了配合四川和荆襄地区蒙古军夹击南宋的计划。如：南宋理宗宝祐四年（公元1256年）蒙哥汗命兀良合台取道北上，与四川蒙古军会合。兀良合台遂出兵乌蒙（今昭通），破秃剌蛮三城（今四川筠连境），抵马湖江（今四川宜宾西南），击败宋兵，进至合州（今重庆一带），会师后回到大理。六年（公元1258年）蒙哥大举攻宋，复命兀良合台率军北上，约次年正月会师长沙，实施从云南包抄南宋的原定计划。[2] 于是兀良合台应蒙哥之约，率四王骑兵蒙古军3000人、云南爨僰土军万人，从云南入广西经贵州抵潭州（今湖南长沙），虽然沿途遭到了宋军的顽强抵抗，但忽必烈得知后便很快从鄂州（今湖北武昌）派兵接应，基本上实现了"斡腹之举"的

① （民国）夏光南：《元代云南史地丛考》，中华书局，1935，第62页。
② 韩儒林主编《元朝史》，人民出版社，1986，第186页。

战略构想。① 此外，蒙元统治者在对南宋实施"斡腹之举"的同时，也不断对安南进行招降活动，在宝祐五年（公元1257年）遣使"谕降"安南未果的情况下，又于次年初由兀良合台率军侵入安南；后又多次遣使派兵，用刚柔两手经略安南。蒙元初期对安南的经营活动主要是通过由鄯阐府（今昆明）至大罗城（今越南河内）的通道来实现的，这就使滇池地区的重要性进一步凸显出来。

关于云南行政中心变迁的问题，李孝聪先生在《中国区域历史地理》一书中有过这样的论述：洱海地区是一个相对封闭和独立的地缘政治单元，对地方政权作为政治中心具有莫大的优势；当中央政权对云南行使上下统属的政区关系时，滇东、滇池地区与中原内地的经济文化联系必将较滇西为优越，尤其是昆明滇池地区处于连接滇东、滇西和滇南的中心位置，是联系云南内外交通的枢纽。② 特别是省治从大理地区迁往滇池地区之际，从当时的全国形势来看，正是元军突破南宋固若金汤的荆襄防线，以摧枯拉朽之势从长江中游顺势攻取南宋都城临安，经略江南，南宋覆亡之际。此时，四川地区大部分已被元军攻占，只剩下几个孤岛据点据守。作为即将统一全国的元朝来说，出自"斡腹之举"、经营湖广并密切与内地关系的需要，将其行政中心从滇西移至滇池地区，显然与外部环境的大趋势同步。

四　统治阶级内部自我矛盾调节的需要

忽必烈即位以后，云南的动荡局面引起了他的深切关注。为加强对云南的控制，中统年间，元廷先后设置了大理国总管和大理帅府于云南。南宋度宗咸淳三年（公元1267年），忽必烈又封第五子忽哥赤为云南王，并于王府之外置大理等处行六部，在云南王监督下统摄五城之地。③ 忽哥赤临行前，忽必烈谕之曰："大理朕手定，深爱其土风，向非

---

① （明）宋濂等：《元史》卷121，《速不台传》附《兀良合台传》，中华书局点校本，1983，第2981~2982页。

② 李孝聪：《中国区域历史地理》，北京大学出版社，2004，第87~89页。

③ （明）宋濂等：《元史·世祖纪三》卷6，中华书局点校本，1983，第115~116页。

历数在躬，将于彼分器焉。"并希望他到任后，能"善抚吏民"，稳定大局。① 然而，由于众多政权机构聚集一处，叠床架屋，隶属不清、职责不明、政出多门，进而导致统治阶级内部宗王、地方长官、军事统帅之间争权夺利、相互倾轧，矛盾日趋尖锐。忽哥赤入滇仅 4 年，便于公元 1271 年发生了都元帅宝合丁和行六部尚书阔阔带合伙将其毒死的事件。据《元史·张立道传》载："皇子忽哥赤封云南王，往镇其地，诏以立道为王府文学。立道劝王务农以厚民，即署立道大理等处劝农官，兼领屯田事，佩银符。寻与侍郎宁端甫使安南，定岁贡之礼。云南三十七部都元帅宝合丁专制岁久，有窃据之志，忌忽哥赤来为王，设宴置毒酒中，且赂王相府官无泄其事。立道闻之，趋入见，守门者拒之，立道怒与争，王闻其声，使人召立道，乃得入，为王言之。王引其手，使探口中，肉已腐矣。是夕，王薨。宝合丁遂据王座，使人讽王妃索王印。"②此后，忽必烈又处死了宝合丁，造成了云南统治集团内部的严重危机。由于"委任失宜，使远人不安"③"守者非人，致诸国背叛"④，云南政局一直动荡不安。

鉴于云南地区对蒙元统治者在统一全国过程中的重要地位及其作用，忽必烈决定在云南设置行省以加强控制。至元十一年（公元 1274 年），忽必烈把行省抚治云南的重任委托给了具有丰富政治经验的赛典赤。据《元史》卷 125 载：至元十一年，"帝谓赛典赤曰：'云南朕尝亲临，比因委任失宜，使远人不安，欲选谨厚者抚治之，无如卿者。'赛典赤拜受命，退朝，即访求知云南地理者，画其山川城郭、驿舍军屯、夷险远近为图以进，帝大悦，遂拜平章政事，行省云南，赐钞五十万缗、金宝无算"⑤。赛典赤也不负忽必烈的重托，入滇伊始便"下车风动神行，询父

---

① 杨家骆主编《蒙兀儿史记》卷 76《云南王忽哥赤传》，台北鼎文书局，1987，第 1975 页。
② （明）宋濂等：《元史·张立道传》卷 167，中华书局点校本，1983，第 3915~3916 页。
③ （明）宋濂等：《元史》卷 125，《赛典赤·赡思丁传》，中华书局点校本，1983，第 3064 页。
④ （明）宋濂等：《元史》卷 125，《赛典赤·赡思丁传》，中华书局点校本，1983，第 3064 页。
⑤ （明）宋濂等：《元史》卷 125，《赛典赤·赡思丁传》，中华书局点校本，1983，第 3064 页。

老诸生安国便民之要"，进而针对行政机构设置重叠、统制混乱、职责不明的种种弊病，进行了大刀阔斧的改革。他在兀良合台武力平定云南的基础上，创建行省（使云南成为全国 11 个行省之一）并遍置路府州县（公元 1276 年，他把万户府、千户府、百户所改为路、府、州、县），改变了行政管理的弊端，树立了中央和行省的权威，给地方割据势力以沉重打击，使得尖锐的阶级矛盾和民族矛盾得到缓和，云南政局得以初步稳定。另外，赛典赤建立行省后考虑到与大理总管段实协调内部关系的需要，把省治从大理迁到云南第二大都会中庆城（今昆明市）①，使省治与大理总管府治遥相统属，无疑在一定程度上避免了统治者聚集一处时常会出现的不必要摩擦。"为了进一步打击和削弱地方的割据势力，防止根深蒂固的、统治云南长达五百年之久的地方势力死灰复燃"，为了"加强对各级地方政权的管理和密切与中央的联系"②，行政中心东移滇池地区，显然也适合了统治阶级内部矛盾调和的需要。

第二节　滇池地区重建行政中心的历史影响

至元十三年（公元 1276 年），赛典赤迁省治于中庆城（今昆明市）。滇池地区在时隔千年之后又重新成为云南地区的行政中心，表明该地区随着历史的发展，其区位综合优势已明显高于滇东曲靖地区及滇西洱海地区。经过元明清三代王朝的积极经营，昆明作为行政中心对周边地区的影响力，已较前三个时期有了质的飞跃，明显突破了狭隘的区域性而扩展到全省的整个辖域。

一　滇池（今昆明）地区作为行政中心地位的牢固

从此以后，昆明滇池地区便历史性地巩固了自己的核心统治地位。从元初 1276 年起至今已 700 余年，虽几经政权更迭，但昆明作为云南行政中心的地位则始终不曾动摇。

---

① 公元 1276 年，赛典赤改鄯阐万户府为中庆路，改昆明两千户为昆明县隶属于中庆路。
② 龙永行：《杰出的回族改革家赛典赤》，《云南师范大学学报》（哲学社会科学版）1987年第 2 期。

随着诸多综合因素的影响，唐宋以来中央王朝的政治和经济中心都相继发生了转移。元以后明清时期，政治中心东移北上和经济中心东移南下的格局相继完成。在此外部环境影响下，云南与内地之间政治、经济和文化等各方面的联系也进一步加强。受此影响，以昆明为中心与内地之间的交通线也进一步完善，交通线的完善反过来又进一步强化了昆明滇池地区的区位优势，而滇池地区区位优势的强化则又进一步吸引了后来王朝统治者的重视。如：明王朝平滇后在昆明滇池地区设立"三司"① 作为统摄云南的行政中心，清王朝时也设"巡抚"于此，并对云南的首府地区着力重点经营。明清时期，滇池地区是云南省容纳内地汉族移民最多的地区②，明中后期汉族人口在云南便已取得了优势地位。继元中叶昆明地区取得经济中心地位以后，明中期以后内地汉文化在昆明地区也逐步站稳了脚跟，取得了主导地位。"明清时期，以昆明为中心的全省城市网络基本形成。环绕省城的曲靖、澄江、楚雄、姚安等城镇也具有一定规模，滇东北的昭通、东川，滇东南的开化（今文山），滇南的临安（今建水）、元江，滇西北的丽江，滇西的大理、永昌，成为不同地域范围内的次级中心城市，小城镇大量增长，尤其是一批以工矿和商贸为特色的新兴城市崛起，如东川、个旧、蒙自、开远、腾越（腾冲）、思茅等。城市等级规模关系基本确立，奠定了本省城镇结构的初步框架。"③随着元明清三代中央王朝的着力经营，昆明已牢固地确立了云南政治、经济与文化中心的地位，并作为全省的辐射中心，其自身的影响力也不断强化，初步奠定了云南近代以来的社会发展格局。辛亥革命时期，云南重九（农历九月初九日）起义后，置大汉云南军都督府于五华山光复楼，作为管辖云南省的最高行政机构，后改为云南省政府。在经历了 38年军阀统治之后，1949 年 12 月 9 日云南获得了和平解放，昆明当之无愧

---

① 云南布政使司、都指挥使司和按察使司置署昆明城中，

② 张佐：《明清两代云南进士（下）》，《云南日报》2005 年 11 月 3 日；乔飞：《明代移民与昆明城市的发展》，《史学月刊》2006 年第 12 期；陆韧：《明代汉族移民与云南城镇发展》，《云南社会科学》1999 年第 6 期；徐建军：《清代昆明城市发展研究》，四川大学硕士学位论文，2007；王瑞平：《明清时期云南的人口迁移与儒学在云南的传播》，中央民族大学博士学位论文，2004。

③ 李寿、苏培明编著《云南历史人文地理》，云南大学出版社，1996，第 224 页。

地再次成为云南省人民政府的驻地并延续至今。精确算来，从元初 1276
年至今，昆明作为云南省的治所和行政中心已有 739 年，在这 700 余年的
沧桑岁月中虽几经政权更迭，但昆明城却依旧朝气勃发、生机盎然，作
为云南行政中心的地位仍一如既往。笔者认为，这是由于 2000 多年来众
多王朝政权与人民大众，对拥有良好自然地理环境的滇池地区苦心经营
和辛勤耕耘的结果。特别是新中国成立以来，昆明地区更是发生了翻天
覆地的变化。

二　以滇池（今昆明）地区为中心交通网络格局的完善

这一时期，得益于中原王朝政治中心的东移北上、经济中心的东移
南下以及云南行政中心东移滇池地区，联系全省的内外交通状况也发生
了变化，以昆明为中心的一系列交通线随之东移或新设，与内地之间的
联系也日趋加强。在元朝未统一全国、云南行政中心未东移滇池地区之
前，云南主要是通过滇西北的"北至大雪山道"与元帝都或内地取得联
系，这是一条经过吐蕃地方势力控制的、自然条件极为恶劣的通道。在
元政权攻灭南宋、云南行政中心东移滇池地区之时，元政权便急于打通
以昆明为中心东向联系大都或内地的交通驿道。据《元史·爱鲁传》载：
至元十三年（公元 1276 年），"诏开乌蒙道，帅师至玉连（当为筠连）等
州，所过城寨，未附者尽击下之，水陆皆置驿传，由是大为赛典赤信
任"①。这是开通乌蒙道的最初行动，首先是军事讨伐，接着置立驿站。
此后，从至元十九年到二十二年间，大力经营从四川经建都罗罗斯到哈
剌章（泛指云南地区）的道路并设驿站。据《经世大典·站赤》载，至
元二十八年（公元 1291 年）三月十七日云南行省奏言："中庆路经由罗
罗斯通接成都陆路，见立纳邻第二十四站，……自建都、武定等路，分
立站赤。"②自四川到云南的路线，具体是从成都往西南取雅安，南渡大
渡河，经西昌渡大金沙江入云南。元代以前入云南的路线多取姚安往西
至洱海，元代始经由武定地区达昆明。这条道路自从元代开通置驿后，

---

① （明）宋濂等：《元史·爱鲁传》卷 122，中华书局点校本，1983，第 3012 页。
② 《经世大典·站赤》，载于《永乐大典》卷 19419，中华书局出版，1986，第 7212 页。

延至明清时期，都是云南通往内地的重要交通线。

除从四川开路置驿进入云南外，元政权还从湖广经今贵州开设驿站进入云南。《经世大典·站赤》载，至元二十七年（公元 1290 年）四月，四川行省备右丞耶律秃满答儿言："窃见乌蒙迤北土獠，水道险恶，覆坏船只。黎、雅站道，烟瘴生发，所过使臣艰难，人马死损。"① 由于中庆经乌蒙道至四川驿道的通行条件恶劣，他建议由湖广开"江陵路"，经"普安路"入云南。有鉴于此，元统治者于至元二十八年（公元 1291 年）开通了这条道路并设置驿站。这条站道是在中庆至曲靖、普安的站道以东，又加四站，贯穿罗殿及其以东的八番、顺元地区，达于黄平、镇远，进而接通辰州（今湖南沅陵）以东的"常行站道"。由于此道"山势少通，道路平稳，又系出马去处"②，由此道入内地又比乌蒙道"捷近二千余里"③，所以此道的设置与通行是元朝在西南地区交通建设方面取得的一项重要成就，对后世影响深远，初步奠定了元明清乃至近代以来云南联系内地的主要交通格局。如：元代大德五年（公元 1301 年）元军远征八百媳妇国，至顺年间数十万军队入滇平定"镇兵之变"，都是经由了此道。明代明军进攻云南灭梁王、平段氏，亦经此道。时人曾言："黔者滇之门户，黔有梗，则入滇者无途之从矣。"④ 清代顾祖禹则称：从辰、沅经贵州，越普安州入云南界，遵平夷而达曲靖者，为入滇东路；从巴、夔经泸州，出永宁、赤水、毕节、乌撒，过七星关入云南界，遵沾益而达曲靖者，为入滇西路。⑤ 入滇东、西两路都经曲靖直接与昆明相连。近现代以来修建从贵阳达昆明的公路和铁路，大部分路段大致沿袭了普安驿道之旧。此外，元代还开通和完善了以中庆为中心的多条驿道，如至元十三年（公元 1276 年）以后打通并开设驿站的中庆达邕州道，中庆经乌撒达泸州道，中庆经通海至蒙自道。元代自赛典赤起，大力发展交通，

---

① 《经世大典·站赤》，载于《永乐大典》卷 19418，中华书局出版，1986，第 7211 页。
② 《经世大典·站赤》，载于《永乐大典》卷 19418，中华书局出版，1986，第 7211 页。
③ 《经世大典·站赤》，载于《永乐大典》卷 19418，中华书局出版，1986，第 7211 页。
④ （明）闵洪学撰《请开粤路疏》，载于（天启）《滇志》卷 23，云南教育出版社古永继点校本，第 768 页。
⑤ （清）顾祖禹：《读史方舆纪要·云南一》卷 113，中华书局贺次君、施和金点校，2005，第 5040 页。

广置驿站（站赤），"在云南修通了乌蒙、建昌等道，基本上形成了以昆明为中心的，东经贵州至大都，北经建昌至成都，西经大理、永昌去缅甸，南经临安到交趾的四通八达的交通网"①。

明代云南的交通格局，更是以昆明为中心而加以逐步完善。此时伴随着大量移民的进入，屯田、卫所广泛设置，驿、堡、铺、哨进一步向山区挺进，交通线进一步呈现出以昆明为中心而向四周辐射的网状格局。方铁先生在《西南通史》中也表达了相同的观点："明代云南的交通，在前代基础上有较大的发展，以省城昆明为中心，把不少偏远隔绝的地区联系在一起。因此朝廷政令可下达州县，各地土官土司亦通过驿道进省城或达京师，了解和吸收内地先进的东西，内地的人员、物资连同先进的生产技术，也沿着这些通道源源不断地进入边疆地区，对推动云南各地的发展起到了积极的作用。"②

清代云南交通方面的发展，主要体现在对交通线路的严密管理和高效运行方面。据《钦定大清会典》载："凡置邮，曰驿、曰站、曰塘、曰台、曰所、曰铺，各量其途之冲僻而置焉。"③ 于此可见，清代邮驿的形式灵活多样且真正实现了交通与通信的合一，驿站已成为具有官方和政府行为的交通与通信的双重组织。④ 又由于清代进入云南边地的移民进一步增多，作为军事戍守的关、哨、汛、塘遍布边远山区，清代以昆明为中心的交通网络格局得到了进一步强化。"清朝以昆明为中心的交通网络的形成，对发展货运、交流物资和扩大商业贸易等方面有着重要的积极作用。无论是陆路还是水路，都加强了当时云南省内外的经济联系。"⑤ "自元、明以来，昆明已经逐渐形成西南地区的一个交通枢纽。到了清代，更由于云贵总督长期驻此，以及社会经济文化教育等各方面的发展，

---

① 龙永行：《杰出的回族改革家赛典赤》，《云南师范大学学报》（哲学社会科学版）1987年第2期。
② 方铁主编《西南通史》，中州古籍出版社，2003，第619页。
③ （清）昆冈、李鸿章等编修《钦定大清会典·兵部》卷51，http：//www. cadal. zju. edu. cn/book/01021300（电子版）。
④ 方铁主编《西南通史》，中州古籍出版社，2003，第709页。
⑤ 章青琴：《清代云南交通的发展及其对商品经济的影响》，《大庆师范学院学报》2006年第6期。

进一步形成了以昆明为中心的云南交通网络。发达的交通使昆明城市加强了与广大乡村以及其他城市的联系，加速了各地之间物资和人口的移动，信息的转换和传播，从而有力地推动了昆明的发展。"①

三　滇池（今昆明）地区经济地位的长久确立

元明清以来，昆明作为云南的行政中心，对滇池地区经济核心地位的长久确立，产生了深远的影响。滇池地区的鄯阐府（今昆明市），早在南诏、大理国时期就已成为仅次于洱海地区阳苴咩城的第二大都会，是南诏、大理时期经济发展较快的地区之一。当行政中心从滇西移到中庆路之后，地方统治者处于巩固自身统治的需要，倍加注重对滇池地区的经营，元初赛典赤更是开创了治滇的经典范例。元代李京《云南志略》载，平章政事赛典赤行省云南，"下车之日，立州县，均赋役；兴水利，置屯田；擢廉能，黜汙滥；明赏罚，恤孤贫。秉政六年，民情丕变，旧政一新，而民不知扰。及薨之日，遥近闻知，如丧父母"②。元代屯田以滇池地区为多，但滇池却因年久失修水患频繁，对农田危害甚大，赛典赤来滇后，便命大理等处劝农使张立道主持修治滇池。《赛平章德政碑》说："初，昆明池口塞，水及城市，大田废弃，正途壅底。公命大理等处巡行劝农，使张立道付二千役而决之，三年有成。"③ 又《元史·张立道传》载："其地有昆明池，介碧鸡、金马之间，环五百余里，夏潦暴至，必冒城郭。立道求泉源所自出，役丁夫二千人治之，泄其水，得坏地万余顷，皆为良田。"④ 赛典赤、张立道等使用索蓄六河疏浚海口的治理方法，不仅稳定了滇池水位，初步解决了滇池夏季的水患问题，而且还从中开辟了万顷良田，滇池有史以来第一次得到了系统的治理，为滇池地区农业的发展创造了条件。此外，赛典赤还积极倡导农业生产，引进内地先进的蚕桑技术，使立道"始教之饲养，收利十倍于旧，云南

① 徐建军：《清代昆明城市发展研究》，四川大学硕士学位论文。

② 云南省民族研究所编《大理行记校注　云南志略辑校》，王叔武校注，云南民族出版社，1986，第83页。

③ 方国瑜主编《云南史料丛刊》卷2，云南大学出版社，1998，第553页。

④ （明）宋濂等：《元史·张立道传》卷167，中华书局点校本，1983，第3916页。

之人由是益富庶"①。在赛典赤的精心经营下，作为行省中心的中庆城也得以大规模地扩建，扩建后的范围已经东至盘龙江西岸附近，北至五华山，南至土桥，西至福照街、鸡鸣街②，近代昆明城的规模初步显现。在他的治理下，中庆城的经济也日趋繁荣，并很快超越大理城而成为云南第一都会。省治迁中庆 10 余年之后，大旅行家马可·波罗曾行游至此述其见闻说：押赤（今昆明）"城大而名贵，商工甚众"；又说：押赤"颇有米麦"，当地人民认为小麦不适卫生，"不以为食，仅食米"③。元代文人王昇在《滇池赋》中对昆明的描写："千艘蚁聚于云津，万舶蜂屯于城垠，致川陆之百物，富昆明之众民"④。又据方铁的《西南通史》，元代以滇池地区的农业最为发达，人称"墟落之间，牛马成群，任官者割秫驹，割鲜饲犬"⑤。可见，滇池地区经济在元代已经超越了洱海大理地区。

　　明代滇池地区的水利工程，在元代的基础上得到进一步发展，农业屯田面积迅速扩大，昆明已成为云南地区容纳内地汉族移民最多的地区之一；同时昆明城内手工业和商业发展迅速，城内集聚了省府各类衙门和大批商家，成为西南地区有名的都市。⑥ 有清一代，伴随着中央王朝边疆内地一体化政策的积极推行，改土归流大规模实施，进入云南的内地汉族移民呈现出较明代更为辐射状向边地推移的格局，加上这一时期以昆明为中心交通网络格局的完善，云南边地地区经济也获得了较快发展，许多城镇迅速崛起，如思茅、腾冲、保山等。而此时的昆明，则在元明的基础上更进一步繁荣昌盛。罗养儒《云南掌故》载：道光年间（公元1821～1850 年），昆明实是繁盛已极，"彼三市街、珠市街、东寺街、金马坊、碧鸡坊、三津街、得胜桥、盐行街、三元街、太和街（北京路交三桥至瑭子巷一带）等，是道路宽阔，烟户密集，房屋栉比，楼阁云连，

---

① （明）宋濂等：《元史·张立道传》卷 167，中华书局点校本，1983，第 3916 页。
② 于希贤：《滇池地区历史地理》，云南人民出版社，1981，第 67 页。
③ 〔法〕沙海昂注，冯承钧译《马可波罗行纪·哈剌章州》，中华书局，2004，第 459 页。
④ （元）王昇：《滇池赋》，《景泰云南图经志书校注》，云南民族出版社李春龙等校注，2002，第 6 页。
⑤ 方铁主编《西南通史》，中州古籍出版社，2003，第 506 页。
⑥ 方铁主编《西南通史》，中州古籍出版社，2003，第 619 页。

巷道参差，店铺杂错。市面之上，货物山集，行人水流。早有早市，午有午市，夜有夜市"①。可见当时昆明商贸的繁荣在云南是首屈一指的。

毋庸讳言，云南在元明清三代统一王朝的积极治理下发生了深刻变化，作为云南行政中心的昆明，这一时期也已成为全省经济和文化的中心并延续至今。

四 汉族移民及汉文化在行政中心（今昆明）主导地位的形成

元明清时期，伴随着大量的汉族迁徙于此，昆明已成为以汉文化为主体并兼具联系各少数民族文化的中心纽带；汉文化于明中后期在云南已处于主导支配地位。

这一时期汉文化在云南的快速传播有两方面的原因：第一，封建统治者重视并积极倡导；第二，大规模内地汉族的涌入，成为汉文化移植云南的重要载体。在元代以前封建汉文化传入云南之后，由于内地汉族移民较少，往往很快就成为汪洋中的孤岛，被当地土著民族所"夷"化，其影响不能持久。自元代后，这种状况发生了重大变化，先是"云南未知尊孔子，祀王逸少（羲之）为先师"，后经云南地方官员"首建孔子庙，置学设，劝士人子弟以学，择蜀士之贤者，迎以为弟子师，岁时率诸生行释菜礼"，才出现"人习礼让，风俗稍变矣"的现象。② 特别是首任平章政事赛典赤对儒学教育的积极倡导，迎来了云南儒学教育的勃兴。至元十一年（公元1274年）冬，在中庆城他与助手张立道开始了云南历史上第一座孔庙的创建③，并于至元十三年（公元1276年）落成。此后，云南各地庙学如雨后春笋般相继建立：至元二十年（公元1283年）建大理路和临安路庙学，大德六年（公元1302年）建安宁州庙学，延祐七年（公元1320年）建仁德府庙学，其余还有嵩明、邓川、永昌、丽江等地庙学的建立。

① （民国）罗养儒：《云南掌故》卷2《记百余年前昆明之繁荣》，云南民族出版社王樵、施之原等点校，1996，第34页。

② （明）宋濂等：《元史·张立道传》卷167，中华书局点校本，1983，第3916~3917页。

③ 赛典赤建孔庙的时间说法不一，有至元十一年说和十三年说两种，但从方国瑜《云南史料目录概说》8卷《元时期文物：创建中庆路大成庙碑记》"经始于至元甲戌之冬"中推知应是至元十一年（公元1274年）之说。

这一时期作为"启蒙"教育的社学，在地方官员的倡导下也"破土而出"并迅速发展，为不能进入城内庙学读书的人提供了受教育的机会。社学的教育形式多样，具有明显的基础性和社会性教育特征。关于赛典赤在云南开创儒学教育的贡献，刘光智在《云南教育简史》第二章曾作出如下评价："赛典赤是穆斯林，信奉的是《古兰经》，但他却推崇孔夫子。他并没有利用自己的权势地位建立伊斯兰学院，推行伊斯兰教，而是建立儒家学校，让各族子弟学习中国经史。他的远见卓识和公正赢得了后世云南各族人民的崇敬，看来绝不是偶然的。"① 这一评价对赛典赤来说显然是客观公允的。云南形成以中庆城为中心，向四周呈放射状分布的儒学教育格局，显然对元世祖即位时认为的"武功迭兴，文治多缺"② 的云南注入了活力，使缺乏传统凝聚力的多民族云南地区，在儒学思想的影响下趋于内聚。

明代是云南实现历史性变革的一个重要时期，也是汉族移民大规模进入云南并首次改变云南"夷多汉少"民族格局的时期，同时也是儒学教育大规模在云南发展，士绅阶层首次在云南兴起时期。据陆韧教授的《变迁与交融——明代云南汉族移民研究》，认为明代以各种方式进入并生活在云南的汉族人口已达 300 万左右（以天启年间云南的汉族人口为标准）。尽管这个数据还值得推敲，并不是明代云南汉族人口的准确数据，至于准确数据，由于史料缺乏和记载的混乱至今仍无从知晓。③ 但无论如何，明代中后期外来的汉族人口首次超过了云南土著民族，成为云南地区最大的一个民族却是不争的事实。这一时期汉族移民的分布形式，主要是以昆明为中心呈放射状以屯田卫所的形式广布各地（主要是自然条件较好的平坝地区）。如此众多的汉族人口移民云南各地，对汉文化的广泛传播以及各民族间的融合都产生了深远的影响。

明代除了大规模的汉族移民传播汉文化外，封建统治者也更为重视儒学的教化功能，他们清楚地知道："治国以教化为先，教化以学校为本。"④ 洪武十五年（公元 1382 年）平定云南之初，朝廷就已开始着手在

---

① 刘光智：《云南教育简史》，贵州人民出版社，1993，第 18 页。
② （明）宋濂等：《元史·本纪》卷 4，中华书局点校本，1983，第 64 页。
③ 陆韧：《变迁与交融——明代云南汉族移民研究》，云南教育出版社，2001，第 137 页。
④ （清）张廷玉等：《明史·选举志》卷 69，中华书局点校本 1974，第 1686 页。

府、州、县、卫广置儒学，用以实现化导边民，"用夏变夷"①，巩固统治的目的。如周叙的《进士题名记》说："云南版图最后附。洪武十有五年，始建置学校，选学官以教之。"② 明代儒学在元代所建儒学大部分恢复的基础上，又逐步向边远州县卫推进。到天启年间，云南 20 个府，除广南、永宁和丽江之外，其余 17 府均已设置府学，各府之下的州县学也已达 45 所，此外还有一些卫学也相继设置。所以明朝官方所设的正规府、州、县、卫官学，几乎遍及全省各府地区。《天启·滇志》序载："本朝列圣，喜意文教，庙学之盛，六十有余，士出其门者斌斌焉。"③ 这一时期，虽然众多的正规官学在云南各地广泛建立，但由于受到招生员额的严格限制，仍然不能满足云南各民族"向学仕进"的需要。于是在官府的积极倡导下，作为正规官学补充的私家书院在明代中后期便应运而生且发展迅速，如云南府的五华书院、浪穹县的龙华书院等。到天启年间，全省已有 56 所书院。另外，作为县以下乡镇进行启蒙教育的基层学校，社学在明代中期以后也已广泛设置于各府州县，特别是社会经济文化较为发达的云南府、大理府和临安府等地。据天启《滇志·学校志》不完全统计，明代云南全省社学可考者有 165 处。由此可知，有明一代各类儒学教育机构已达 280 所之多，与元代的 10 余所相比已有显著飞跃。如此众多儒学教育机构的设置，必将极大地推动封建汉文化的传播及云南知识分子阶层的勃兴。陆韧教授根据《天启·滇志》卷 8《学校志》统计得出，有明一代云南从开科取士至天启年间，云南府中举 697 人、大理府 475 人、临安府 477 人、楚雄府 88 人、曲靖府 86 人、鹤庆府 234人、澄江府 91 人、蒙化府 71 人、姚安府 26 人、景东府 9 人、广西府 5人、北胜州 15 人，改流和设学较晚的武定府与寻甸府也有 6 人和 4 人，未改流的元江府也有 17 人中举、顺宁府 5 人。明代云南全省共中举人2206 人，进士及第 200 多人。④ 士子中举，投身仕宦，进入了统治阶级的

---

① 聂良杞：《云南府儒学乡贡题名记》，载于天启《滇志·艺文志》卷 20，云南教育出版社古永继点校，1991，第 676 页。

② （明）陈文修：《景泰云南图经志书校注》，云南民族出版社李春龙等校注，2002，第 43页。

③ （明）刘文征：天启《滇志》，云南教育出版社古永继点校，1991，275 页。

④ 陆韧：《变迁与交融——明代云南汉族移民研究》，云南教育出版社，2001，第 297 页。

行列，成为士绅阶层中较高的社会群体。此外，还有众多的没能通过考试进入仕宦阶层的知识分子，他们也大都靠获得的知识谋生：他们"或归隐山林，以诗文学术自立；于乡里开塾授学，化导民俗；或入衙门，为执笔文吏"①。总之，他们已成为推动云南文化发展和社会进步的士绅阶层。陆韧教授认为，这部分人中以汉族移民居多，云南士绅阶层的兴起是与汉族移民向士绅阶层转化同步发展的。

清代由于改土归流的推行，边疆内地一体化政策的实施，军事戍防制度的革新，"关、哨、汛、塘，分置兵设，星罗棋布"，迁徙进入云南的汉族移民在明代屯田卫所的基础上进一步向边地山区发展。众多汉族移民进入边远山区以及清朝统治者重视对边地山区的开发，使云南边远山区的经济获得了快速发展。我们可从清代在边远山区和边疆地区所修建的城镇窥见一斑。如雍正八年，筑普洱府城、攸乐城、思茅城，又筑维西、中甸、阿墩子、浪沧江、其宗、喇普、奔子栏格等城；又于旧维摩州筑邱北城。九年又建东川府、镇雄州、大关、鲁甸诸城；十年建昭通府城。② 因此，随着清代边疆地区经济的快速发展，以昆明为中心交通网络格局的进一步完善和强化，汉文化在边疆地区也迅速传播开来。道光《威远厅志》卷3说："汉人有因商贾而来入籍者，有因谪戍而来入籍者，弟子聪颖者多，读书事半功倍。夷人渐摩华风，亦知诵读，又入痒序者。"③

此外，清统治者也更为重视云南的教育。在清朝平定云南之初，云南巡抚袁懋功就曾上疏言："滇省土酋，既准袭封，土官子弟，应令各学立课教诲，俾知礼仪。"④ 获准。在政府的倡导下，清代云南的儒学书院、义学和私学发展较明代更为迅速。据（民国）《新纂云南通志·学制考》记载统计，至清末新式学堂建立以前，云南的儒学在明代73所的基础上增加到101所，清代书院在明代的基础上也增加到201所。义学更是遍布

① 陆韧：《变迁与交融——明代云南汉族移民研究》，云南教育出版社，2001，第297页。
② （清）倪蜕：《滇云历年传》，云南大学出版社李埏点校，1992，第606～619页。
③ （清）谢体仁纂修《道光威远厅志》卷3，云南省图书馆，据南京图书馆馆藏清道光十七年（公元1837年）刻本传抄庋藏。
④ 《清实录》第4册（《圣祖实录》卷2），中华书局影印本，1985，第57页。

云南各地，尤其在边疆少数民族地区为多，从康熙至光绪年间，云南府、厅、州、县兴建的义学多达 866 所。[①] 另外，私学以私馆、家塾、族塾和村塾等多种形式广泛散布于各地。如此众多的儒学教育机构在云南各地广泛设置，必将极大地促进封建汉文化在云南各地的传播与繁盛。从顺治时云南纳入全国科举范围至光绪，云南共产生文进士 680 余名、武进士 141 名、文举人 5697 名，武举人 5659 名，另有钦赐进士 19 名、钦赐举人 125 名。[②] 显然，有清一代的科举仕进数量较明代有显著增加。根据古永继的《明清时期云南文人的地理分布及其思考》，陈国生的《明代云南人才的地理分布及形成原因》，侯峰、罗朝新的《明清云南人才的地理分布》[③] 等文，对明清时期云南人才地理分布的考察，表明了云南各地经济文化发展水平存在明显的地域差异。从中我们不难看出：第一，云南明代进士的人数较元代的 6 人（其中 5 人是昆明人）[④] 显然进步明显，分布范围也较元代广泛；而清代较明代的进士人数则又有显著增加，且分布范围更为广泛。第二，云南府（昆明地区）是明清两代进士人数最多的地区，且较其他地区具有明显的优势。第三，明清两代云南人才的分布格局，以昆明为中心向四周呈放射状分布，昆明已成为云南地区封建汉文化的辐射源。

总之，元明清时期众多的相关史料都已表明，昆明滇池地区是云南容纳汉族移民最多的地区，且明代中后期汉族已成为云南地区的第一大民族，汉文化已趋于主导地位，昆明已成为以汉文化为主体并兼具联系各少数民族文化的中心地区。又如，乔飞的《明代移民与昆明城市的发展》认为："明代昆明地区的内地移民不仅使昆明城市的人口剧增，而且对昆明城市建设、社会经济建设、文化发展都产生了史无前例的积极影响。昆明从明以前和明初的边疆政治军事型城市转变为综合性的边疆中

---

① （民国）《新纂云南通志六》，云南人民出版社李春龙等点校，2007。

② （民国）《新纂云南通志二》卷 16《历代贡举征辟表》，云南人民出版社李春龙等点校，2007，第 330~428 页。

③ 古永继：《明清时期云南文人的地理分布及其思考》，《云南学术探索》1993 年第 2 期；陈国生：《明代云南人才的地理分布及形成原因》，《云南教育学院学报》1996 年第 1 期；侯峰、罗朝新：《明清云南人才的地理分布》，《学术探索》2002 年第 1 期。

④ 刘光智：《云南教育简史》，贵州人民出版社，1993，第 9 页。

心城市。而这一切都是大量内地移民到来的直接结果。对明代移民和昆明城发展成为云南最重要的政治、经济、文化中心的关系的考察，表明历史时期边疆城市的发展既与王朝的治边政策有着密切的联系，又与内地移民巨大的能动作用直接相关，进一步说明了内地移民在开发边疆、巩固边疆的过程中所发挥的巨大历史作用，其经验是值得总结的。"① 徐建军的《清代昆明城市发展研究》认为："正是大批移民的迁入使清代的昆明成为一个以汉族为主、其他各少数民族杂居的移民城市。""在清朝统治的两百多年时间里，昆明人创造了丰富多彩、异彩纷呈的城市文化，其中既有汉族主流文化的积淀，同时又有众多少数民族民俗文化的融入，从传统节日的日程安排、活动内容、习俗惯制到物质生活的衣食住行；从生产劳动的各个环节，到人们内心具有的心理定式，都展示着昆明城市文化内容丰富与多姿多彩的多元文化特色。"② 正是对汉族移民及汉文化在昆明主导地位形成的最好表征。

五 行政中心（今昆明）对边疆民族地区凝聚力的增强

元明清时期，昆明作为云南的政治、经济和文化中心，对周围地区的辐射作用不断扩大；同时，对周围边疆民族地区的凝聚力也在逐步增强，使少数民族地区能够与内地汉族地区较为牢固地统一起来，促进了民族地区向心力的日渐增强。

自元代云南行政中心从洱海地区转移到滇池地区后，在平章政事赛典赤及其后继者的精心经营下，中庆城（今昆明市）很快超越大理成为云南第一都会，昆明滇池地区也已成为集云南政治、经济和文化中心于一体的核心区域。在此以后的发展历程中，随着汉族移民的增多，屯田规模的逐步扩大，以昆明为中心交通格局的逐步完善，昆明作为经济和文化中心的地位也得到了进一步稳固。

从元代马可·波罗行记中的"城大而名贵，商工甚众"③，王昇《滇池赋》中的"千舸蚁聚于云津，万舶峰屯于城垠，致川陆之百物，富昆

① 乔飞：《明代移民与昆明城市的发展》，《史学月刊》2006年第12期。
② 徐建军：《清代昆明城市发展研究》，四川大学硕士学位论文，2007。
③ 〔法〕沙海昂注《马可波罗行纪》，冯承钧译，中华书局，2004，第459页。

明之众民"①，到明代"商阜之地，列肆纵横"的西南名都，再到清代罗养儒《云南掌故》中的"实是繁盛已极。彼三市街、珠市街、东寺街、金马坊、碧鸡坊、三津街、得胜桥、盐行街、三元街、太和街（北京路交三桥至瑭子巷一带）等，是道路宽阔，烟户密集，房屋栉比，楼阁云连，巷道参差，店铺杂错。市面之上，货物山集，行人水流。早有早市，午有午市，夜有夜市"②。足以看出昆明城在元明清三代发展迅速且十分繁荣。从元代汉族移民主要集居在靠内的城镇平坝地区，到明代大规模汉族移民涌入、屯田卫所的广泛设置，再到清代关、哨、汛、塘向"山陬荒僻"之区的纵深推进、众多边地城镇的兴起，可以看出，元明清三代以昆明为中心向四周边地推进的开发格局正逐步强化。从元代各类儒学教育机构的不及百所，到明代的 280 余所，再到清代的 1100 余所之多，可以看出，政府主导的儒学教育正以昆明为中心呈放射状向边远地区广泛传播，汉文化正日益趋于主导地位。如明景泰元年，云南按察司提调学校副使姜俊上言："臣自受命以来，遍历云南各府司州县儒学，见生员多系僰人、罗罗、么些、百夷。"又如，明代各族子弟就学和参加科举考试的众多，仅见于天启年间就读于云南提学道管理下的各府、州、县、卫学的正规生员即达 12000 余人。再如，多民族集聚的寻甸府，自改流建学以来，"其俗渐改，人文可睹"；彝族集居的武定府，原称"俗尚强悍难治"，建学后也旧俗渐改，"土民勤业，骎骎有省会之风"③。再如明诸葛元声《滇史》载："时滇中文教渐开，士人诗赋埒于中土。如平、居、陈、郭，四人皆永乐间以诗名家。郭文号舟屋，诗有唐人风致。"④ 还有大理地区"理学名儒，项背相望，此岂独出于中国名家大姓之裔哉""士大夫坦白恂谨，无矜奇骇俗之行。贵不陵贱，富不骄贫"；太和县在少数民族中"教人捐佩刀，读儒书，明忠孝五常之性"；浪穹夷民"处初亦甚悍猛，近皆向学，知礼法，争延师以教其子弟，而

---

① （元）王昇：《滇池赋》，《景泰云南图经志书校注》，云南民族出版社李春龙等校注，2002，第 6 页。

② （民国）罗养儒：《云南掌故》卷 2《记百余年前昆明之繁荣》，云南民族出版社王燡、施之原等点校，1996，第 34 页。

③ 方铁主编《西南通史》，中州古籍出版社，2003，第 754 页。

④ （明）诸葛元声：《滇史》卷 11，德宏民族出版社刘亚朝点校，1994，第 303 页。

刀弩之习渐可衰止矣"①。

从明代以前汉族移民的夷化为主，到明代中期以后云南土著民族的汉化为主，可以看出，在内地广大汉族移民先进文化的影响下，云南民族地区以汉文化为主导的民族融合趋势正逐步加强，这一状况在明代的各种志乘中都有不少记载。如万历《云南通志》云，在汉族移民先进文化的影响下，云南已呈现出"熏陶渐染彬彬，文献于中州埒矣。丧葬冠婚，悉从家礼，不同土习""士知向学，科第相仍；男事耕艺，女务纺织""衣冠文物，不异中土""文化丕兴"②。另外，还可从明代早、中、晚三部志书③中对各府风俗或民族构成的差异表述中得知，明代是云南汉族人口实现划时代变革的一个时期，汉族已成为云南民族构成中最主要的民族群体，在云南政治、经济和文化的发展中起着主导作用。④ 从元代以昆明为中心站赤、驿道的广泛设置，到明代驿、堡、铺、哨的进一步推进，再到清代"关、哨、汛、塘"的星罗棋布，在山险路僻边远地区的纵深发展，元明清三代以昆明为中心向四周呈放射状分布的交通网络格局正日趋完善与强化。从元代初次设置土官制度，到明代对土司制度的完善、严格规范化管理以及小规模的改土归流，再到清代雍正朝及以后的大规模改土归流，元明清三代对云南的经营是一个由中心向边缘逐步深化的过程，同时也是封建汉文化由中心向边缘逐步传播扩散的过程。又如，陆韧教授在《变迁与交融——明代云南汉族移民研究》一书中所述，由于明代汉族移民与当地民族是杂居交融，就使得他们的利益紧密地联系在一起，休戚相关，于是在生产生活上他们不能不结合为一体，在相互交流、相互学习的过程中，使云南各民族的政治、经济和文化发展逐渐趋于一致⑤，反映了云南行政中心与边疆边远地区在长期的交汇互

① （清）傅天祥、李斯佺、黄元治等纂修：康熙《大理府志》（卷12 风俗），康熙三十三年（公元1694 年）刻本。
② （明）邹应龙等修、李元阳纂《万历云南通志》（卷3 地理志各府风俗），云南省图书馆据天津任振采藏明万历四年（公元1576 年）刻本传抄皮藏。
③ 早期的景泰《云南图经志书》，中期正德年间周季凤所撰的《云南志》，晚期李元阳的《云南通志》。
④ 陆韧：《变迁与交融——明代云南汉族移民研究》，云南教育出版社，2001，第142 页。
⑤ 陆韧：《变迁与交融——明代云南汉族移民研究》，云南教育出版社，2001，第345 页。

动中逐步融合为一的进程。谢本书、李江在《昆明城市史》一书中所述："清代前期昆明城市建设的扩大，街道、店铺的增多，商业的繁荣，风景游览区的开发，使得省城昆明经济实力大大增强，具备了向现代化城市转变的条件，加大了辐射全省的力度。"① 徐建军在《清代昆明城市发展研究》一文中认为："清代是昆明城市发展的重要时期，……昆明在云南区域内的中心地位得到巩固，在区域内的经济作用日益突出，政治军事中心地位也不断强化，成为清王朝控制西南边疆的支撑点及云南与其他省份和东南亚地区商品交流的重要枢纽。"② 更是充分彰显了行政中心昆明对全省统治力与凝聚力的提升。

综上所述，元明清三代是云南政治、经济、文化以及各方面获得快速发展的重要时期，昆明是这一时期大发展的策源地，是影响周边地区发展的辐射源。元明清时期，随着汉族移民及汉文化在昆明主导地位的形成，昆明对云南边疆民族地区辐射力及凝聚力也逐步增强，得益于此，云南边疆民族地区的向心力也日渐强固。

元以后，云南行政中心重新定格在滇池地区是内外主客观原因综合作用的结果，体现了中央王朝治理疆域的理念，即地方行政中心不宜设在易于形成地方割据的地域环境。大理地区相对整个云南及云南之外的内地来说，位置偏僻，地理单元封闭，一旦地方势力坐大，易于形成割据局面；滇池地区自然条件较好、交通便利，位置较为居中且靠内地，与中央的联系较为便利，且物产富饶，具备了支持地方行政中心存在的经济基础，同时也满足了中央政权易于控驭并繁荣发展地方的双重目标。

行政中心重返滇池（今昆明）地区，对云南地区产生的影响是深远而重大的。经过元明清三代600余年的经营，昆明作为行政中心的地位已稳如磐石；作为经济中心已经实现了对整个云南辖域内经济的整合，云南各地与昆明之间已密切相连，不可分离；作为文化中心已经成为以汉

---

① 谢本书、李江主编《昆明城市史》，云南大学出版社，2009，第55页。
② 徐建军：《清代昆明城市发展研究》，四川大学硕士学位论文，2007。

文化为主体并兼具联系各少数民族多元文化的中心纽带，已成为内地汉文化在云南的辐射源，为晚清和民国时期边疆内地一体化政策的实施发挥了积极的作用，这些都是以前的行政、经济与文化诸中心所难以企及的。

元明清三代对以昆明为中心云南地区的积极经营，初步奠定了近代以来云南社会政治、经济和文化以昆明为中心发展的良好格局，以至于晚清以后的百余年间，云南虽几经风云变幻，但昆明作为云南行政、经济和文化中心的地位却丝毫不曾动摇，尤其是改革开放以来，昆明正以其独特的魅力，稳健的步伐，逐步走向全国，走向世界。

|第|五|章|

历史上云南疆域形成和发展相关
理论研究

马大正先生在《中国疆域的形成与发展》一文中曾开宗明义地指出："我们的先辈为今人留下了两项举世瞩目、无与伦比的历史遗产：幅员辽阔的统一多民族国家和人口众多、多元一体的中华民族。这是中国不同于世界上任何一个国家的特殊国情。"其中，统一多民族的中国即是自先秦时期起，在以黄河流域中下游和长江流域中下游为核心的区域内逐渐形成和发展起来的，其发展过程中，"边疆地区的发展是其有机组成部分，全国范围的发展状况决定了边疆地区的发展水平，边疆地区的发展状况对全国范围的发展也产生重要影响"[①]。中原腹地和边疆地区的互动发展共同促成中国统一多民族国家历史疆域的形成、发展及奠定。中国历史疆域的范围是指："清朝完成统一后，帝国主义侵入中国以前的清朝版图，具体说，就是从 18 世纪 50 年代到 19 世纪 40 年代鸦片战争以前这个时期的中国版图作为我们历史时期的中国的范围。"[②] 中国历史疆域范围的形成是经过一个漫长而曲折的发展过程后大致定型的。云南疆域作为中国历史疆域不可分割之一部分，是怎样从一个"化外之地"变为"腹边一体"的呢？其形成和发展经历过哪些阶段？动因是什么？有没有中原王朝治边理论与治策的影响？回答这些问题正是本章内容研究的要义所在。

---

① 马大正：《中国疆域的形成与发展》，《中国边疆史地研究》2004 年第 3 期。
② 谭其骧：《历史上的中国和中国历代疆域》，《中国边疆史地研究》1991 年第 1 期。

第一节　影响云南疆域形成和发展的诸要素分析

云南地处祖国的西南边陲，作为中国历史疆域不可分割之一部分，其疆域形成和发展过程，不仅深受自身地理环境的影响，而且还与历史时期汉族移民入滇、云南交通线路的开辟、历朝各代的治边治策、云南行政中心的变迁等诸多因素密切相关，共同促进了云南历史疆域的形成和发展。

一　地缘环境因素

历史地理学家谭其骧先生曾说过："历史好比演剧，地理就是舞台；如果找不到舞台，哪里看得到戏剧！"[①] 西方哲学家黑格尔在其名著《历史哲学》一书中，明确提出了"历史的地理基础"概念，他认为地理环境是人类精神的舞台，是历史的重要的而且必要的基础，对人类社会文明历程的演进起到了举足轻重的作用[②]，彰显了地理环境对人类历史发展进程具有的重大影响力。近世以来，探讨地理环境与政治演变之间关系的学问亦日益丰富，学界称之为"地缘政治学"，实乃为政治地理学或地理政治学之分支。最早由瑞典学者鲁道夫·契伦（Rudolf Kjellen，1846－1922）首创，他认为地缘政治学就是："把国家作为地理的有机体或一个空间现象来认识的科学。"[③] 主要是研究国家形成、发展和衰亡的规律。中国学者陆俊元的《地缘政治的本质与规律》一书中通过对地缘政治本质属性的剖析认为："地缘政治作为人类政治与地理环境相互作用的产物，它是空间属性和特定社会关系属性的有机统一，是通过地理的政治化过程和政治的地理化过程实现的。"进而总结认为："地缘政治是政治行为体通过对地理环境的控制和利用，来实现以权力、利

---

① 熊崧策：《"历史好比演剧，地理就是舞台"——谭其骧：复原中国历史大舞台》，《文史参考》2011 年第 21 期。
② 黑格尔：《历史哲学》，王造时译，上海书店出版社，2003，第 82～105 页。
③ 〔英〕杰弗里·帕克：《二十世纪的西方地理政治思想》，李亦鸣等译，解放军出版社，1992，第 57 页。

益、安全为核心的特定权力，并借助地理环境展开竞争与协调的过程及其形成的空间关系。它是行为体之间通过地理空间实现的互动关系，以及互动所构成的政治关系在空间中的存在、分布和运动，因此不仅仅是一种静态的政治关系，同时也是一个动态的发展过程。"① 认识十分深刻。

现代意义上的地缘政治概念在中国虽然形成较晚，但地缘政治作为一种现实的存在，在中国古代还是较早地受到了重视，并形成了一些思想与策略。譬如"重北轻南""北守南融""守在四夷""以藩为屏""以夷制夷"等国防思想和斗争策略，都是依据当时地缘状况提出来的，具有鲜明的地缘政治色彩。自秦汉至清的2000余年中，云南由于其所处的独特地缘环境成为众多中央（原）王朝持续经略的对象。可以说，2000余年中，云南所处的独特地缘环境是影响云南疆域形成、发展和稳固的重要因素之一。

战国时期，庄蹻入滇②，"旁平地，肥饶数千里，以兵威定属楚"③。至公元前316年秦并巴蜀，并于公元前308年攻取楚商於之地，置黔中郡（今湘西、黔东相接地带），斩断了庄蹻及其士兵与楚国本土的联系，"欲归报，会秦击夺楚巴、黔中郡，道塞不通，因还，以其众王滇，变服，从其俗，以长之"④。不得已，只能入乡随俗融入滇人之中，表明云南历史上首次与内地诸侯国发生了关系。"秦时常頞略通五尺道，诸此国颇置吏焉。十余岁，秦灭。"⑤ 在今滇东北地区出现了中央王朝经营西南夷的先声，但只是昙花一现。

两汉时期，对云南的经营是和对整个"西南夷"的经营连在一起的，而对西南夷的控制直接关系着对南越、交趾和西域的经营。汉武帝时期拓展经牂牁江（今贵州西部）至南越国都城番禺（今广州）的用兵通道

---

① 陆俊元：《地缘政治的本质与规律》，时事出版社，2005，第9页。

② 关于庄蹻入滇的时间和线路，史载各种记录所述不一，据尤中先生考证分析认为，庄蹻入滇时间应为《史记》《汉书》所记楚威王时（公元前339年至前329年），路线应是《后汉书》所记"从沅水伐夜郎"以入滇。

③ （汉）司马迁：《史记·西南夷列传》卷116，中华书局点校本，1962，第2993页。

④ （汉）司马迁：《史记·西南夷列传》卷116，中华书局点校本，1962，第2993页。

⑤ （汉）司马迁：《史记·西南夷列传》卷116，中华书局点校本，1962，第2993页。

"南夷道",打通自蜀地经西南夷至身毒（今印度）的道路①是其经营西南夷的主要目的。

三国时期，南中（云南）对于蜀汉政权的重要性，很早就被提出。还在刘备屯兵新野，托庇于荆州牧刘表翼下时，曾三顾茅庐礼请诸葛亮，求教霸图方略。诸葛亮感刘备盛情，提出了著名的《隆中对》，深得刘备赞许。据《三国志·诸葛亮传》载："益州险塞，沃野千里，天府之土，……若跨有荆、益，保其岩阻，西和诸戎，南抚夷越，……诚如是，则霸业可成，汉室可兴矣。"②后来建兴三年（公元 225 年），诸葛亮率军南征，采取攻心为上的策略，创造性地运用了"七擒七纵"、刚柔兼济的手段，彰显了"南抚夷越（今云南地区）"战略的重要性，使这次战争成为古往今来传颂的佳话。明末清初舆地学者顾祖禹在谈到历史上四川与云南的关系时，认为蜀汉平定南方（中），"然后可以固巴、蜀，固巴、蜀然后可以图关中"③，鲜明地道出了云南作为蜀汉后方基地屏蔽益州（今四川）的重要性。

公元 7 世纪以后，由于吐蕃的崛起，并相继兼并了多弥、白兰、党项等羌族，消灭了吐谷浑，据有青海高原后，唐与吐蕃在西北和西南形成了广泛对峙，使云南的地缘环境又一次具有战略上的重大价值。伴随着吐蕃与唐王朝在滇西洱海地区争夺的白热化，南诏的崛起便应运而生，成为双方博弈的砝码。"吐蕃挥师南下，联络唐朝西南边疆诸部族，对唐朝形成半包围之势，以便在可能的时候，进攻唐朝。"④唐朝与南诏经历了"天宝战争"以后，痛定思痛，采取了稳定西南边疆，招抚南诏，"断吐蕃右臂"的策略，时任宰相李泌向唐德宗提出了"北和回纥，南通云

---

① 元狩元年（公元前 122 年），"博望侯张骞使大夏来，言居大夏时见蜀布、邛竹、杖，使问所从来，曰'从东南身毒国，可数千里，得蜀贾人市'。或闻邛西可二千里有身毒国。骞因盛言大夏在汉西南，慕中国，患匈奴隔其道，诚通蜀，身毒国道便近，有利无害。于是天子乃令王然于、柏始昌、吕越人等，使间出西夷西，指求身毒国"（《史记·西南夷列传》卷 116）。

② （晋）陈寿：《三国志》卷 35《蜀书五·诸葛亮传第五》，中华书局，1962，第 912 ~ 913 页。

③ （清）顾祖禹：《读史方舆纪要·陕西方舆纪要序》，中华书局贺次君、施和金点校，2005，第 2450 页。

④ 朱丽双：《8 世纪前后吐蕃势力入西洱河地区问题研究》，《中国藏学》2003 年第 3 期。

南，西结大食、天竺，如此，则吐蕃自困"① 的建议，后经剑南西川节度使韦皋实施，取得了显著成效。

宋元时期，云南的地缘战略环境受到两宋王朝的轻视。"宋挥玉斧"典故被传颂得经久不息足以明证。清人倪蜕在《滇云历年传》中总结南宋灭亡的经验教训时，曾对云南独特的战略关系作过精彩论述："段氏自改称后理，向慕中国，志不少衰，而南宋君臣视之蔑如者，终鉴于唐李之祸也。夫士不通经博古，固不足以宏济艰难；然而执经泥古者，岂可以弥纶宇宙乎！以天下大势而论，宋之视滇，犹唐之视蜀也。若使滇不慕宋，犹当来之，奈何持迂腐之陋见，而必阻其向化之心乎。且横山市马，张栻既戒严而塞其道矣；今请黎、雅入贡，孟珙又不许而使之道于邕、广；是栻绝于南，珙阻于北，则滇将不得不并于元，而宋亦归于无可复之，惟有终之于蹈海而已，亦势所必致也。倘使滇、蜀相联，与吴玠为犄角，则蜀必益坚，而滇亦岂遽为元人之鱼肉哉！"② 与之相反，在蒙元统治者看来，云南地缘战略价值十分重大。早在成吉思汗时期，蒙古统治者就已注意到可利用云南夹击中原。成吉思汗曾向谋士郭宝玉询问攻取中原之策，郭宝玉答："中原势大，不可忽也。西南诸蕃勇悍可用，宜先取之，藉以图金，必得志焉。"③ 公元 1235 年以后，随着蒙古与南宋在江淮、荆襄和巴蜀三大战场战事的胶着，蒙古统治者开始尝试用迂回战略率先攻取大理国，然后汲其兵力与物力再对南宋进行斡腹夹击，并为此进行了积极的准备。公元 1251 年蒙哥继大汗位，次年，命弟忽必烈与大将兀良合台率 10 万骑兵远征大理。平定大理后，以此为基地很快展开了对南宋的夹击，使南宋丧失了所有的地缘战略制高点，"自是蒙古纵横于宋之西南，而宋之天下如捧漏卮矣"④，基本上达到了"斡腹之谋"的战略构想。针对这一情况，顾祖禹曾对云南的地缘位置有过如下的评论："云南古蛮瘴之乡，去中原最远，有事天下者，势不能先及于

① （宋）司马光：《资治通鉴》第 233 卷（唐纪四十九·德宗神武圣文皇帝八），中华书局元刊胡注本，1956。

② （清）倪蜕：《滇云历年传》，云南大学出版社李埏点校，1992，第 184 页。

③ （明）宋濂等：《元史》卷 149，中华书局点校本，1976。

④ （清）顾祖禹：《读史方舆纪要·云南二》卷 114，中华书局贺次君、施和金点校，2005，第 5061 页。

此。然而云南之于天下，非无与于利害之数者也。其地旷远，可耕可牧，渔盐之饶，甲于南服。石桑之弓，黑水之矢，猡㹢爨僰之人，率之以争衡天下，无不可为也。然累世而不一见者，何哉？或曰，云南东出思、黔已数十驿，山川间阻，仓卒不能以自达故也。吾以为，云南所以可为者，不在黔而在蜀，亦不在蜀之东南，而在蜀之西北。"① 基本上道出了元以前云南与四川、陕甘的地缘关系，要比贵州、湖广方面更为重要一些。显而易见，两宋时期对大理国地缘战略环境的轻视，最终使自己尝尽了苦果，政权被赶进了大海，覆亡于海上。

明清时期，云南在稳定西南边疆方面战略地位更为重要。到了明代，不但北方草原仍为强大的北元蒙古族势力所据，对明王朝形成一种很大的压力，而且西南边疆仍有一股强劲的蒙古残余势力盘踞在川滇藏毗连地区，继续威胁着明朝的统治。"蒙元势力绕道西南统一中国后，包括元朝在内的其后各王朝，开始清醒地意识到，一旦云南失守，经济发达的中原地区就会处于游牧民族的弧形包围圈之内。而云南的地理位置正好处于弧形包围圈的'软肋'上，最容易被从青藏高原南下的游牧民族所突破。即使在西部边疆实施步步为营的设防，一旦云南陷落，所有的设防就会功亏一篑。因而若不死守云南，不仅会耗费国家大量的资财和兵力，而且这样的被动设防极不可靠，一旦防线被突破，发达的中原地区就会直接面临战火的威胁。于是死守云南，修补内陆边防的'软肋'，成了元、明、清三朝内陆边防的一贯战略决策。明廷也正因此而必须收复云南，收复之后又必须死守云南。"② 明朝中后期，随着青藏高原上藏传佛教格鲁派的兴起（15 世纪初），并逐渐控制了越来越多的藏族地区。明王朝为巩固与藏区松散的统辖关系，防止藏族势力的南下，在实施多封众建治藏政策的同时，也加强对滇西北地区纳西族木氏土司的支持力度。由于明朝统治者深知云南地缘战略价值的重大，为了确保云南边防之稳固，明初就特别重视对云南入湖广道、云南至泸州道沿线的守卫，在两

---

① （清）顾祖禹：《读史方舆纪要·云南方舆纪要序》，中华书局贺次君、施和金点校，2005，第 5026 页。

② 马国君、李红香：《论王阳明对黔桂土司地区的治理与边疆稳定》，《广西民族研究》2012 年第 4 期。

大入滇通道沿线遍置卫所，屯以重兵，"如此布置，重在贵州，而意在云南"①。永乐十一年（公元1413年）设立贵州布政使司，标志着贵州行省的正式建立，是明王朝统治者对死守云南，必须重视贵州战略的进一步提升。清代前期，云南地缘战略重要性主要表现为平定西南藩王吴三桂之乱，应对青藏高原上蒙藏联合势力的南下，后期主要是应对英属缅甸和法属越南对西南边疆的蚕食与侵吞，"保藩固圉"的地缘战略价值更为重大。

综上看来，自秦汉至清代的两千余年中，云南因其所处的特殊地缘环境受到了众多中央（原）王朝不同程度的重视与经营，有时候甚至成为中央王朝与边疆地方民族政权激烈争夺的战略制高点，尤以历史上唐与吐蕃对南诏的争夺最为显著。两宋统治者因错误地总结了唐朝灭亡的教训，认为："唐亡于黄巢，而祸基于桂林。"② 因而，"宋挥玉斧"，划大渡河与大理政权分界，在处理与大理国关系时态度始终摇摆不定、戒心十足，与大理国积极主动与宋通好的态度相比，表现得较为轻视与冷漠。但最终也因此自酿苦果，因丧失了北部、西北以及西南边疆所有地缘战略的屏障（制高点），惨遭蒙元势力的斡腹夹击，覆亡于悲惨境地。这一教训十分深刻，后被元明清三代充分汲取，并对云南进行了精细化的设置与经营，才最终奠定了今天云南边疆的基本格局。

二　历朝各代的治边治策因素

马大正先生在《中国古代边疆政策研究》一书的前言中对中国历朝各代边疆政策的作用和价值进行了高度概括："无论哪一朝哪一代，都面临自身的边疆问题，统治者也都为巩固统治制定并实施相应的边疆政策。边疆政策的成败得失，不仅直接影响彼朝彼代的兴衰存亡，而且对于作为一个整体的统一多民族国家中国的形成、发展，具有重大影响。中国封建社会的边疆政策，自秦汉时期初具规模后，经隋、唐、元、清诸强

---

① 史继忠：《试论贵州省的形成》，《贵州民族学院学报》（社会科学版）1987年第1期。
② 意为唐朝虽因黄巢起义而覆亡，但缘由是为防御南诏派驻桂林的戍兵发生的兵变引起的。（宋）欧阳修等《新唐书》卷222（列传第一百四十七中·南蛮中），中华书局点校本，1975。

大统一王朝的充实、完善，形成了完整的体系，这在世界各国历史中是颇具特色的。"① 可见，历朝各代为解决自身所面临的边疆问题而制定并实施的治边治策对中国古代疆域的形成和发展产生了重大影响，其历史的演变十分具有中国特色，是一笔宝贵的历史文化遗产。

两汉时期，封建王朝对"西南夷"地区进行的一系列经营，初步奠定了今天云南辖域的基本轮廓。两汉时期，对西南夷（云南）的经营主要体现在：其一，拓展"南夷道"，击破南越国。其二，打通"蜀身毒古道"，取得与身毒（今印度）、大夏（今阿富汗一带）及西域诸国的联系，反击匈奴。其三，设官置守，遍置郡县，西汉王朝在云南及毗邻地区的郡县设置主要有：益州郡（下设 24 县）、牂牁郡（下设 17 县）、犍为郡（下设 12 县）、越西郡（下设 15 县），其中 4 郡中益州郡 24 县中有 23 县均地处今云南境内，其他 3 郡各辖有云南部分地区，西汉在云南境内设置的县达 42 个。② 东汉时期，在西汉大规模对云南经营设置的基础上，争取"哀牢夷"部落的归服终于得以实现，永平十二年（公元 69 年），哀牢夷的内属，永昌郡的设立，进一步拓展了中国古代的西南边疆，初步奠定了今天云南西部和西南部疆域的基本格局，意义十分重大。其四，封土长、厚赏赐、薄赋敛、开屯田，加强了各民族之间的联系。其五，出色的人才策略，"两汉王朝治理西南经济较发达的蜀郡、广汉郡、巴郡的官吏，主要是来自北方的中原人和西南本地区的人，其他西南地区的犍为、越巂、益州、牂牁、永昌五郡则主要依靠西南本地人的治理"，采取了就地取材，西南人治西南的原则。"最能体现两汉王朝对西南地区的人才控制政策积极有效的是海南朱崖郡的罢弃和西南益州郡的保留。"③ 海南朱崖郡和西南益州郡均为西汉武帝时所置"初郡"④，汉王朝对两地的治理形式上都采取了郡县制，但不同的是，到朱崖郡任职

---

① 马大正主编《中国古代边疆政策研究》，中国社会科学出版社，1990，第 2 页。

② 班固：《汉书·地理志第八上》卷 28 上，中华书局点校本，1962；何耀华总主编《云南通史》第 2 卷，中国社会科学出版社，2011，第 51 页。

③ 李桂芳：《论两汉王朝西南边疆开发中的人才策略》，《重庆三峡学院学报》2004 年第 1 期。

④ 对南方番禺（今广州）以西至蜀南者置"初郡"十七，汉中央王朝实施了"且以其故俗治，毋赋税"的治理政策。《史记·平准书》卷 30。

的官吏皆来自中原，却对该地的治理收效甚微；而益州郡的官吏多来自邻近的巴蜀人，却对该地的治理成效显著。① 由此可见，边吏作为联系中央王朝与边疆民族地区的桥梁，是边政管理的具体实施者，事关边疆经略的成败。"朱崖故事"与"不弃益州"的事迹充分表征了出色的人才策略、合理地利用人才、慎选边吏也是影响边疆经略成效的重要因素。正如常璩在《华阳国志·南中志》中所言："然要荒之俗，不与华同，安边抚远，务在得才。"②

三国时期，"西南夷"地区被称作"南中"，归蜀汉政府管辖。蜀汉政权前期由于忙于安定蜀地，巩固根基，应对北面、东面曹魏和东吴两大势力的挑战，缺乏足够的军力和财力对南中地区进行深入设置，只是采取了安抚的方针经营南中。章武三年（公元223年），刘备去世，外与东吴失和，南中大姓和夷帅借机起事，南中四郡中三郡（越嶲郡、牂牁郡和益州郡）叛乱此起彼伏。建兴三年（公元225年），诸葛亮正式率军南征，三路大军所向披靡，很快就平定了南中之乱。为实现南中的长治久安，把南中变为蜀汉北伐的坚固后方与物资基地，诸葛亮对南中的治策特别重视揽收人心，依法而治，并采取镇抚兼用的统治方法，迁统摄南中地区的最高军政合一机构"庲降都督"于建宁郡之味县（今曲靖市），加强对南中地区的治理。此外，还重点加强了政区设置，调整南中四郡为七郡：建宁（益州郡改）、牂牁、朱提、越嶲、永昌、云南（分建宁、越嶲两郡地）和兴古（分建宁、牂牁两郡地）。诸葛亮治理南中的一系列政策取得了良好的成效，不仅稳固了后方，从中汲取了人力与物力，还赢得了云南诸族的敬仰。③ 可惜，西晋建立后不久就放弃了诸葛亮的成功治策，泰始七年（公元271年），晋武帝强制将南中四郡（建宁、兴古、永昌与云南）从益州内单独划出，设置为与益州（治今成都）同级的宁州，加强中央集权，想把南中四郡纳入到与内地各州郡划一的统治

---

① 李桂芳：《论两汉王朝西南边疆开发中的人才策略》，《重庆三峡学院学报》2004年第1期；李桂芳、黎小龙：《从"朱崖故事"和不弃益州看两汉王朝对西南边疆的开发治理》，《中华文化论坛》2003年第2期。

② （晋）常璩：《华阳国志·南中志校注稿》，云南大学西南古籍研究所印行缪鸾和校注，第200页。

③ 方铁：《边疆民族史探究》，中国文史出版社，2005，第21~38页。

轨道中去，对大姓和夷帅们都抛弃不用。统治者在宁州采取对大姓压迫、打击、剥削为主治策，激起了宁州诸族的激烈反抗，这种政策在当时条件下显然行不通。① 东晋南北朝时期，由于中原王朝各政权之间战乱不断，更迭频繁，进而导致云南与中原王朝各政权之间隶属关系也变换不定。同时再加上这一时期大姓之间的相互兼并也日趋激烈，于是滇东大姓聚居的地区便成为政治与军事斗争的焦点，爨氏大姓正是在这样的形势下"纵横捭阖"，脱颖而出，在宁州形成了"独步南境，卓尔不群"的局面，成为真正意义上的"开门节度，闭门天子"。因而造成了各王朝政权对宁州的治理流于形式，无甚建树，爨氏大姓势力称霸于滇中和滇东一带，无暇顾及滇西，导致了滇西永昌郡的脱离。隋朝建立后，结束了中原地区南北分治的局面，对云南爨区进行了政治与军事的系列经营，但由于王朝国祚短暂，治理成效有限。

　　唐朝建立之初，便立即展开了对云南地区的经营，于"武德元年（公元 618 年）开南中"② 至天宝战争前的 130 余年中，唐对云南地区的经略主要是通过戎州都督府（今宜宾）、嶲州都督府（今西昌）、南宁州都督府（今曲靖）、姚州都督府（今姚安）以及在这些都督府下设置的众多羁縻府州县进行统治的。此外，唐朝统治者还曾尝试将四大军州都督府与周边的安南都护府、邕州都督府和黔州都督府相勾连，构筑起唐朝南部与西南相互维系的边疆防御体系。唐初南宁州都督府设置的重要目的就是经略滇东爨区、控扼剑南道自戎州都督府南下安南都护府交通线的安全，是唐朝经略西南边疆的重要战略支点。嶲州都督府以及后来（公元 664 年）建立的姚州都督府是唐初经略滇西洱海地区的重要战略据点。公元 7 世纪中叶以后，随着青藏高原上吐蕃政权的崛起并南下洱海地区与唐展开争夺，唐朝不得已开始扶持南诏统一洱海地区，进而阻遏吐蕃势力的南下。当唐朝对滇东爨区和滇西洱海地区的经略取得一定成效之时，统治者们便开始从更为深远的角度来思考保持西南（云南）边疆长治久安的万全之策，为了更好地管控滇东爨区、防范滇西洱海地区

---

① 《尤中文集》第 1 卷，云南大学出版社，2009，第 73 页。
② （宋）欧阳修、宋祁：《新唐书·地理志》卷 43，中华书局点校本，1975，第 1140 页。

南诏势力的趁机坐大，形成尾大不掉之势，因此，"就想调用其南部安南都护府（今越南北部）的军事力量介入云南地区，增加唐朝在云南的实力"①。于是天宝元年（公元742年），唐朝便选在战略位置极佳的滇中安宁筑城作为开通"步头路"，有效联系安南都护府与东北戎州都督府、西北巂州都督府、姚州都督府的中心点。可以说，安宁城的修筑事关通安南道（对步头路）交通线的掌控以及整个西南边疆的稳固，战略地位十分重要。可惜由此引起的一系列滇东爨区的反抗，为南诏势力在滇中和滇东地区的崛起提供了契机，南诏在唐朝的允诺下率兵镇压了东方爨区的叛乱，进而控制了滇东地区。自此，滇东爨氏一蹶不振，唐王朝在爨部的势力影响亦不复存在，南诏的尾大不掉之势业已形成。这时，唐朝与南诏的关系已由昔日隶属关系盟友变为竞争的对手，唐初对云南地区130余年的持续不断经营，苦心构筑的西南边疆防御体系，却因安宁城的修筑打破了平衡，引发了系列冲突，天宝战争之后，南诏进入了据地自雄时期。导致这一结果的深层次原因，从刘俊珂、王振刚的《汉唐西南边疆经略再研究》一文中我们不难看出："从某种意义上讲，唐朝控驭西南边疆仅是一种名义上的控制，只达到了军治的目的，而疏于民治层面的巩固。南诏政权的坐大表面上是由于唐朝的积极扶持而实现其夹击吐蕃的目的。但从深层次来看，则是唐朝边疆政策推行的必然结果。至天宝战争前，唐朝把有限的军州作为控制西南地区的手段，却明显忽略了地区势力的增强。西洱河战事的惨败成为唐朝久挥不去的阴影。天宝以降，与南诏和战不常的微妙关系也折射出唐朝的无奈和困惑。"②唐王朝对云南地区的经略重军事控制但投入的军力弱小，广置羁縻府州县欲以羁縻手段达到消弭边疆不稳定因素的目的，却忽视了地方势力的增强，民治层面的治理严重不足，教训十分深刻。

随着南诏、大理民族政权的据地自雄，南诏统治时期在其辖域内实施的联姻、文化、经济、移民、羁縻、军事与外交等一系列民族政策，既巩固和发展了自身的统治，也促进了云南及周边地区的社会发展和各

---

① 陆韧：《云南对外交通史》，云南民族出版社，1997，第79页。
② 刘俊珂、王振刚：《汉唐西南边疆经略再研究》，《烟台大学学报》2010年第3期。

民族的交往，大大加速了西南边疆各民族的融合进程。① 南诏在西南地区
的局部统一，对滇西洱海地区的着力经营，大大改变了两晋南北朝时期
重滇东轻滇西、滇西南的发展格局，使云南区域的发展变得更为平衡。
大理国时期在继承南诏统治基础上把对云南地区的统治与经营推向了一
个新的高度。南诏－大理政权对云南地区 500 余年的统治与整合，特别是
对滇西和滇西南边疆地区的广泛设置与深入经营，为蒙元时期云南行省
的创建奠定了坚实的基础，为我国西（云）南疆域的形成、发展与巩固
做出了重大贡献。

元明清时期，云南独特的地缘战略优势，受到了三朝统治者高度重
视。自从公元 1253 年蒙古军队进入云南，平定大理国之初，就针对云南
民族众多、情况复杂特点，先后制定并实施了一系列的治边施政措施。
宗王将帅军事统治时期（公元 1253～1274 年）施政措施具体表现为：相
继设置了 19 个万户府并下辖诸多的千户和百户所，19 个万户府起初由设
于大理的大元帅府统领；公元 1260 年，忽必烈任用大理国后主段信苴日
（段实）为大理总管，"世祖复赐虎符，诏领大理、鄯阐、威楚、统失
（姚安）、会川（会理）、建昌（西昌）、腾越等城，自各万户以下皆受其
节制"②；公元 1267 年秋，"圣上远鉴三代之盛，求惟磐石之固"③，忽必
烈为加强对云南的控制，封第五子忽哥赤为云南王，在大理设立王府，
总领云南军政事务，统辖大理、鄯阐、茶罕章（今丽江地区）、赤秃哥儿
（今贵州西部）、金齿（今保山、德宏、临沧、普洱、西双版纳等地区）
等处；这一时期大理地区还设有"大理等处行六部"管理行政、"大理等
处宣慰都元帅府"统领军事。之后，忽必烈又将 19 个万户府分别划归大
理总管府、鄯阐总管府、北路总管府、中路总管府、南路总管府等 5 个
总管府管辖，各总管府由蒙古贵族的"达鲁花赤"和元帅执掌军政实

---

① 方铁：《论南诏的民族政策》，《思想战线》2003 年第 3 期；金圆恒：《南诏的民族政策
研究》，西北民族大学硕士学位论文，2007。

② （明）宋濂等：《元史·信苴日传》卷 166，中华书局点校本，1983，第 3910 页。

③ （元）郭松年：《创建中庆路大成庙碑记》，（民国）龙云等修、周钟岳等纂《新纂云南
通志》卷 92《金石考十二·后期一·元》，云南人民出版社李春龙等点校，2007，第
226 页。

权。① 王政与省政并立时期（公元 1274～1382 年）施政措施具体表现为：一方面，公元 1274 年，忽必烈委任具有丰富政治经验的赛典赤·赡思丁行省云南，加强中央集权，强化行省权力，收回大理总管段实节制万户府以下官吏的权力，限其权于大理地区一隅，削弱宗王权力，把宣慰司置于行省的控制之下，同时行省"兼行元帅府事"，分掌部分军权，"行省成为全省最高军政机关，减少了军事长官对行省事务的干预，宣慰司和元帅府则为隶于行省的地方军政机关。驻守云南的宗王，则仅限有行政监督、建议之权及重大军事行动时的军事指挥权"②。公元 1276 年，赛典赤迁省治于中庆城，着手建立郡县，改万户府、千户所、百户所为路府州县，革除了长期以来军管民政管理上的弊病，削弱了云南地方权力，树立行省的权威。另一方面，"继续封王建藩，以云南王、梁王分镇大理、鄯阐"③。"宗王之治是贯穿于元朝对云南统治的各个时期的重要一环，在整个元代云南政治体系中有着举足轻重的作用。"④ 此外，蒙元统治者还在总结以往历朝各代治边经验的基础上，逐步创立土官制度，在边疆民族地区广泛任用土官，取得了显著效果。蒙元将西南广大地区重新纳入统一的中央王朝治理之下，尤其是终结了南诏、大理国 500 余年据地自雄的局面，在这些地区开创性地推行了行省制和土官土司制，开始实质性的征收赋税，广置屯田，这些措施不仅极大地巩固了南诏、大理国以来形成的西南疆域范围，而且随着对内统治的深入以及对外征讨的持续推进，西（云）南边疆的范围还得到了进一步拓展。

明清时期，随着军事屯戍卫所制度在云南地区的广泛设置，汛、塘制度向边远山区的持续推进，土司制度的进一步健全以及改土归流的持续推进，云南边疆地区已清晰地变成了中央（原）王朝国家下紧紧控制的土地。可以说，元明清时期，中央（原）王朝对云南地区的

① 何耀华总主编《云南通史》第 4 卷，中国社会科学出版社，2011，第 14～15 页。
② 方铁：《从赛典赤对云南的治策看蒙元的民族统治政策》，《回族研究》2004 年第 2 期。
③ 石坚军：《忽必烈与云南》，云南师范大学硕士学位论文，2005。
④ 周芳：《元代云南宗王考析》，《云南民族大学学报》（哲学社会科学版）2010 年第 6 期。

有效控制及深入经营，是从蒙元平定大理以后才开始的，中国西南边疆的最后定型，也是从蒙元平定大理以后才形成的①，大致定型于明清时期。

三　交通线路的开辟与云南疆域的形成

自秦汉至明清的两千余年间，云南地区由"化外之邦"到牢固地成为中国统一多民族国家西南疆域之一部分，可以说是与两千余年间以云南为中心内外交通线路的新辟与完善密不可分的，云南交通线的开辟、完善与云南疆域的形成、发展、稳固是互为动因的。

交通线的开辟构成了秦汉王朝经营云南地区的基础。秦王朝以巴蜀为据点对西南边疆地区的经营——开道、设郡、置吏，所谓的"秦时常頞略通五尺道，诸此国颇置吏焉"②，首次将滇东北地区纳入到中原王朝西南疆域的一部分。西汉王朝时期，随着"唐蒙、司马相如开路西南夷，凿山通道千余里"③，成功设置益州郡，元封二年（公元前109年）和六年（公元前105年）两次对昆明用兵，打通通往大夏的蜀身毒道④，并于澜沧江两岸置不韦和嶲唐两县等一系列长期不懈的经营，才最终于东汉永平十二年（公元69年）赢得了"哀牢夷"的内属，永昌郡的设置，初步奠定了云南西南部疆域的格局。据《华阳国志·南中志》载："孝武时通博南山、渡兰沧水、渚溪，置嶲唐、不韦二县。徙南越相吕嘉子孙宗族实之，因名不韦，以彰其先人恶。行人歌之曰：'汉德广，开不宾。渡博南，越兰津。渡兰沧，为他人。'渡兰沧水以取哀牢地，哀牢转衰。至世祖建武二十三年，王扈栗遣兵乘箪船南攻鹿茤。鹿茤民弱小，将为所擒。会天大震雷，疾风暴雨，水为逆流，箪船沉没，溺死者数千人。后扈栗复遣六王攻鹿茤。鹿茤王迎战，大破哀牢军，杀其六王。哀牢人埋六王。夜，虎掘而食之。哀牢人惊怖，引去。扈栗惧，谓诸耆老曰：'哀牢略徼，自古以来，初不如此。今攻鹿茤，辄被天诛，中国有受命之王

---

① 何耀华总主编《云南通史》第3卷，中国社会科学出版社，2011，第351页。
② （汉）司马迁：《史记·西南夷列传》卷116，中华书局点校本，1962，第2993页。
③ （汉）司马迁：《史记·平准书》卷30，中华书局点校本，1962，第1420~1421页。
④ 方铁：《边疆民族史探究》，中国文史出版社，2005，第404页。

乎，是何天佑之明也？汉威甚神！'即遣使诣越巂太守，愿帅种人归义奉贡。世祖纳之，以为西部属国。其地东西三千里，南北四千六百里。有穿胸、儋耳种，闽越濮，鸠獠。其渠帅皆曰王。孝明帝永平十二年，哀牢抑狼遣子奉献。明帝乃置郡，以蜀郡郑纯为太守。属县八，户六万，去洛六千九百里，宁州之极西南也。有闽濮、鸠獠、僄越、裸濮、身毒之民。"① 于此可见，西汉王朝对云南地区的开道、设郡、置吏的开拓之功意义重大；东汉王朝在西南地区持续积极的经边战略对云南西南部边疆地区统治的巩固与扩大影响更为深远。另外，东汉时期，由伏波将军马援开通的由滇中至交趾（今越南河内）的水陆通道"进桑关道"，对东汉王朝南部疆域的稳固意义也十分重大。两汉王朝时期，伴随着"西南夷道"的全线开通，云南地区进入了快速发展的时期。"汉朝先进的政治制度、经济生产方式、生产技术传入西南夷地区，对之产生了深刻的影响，促进其文明开化和社会变革，迎来崭新的时代。"② 可以说，通道与置吏奠定了云南成为统一多民族国家西南疆域的基础。

三国两晋南北朝时期，由于中原地区处于大分裂割据时代，各政权之间你争我夺、更迭频繁，云南地区的隶属关系变幻不定，导致各中原政权对云南地区的经营都难以深入，进而使得云南的通道建设方面无甚建树，基本上承袭了前代之旧，有些道路甚至还一度衰落，导致了滇西永昌郡的脱离。

唐宋时期，云南大部分时间处于南诏、大理国的割据自雄时期。这一时期，无论是唐朝初年对云南的积极经营还是南诏大理国的据地自雄，云南内外交通线的建设在汉晋时期的基础上都取得了很大成绩。天宝战争前，唐朝除了积极修整和完善连通滇蜀地区的"石门关道"（五尺道）③ 和"清溪关道"（零关道）④ 外，还极为重视"安南通天竺道"建

---

① （晋）常璩：《华阳国志·南中志》卷4，巴蜀书社刘琳注本，1984，第427～430页。

② 罗亭：《论汉武帝时期对西南夷道路的开发》，《河南科技学院学报》2012年第5期。

③ 五尺道在唐代被称作"石门关道"，是连接戎州（今宜宾）经滇东北至拓东城（今昆明市）的重要交通线。

④ 零关道在唐代被称为"清溪关道"，是连接成都经今汉源、西昌、姚安等地至阳苴咩城（今大理地区）的重要交通线。

设，即"西洱河至天竺道与交州至安宁故城道"的建设①，筑安宁城和开步头路即为表征。此外，还有两道应是南诏时新开辟的，即"北至大雪山道"② 和"南至海上道"。③ 另外，还有南诏时期新开拓的云南至"邕州道"和"黔州道"。大理国时期，云南内外交通线基本上承袭了南诏之旧。

元明清时期，云南地区交通线路的新辟和完善发生了深刻的变革，取得了巨大成就。蒙元统治者在云南设置的驿传分布广泛、规模庞大，元朝在云南行省西部边疆、南部边疆以东和以北地区，修建了纵横交错的驿道网络。驿道网络以省治中庆（今昆明）为中心，以大理、威楚（今楚雄）、建昌（今西昌）、乌蒙（今昭通）、曲靖、临安（今通海）、车里（今景洪）、永昌（今保山）、丽江等重要路、府所在地为枢纽，通向四面八方。"在云南行省西部、南部边疆地区，也有驿道经过而通向今缅甸、越南等国，设置驿站之处，既有大理、中庆这样的繁华城市，也有丽江、小当当（今云南德钦）等人烟稀少的偏僻地区。驿路中既有通衢大道，也有涉雪山、过激流的艰险路径。关于云南境内驿站的数目，据史载有站七十八处，其中马站七十四处，水站四处；有马二千三百四十五匹，牛三十头，船二十四艘，约占全国驿站总数的十七分之一。但云南实有驿站，不止次数。……至元二十三年，元朝又在云南设急递铺，

---

① 方铁：《唐宋元明清的治边方略与云南通道变迁》，《中国边疆史地研究》2009 年第 1 期。
② "大雪山在永昌西北。从腾充过宝山城，又过金宝城以北大赕，周回百余里，悉皆野蛮，无君长也。地有瘴毒，河赕人至彼中瘴者，十有八九死。阁罗凤尝使领军将于大赕中筑城，管制野蛮。不逾周岁，死者过半。遂罢弃，不复往来。其山土肥沃，种瓜瓠长丈余，冬瓜亦然。皆三尺围。又多薏苡，无农桑，收此充粮。三面皆占大雪山，其高处造天。往往有吐蕃至赕货易，云此山有路，去赞普牙帐不远。"《蛮书·山川江源》卷 2。
③ "银生城在扑赕之南，去龙尾城十日程，东南有通登川，又直南通河普川，又正南通羌浪川，却是边海无人之境也。东至送江川，南至邛鹅川，又南至林记川，又东南至大银孔，又南有婆罗门、波斯、阇婆、勃泥、昆仑种。外通交易之处，多诸珍宝，以黄金麝香为贵货。有扑子、长鬃等数十种蛮。又开南城，在龙尾城南十一日程，管柳追和都督城。又威远城、奉逸城、利润城，内有盐井一百来所。茫乃道并黑齿等类十部落皆属焉。陆路去永昌十日程，水路下弥臣国三十日程。南至南海，去昆仑国三月程。中间又管模迦罗、于泥、礼强子等族类五部落。"为南诏时期新开辟的银生城（约今景东）通往越南、缅甸及泰国南部沿海的三条海上通道。《蛮书·云南城镇》卷 6。

急递铺每十里或十五里、二十五里设一铺，签发铺兵应役，其作用是'以达四方文书之往来'。"① 概而言之，元代在云南行省先后开通的驿路主要有：大理经察罕章（今丽江一带）入蜀道、中庆经乌蒙（今昭通）至叙州道、中庆（今昆明）达邕州（今南宁）道、中庆经建都（今西昌）至成都道、中庆经普安达黄平道（即云南入湖广道）、中庆经乌撒达泸州道、大理或中庆至车里（今景洪）道、中庆经蒙自至安南道、中庆经大理至缅国道等 9 条驿路，构成云南联通国外及省内外的要道。② 自秦汉以来，云南通往内地的交通线主要有"五尺道"③ 和"零关道"④。至元二十八年（公元 1291 年）开通了云南入湖广道⑤，因该道短捷，又因"沿途平坦又出健马"，遂成为有元一代乃至明清两朝云南通往内地最为重要的交通线。此外，新开辟的从今昆明经曲靖进入贵州的威宁、赫章、毕节达泸州，再至成都或重庆的泸州道也是通往内地的重要交通线。随着蒙元对云南交通线路一系列的设置与经营，云南以中庆（今昆明）为中心的交通网络格局得以初步形成。"元代云南与中央政府始终保持着密切的政治联系，彻底结束了长期以来地方割据的局面，这与驿站所起的作用是分不开的。"⑥ 于此可见，蒙元统治者对云南交通道路及其格局的建设超越了以往任何时代，成就十分巨大，亦对西（云）南疆域的发展与稳固产生了深远影响。

明清统治者对交通线的建设更为重视，因为"无论是中央政令的推行，地区的联系，经济的发展，商品的流通，民族的融合，还是军事上的征讨，无不与交通的畅通与否有着密切的联系。它还是衡量一个国家或地区经济发展水平的一个重要标准，是一切政治、经济、文化发展的

---

① 方铁：《试论元代云南驿传的特点及其作用》，《内蒙古社会科学》1988 年第 3 期。
② 方铁：《唐宋元明清的治边方略与云南通道变迁》，《中国边疆史地研究》2009 年第 1 期。
③ 五尺道：唐以后称石门关道，是指从今昆明经曲靖、昭通地区到达四川宜宾的主要通道。
④ 零关道：唐以后称清溪关道，是指从今楚雄姚安、大姚往北渡金沙江，经会理、凉山地区转至成都的主要通道。
⑤ 该道成为元代及以后自昆明往东北至曲靖，再往东经贵州普安、安顺入湖南及内地各省的主要通道。
⑥ 方铁：《试论元代云南驿传的特点及其作用》，《内蒙古社会科学》1988 年第 3 期。

前提和基础。"① 统治者在修整和完善元代交通线路的基础上，伴随着大量移民的进入，屯田与卫所的广泛设置，驿、堡、铺、哨进一步向山区挺进，清代作为军事戍守的关、哨、汛、塘遍布边远山区，交通线建设进一步强化了以昆明为中心辐射周边的网状格局，最终奠定了云南疆域的规模和范围。

综上看来，可以说，秦汉以降，云南交通线的开辟和完善极大地促进了云南疆域的形成、发展与稳固，云南疆域的形成、发展与稳固反过来也大大地推动了云南交通线路的新辟、完善以及交通格局的深刻变革。

四　移民入滇与云南疆域的巩固

历史时期的移民入滇主要是指自秦汉以来从云南以外地区，特别是自巴蜀及中原地区因为官为政、屯垦戍边、因罪流放、征战被俘、逃荒避难等各种原因进入云南的一定数量的人口，并在此居住了一定的时间甚至终身世居此地。纵观自秦汉至清代两千余年的云南移民史，其中尤以历史时期的汉族移民入滇最具典型。移民入滇对云南疆域的形成、发展与稳固意义重大。

两汉时期，由官府主导的云南移民类型主要是以"奸豪""镇将官吏""屯田戍边的兵士"为主。譬如，《华阳国志·南中志》载：置益州郡后，"汉乃募徙死罪及奸豪实之。……俗奢豪，难抚御，惟文齐、王阜、景毅、李颙及南郡董和为之防检，后遂为善"②。《三国志·吕凯传》注引孙盛《蜀世谱》："初，秦徙吕不韦子弟宗族于蜀汉。汉武帝时，开西南夷，置郡县，徙吕氏以充之，因曰不韦县。"③ 又如，王莽时"益州郡夷栋蚕、若豆等起兵杀郡守，越巂姑复夷人大牟亦皆叛，杀略吏人。莽遣宁始将军廉丹，发巴蜀吏人及转兵谷卒徙十余万击之。吏士饥疫，

---

① 沈乾芳：《明清时期彝族土司联姻对西南地区的影响》，《贵州民族研究》2011 年第 1 期。
② （晋）常璩：《华阳国志·南中志》卷4，巴蜀书社刘琳校注本，1984，第 393~394 页。
③ （晋）陈寿：《三国志·吕凯传》卷 43 注引孙盛《蜀世谱》，中华书局点校本，1962，第 1047 页。

连年不能克而还"①，以广汉郡人文齐为益州郡太守，他带领民众"造起陂池，开通灌溉，垦田二千余顷。率厉兵马，修障塞，降集群夷，甚得其和。及公孙述据益土，齐固守拒险，述拘其妻子，许以封侯，齐遂不降。闻光武即位，乃间道遣使自闻。蜀平，征为镇远将军，封成义侯。于道卒，诏为起祠堂，郡人立庙祀之"②。可见，郡守文齐在两汉交替之际，云南地区动乱之时，其在辖域内实施的造陂池，开灌溉，置屯田等一系列发展农业生产的措施以及保境安民，据守不降（不向成都的割据势力公孙述投降）政治坚守，不仅获得东汉光武帝的高度褒奖，死后，还赢得了郡内民众立庙、祭祀、纪念之。又如，东汉明帝时，广汉郡人郑纯初为益州郡西部都尉（驻今云龙县旧州），"为政清洁，化行夷貊"③，"夷、汉歌咏，表荐无数，上自三司，下及卿士，莫不叹赏"④。他对边疆民族团结工作做得比较好，使汉王朝的影响力越来越大，以至于尚未归附的一部分哀牢人及所联系的僚、濮等族"君长感慕，皆献土珍，颂美德"⑤，纷纷主动要求归附汉朝，永平十二年，永昌郡设置，郑纯调任太守，拓展了疆域，赢得了"夷"、汉人民的赞誉。此外，"两汉王朝为了进一步巩固和扩大在'西南夷'中的实际统治区域，在设置郡县、实行'羁縻'政策的同时，……展开了移民垦殖活动，即从内地迁移一些汉族人口到边疆的'西南夷'中进行屯田。这种移民垦殖，最初是为了保证郡县据点上的汉族官吏和军队的粮食"⑥。这些移民的到来，成为两汉王朝治理云南地区的重要依靠力量，推广了内地先进的生产技术，传播了内地先进的文化，协调了两汉王朝与云南边疆各民族的关系，

---

① （南朝·宋）范晔：《后汉书·南蛮西南夷列传》卷 86，中华书局点校本，1973，第 2846 页。

② （南朝·宋）范晔：《后汉书·南蛮西南夷列传》卷 86，中华书局点校本，1973，第 2846 页。

③ （南朝·宋）范晔：《后汉书·南蛮西南夷列传》卷 86，中华书局点校本，1973，第 2851 页。

④ （晋）常璩：《华阳国志·南中志校注稿》，云南大学西南古籍研究所印行缪鸾和校注，第 76 页。

⑤ （南朝·宋）范晔：《后汉书·南蛮西南夷列传》卷 86，中华书局点校本，1973，第 2851 页。

⑥ 《尤中文集》第 1 卷，云南大学出版社，2009，第 42 页。

增进了民族团结，促进了民族融合，平定了西南边疆叛乱，稳定了边疆局势，极大地巩固了两汉王朝对西南边疆地区的控制。①

三国两晋南北朝时期，由汉代迁入云南的豪族大姓势力已逐步成长为影响南中地区政治格局的一支不可忽视的力量。他们不仅有强大的宗族势力，而且还有一定的部曲武装，甚至有些还与"夷人"通过联姻方式加强自身的影响力。他们往往打着封建王朝的旗号，以"开门节度""闭门天子"的身份，成为南中地区实际上的统治者。其中尤以蜀汉时期诸葛亮对南中大姓的支持与依靠及其以后爨氏以中原王朝官吏的名义独霸南中最具代表性。

唐宋时期，进入云南的移民主要是以征战被俘的士兵以及被掳掠的技工为主。如唐与南诏反目后，天宝十年（公元751年），唐玄宗命剑南节度使鲜于仲通"率精兵八万讨南蛮（即南诏）"②，南诏与吐蕃联军与唐军大战于西洱河，唐军全军覆没，士卒死者六万有余，主帅鲜于仲通弃师而遁，只身逃回了成都。天宝十三年（公元754年），唐朝军队再度大举进攻南诏，"会杨国忠以剑南节度当国，乃调天下兵凡十万，使侍御史李宓讨之，辇饷者尚不在。涉海而疫死相踵于道，宓败于大和城，死者十八"③。侍御史李宓统领兵卒10万，再加上转输粮饷辎重的后勤士卒，估计此次出征南诏的人数不下20万，但结局是再次大败于西洱河附近，李宓沉江而死。天宝年间，唐朝先后与南诏发生的两次大规模战争都以惨败而收场，其中除部分战死外，被俘者则大部分落籍南诏为民，和白族先民通婚，定居下来。④ 安史之乱发生后，南诏还趁机于至德年间（公元756~757年）两度攻陷了巂州，掳掠"子女玉帛，百里塞途"⑤。"有郑回者，本相州（今河南安阳）人，天宝中举明经，授巂州西泸县

---

① 李桂芳：《论两汉王朝西南边疆开发中的人才策略》，《重庆三峡学院学报》2004年第1期。
② （后晋）刘煦等：《旧唐书·杨国忠传》卷106列传第56，中华书局点校本，1997，第3243页。
③ （宋）欧阳修、宋祁：《新唐书·南蛮传》卷222列传第147上，中华书局点校本，1975，第6271页。
④ 他们的后裔在晚近时期还奉李宓为本主，进行立庙祭祀。
⑤ 汪宁生：《云南考古》，云南人民出版社，1992。

令，巂州陷，为所虏。阁罗凤以回有儒学，更名曰蛮利，甚爱重之，命教凤迦异。及异牟寻立，又命教其子寻梦凑。回久为蛮师，凡授学，虽牟寻、梦凑，回得箠挞，故牟寻以下皆严惮之。蛮谓相为清平官，凡置六人。牟寻以回为清平官，事皆咨之，秉政用事。"① 士人泸西县令郑回被俘，由于他精通儒学，很有学问，受到南诏王阁罗凤的敬重，改其名为蛮利，并相继担任皇室子弟凤迦异、异牟寻和寻梦凑（阁劝）三代人的老师。异牟寻继位后，还任命郑回为清平官（宰相），治国安邦之事，皆请教他。异牟寻死后，南诏与唐和平局面再次被打破，南诏多次攻掠西川，"自成都以南，越巂以北，八百里之间，民畜为空"②。大和三年，南诏军队攻入成都，"嵯巅乃悉众掩邛、戎、巂三州，陷之。入成都，……将还，乃掠子女、工技数万引而南""南诏自是工文织，与中国埒"③。从成都重点掳掠了数万人的士人、织女和工匠，甚至"蛮退后，京城传说"，南诏从成都"驱掠五万余人，音乐技巧，无不荡尽"④。咸通元年（公元860年）以来，"蛮始叛命，再入安南、邕管，一破黔州，四盗西川"⑤，南诏多次进攻唐的辖地，通过战争掠夺了大量汉族人口，其中士人、织女和工匠是其重点掳掠的对象。这些移民的入滇，不仅给南诏增加了劳动力，带来了内地的先进生产技术，传播了汉文化，而且还极大促进了南诏及其以后大理国经济、政治、文化、制度等各方面的大发展。

蒙元入主云南以后，汲取了唐宋的教训，采取了广置驿传、增置屯田、建立行省、设置土官、兴办儒学等一系列加强云南统治的措施。其中蒙元时期在云南开展的军民屯田构成了这一时期移民入滇的主体。元代云南的屯田集中之地多在联系各路、府、州、县治所据点的驿道沿线

---

① （后晋）刘煦等：《旧唐书·南蛮传》卷197 列传第147，中华书局点校本，1997，第5281页。
② （唐）孙樵：《钦定全唐文·书田将军边事》卷795，中华书局，1983。
③ （宋）欧阳修、宋祁：《新唐书·南蛮传》卷222 列传第147 中，中华书局点校本，1975，第6282页。
④ （唐）李德裕：《钦定全唐文·第二状奉宣令更商量奏来者》卷703，中华书局，1983。
⑤ （宋）欧阳修、宋祁：《新唐书·南蛮传》卷222 列传第147 中，中华书局点校本，1975，第6292页。

周围，主要是为了"蛮夷腹心之地，则又因制兵屯旅以控扼之"①。据《元史·兵三·屯田》《元史·地理四》所载，云南省的屯田情况主要为：至元十二年（公元 1275 年）大理金齿等处宣尉司都元帅府军民屯、至元十二年（公元 1275 年）鹤庆路军民屯田、至元十二年（公元 1275 年）威楚路军民屯田、至元十二年（公元 1275 年）中庆路（驻今昆明市）军民屯田、至元十二年（公元 1275 年）曲靖等处宣慰司兼管军万户府军民屯田、至元十二年（公元 1275 年）临安宣慰司兼管军万户府军民屯田、至元十五年（公元 1278 年）威楚（驻今楚雄）提举司屯田、至元二十七年（公元 1290 年）武定路总管府军屯、至元二十七年（公元 1290 年）乌撒宣慰司（驻今贵州威宁）军民屯田、至元二十七年（公元 1290 年）罗罗斯宣慰司兼管军万户府军民屯田、至元三十年（公元 1293 年）梁千户翼军屯、仁宗延祐三年（公元 1316 年）乌蒙（今昭通）等处屯田总管府军屯，② 至元十二年（公元 1275 年）澂江路（驻今澄江）军民屯田、至元十二年（公元 1275 年）仁德府（驻今寻甸）军民屯田。③ 云南的军事屯田人员主要是由内地先后调派至云南来驻守的蒙古、回回、汉军以及当地的一部分白族人户组成。④ 此外，"除从军的汉人移民云南外，还有游宦、商旅、工艺的汉人进入云南的主要城镇。在元代以前虽然不断有汉人以各种方式移民云南，但是未能出现'长期保持汉族特征之人们共同体'。元代进入云南的汉人，不仅在当地安家落户，而且保持世籍，延绵不断"⑤。

明朝时期，入滇移民的成分尽管丰富多样，但以军屯卫所形式存在的外来移民构成了这一时期的移民主体，最具代表意义。明代军屯是与军制中的卫所制度紧密相连的。据《明史·兵志序》所载："明以武功定天下，革元旧制，自京师达于郡县，皆立卫所。"⑥ 这些卫所基本上遍布于从边疆

---

① （明）宋濂等：《元史》卷 100 志第 48《兵志三·屯田》，中华书局点校本，1983，第 2558 页。
② （明）宋濂等：《元史》卷 100 志第 48《兵志三·屯田》，中华书局点校本，1983，第 2558 页。
③ （明）宋濂等：《元史·地理志四》卷 61 志第 13，中华书局点校本，1983。
④ 《尤中文集》第 1 卷，云南大学出版社，2009，第 214 页。
⑤ 林超民：《汉族移民与云南统一》，《云南民族大学学报》2005 年第 3 期。
⑥ （清）张廷玉等：《明史·兵志序》卷 89 志第 65 兵一，中华书局点校本，1974，第 2175 页。

到腹里的形势冲要之区。"天下既定，度要害地，系一郡者设所，连郡者设卫。大率五千六百人为卫，千一百二十人为千户所，百十有二人为百户所。所设总旗二，小旗十，大小联比以成军。"① 军士都要编入专门的户籍，叫军户。军户家庭世代与军队结合在一起，"为了养活众多的士兵家属，使其出力保卫明廷，政府在驻军附近，按军卒的数额拨给一定的田土，实行边屯边戍，以屯养军"，这就是明代军屯制度的大体内容。② 目前学界有关明代入滇移民相关问题的研究虽然十分丰富，但对明代进入云南军屯卫所的军事移民数量分析仍然各执一词，难以有精确之论。但不管怎样，根据这一时期的各种相关资料分析，有明一代入滇的士兵及家眷总数应在 100 万左右，移民身份主要以汉族为主并有部分回族③，这也代表了目前学界对这一问题研究的最大公约数。卫所移民的分布"既有集中在云南靠内府县及中心地区，又有向外拓展、向少数民族地区深入的特点，以镇戍军政重地、控扼交通干线和加强边疆防务为目的"④。此外，除了庞大的军事移民外，这一时期，进入云南的移民还有行政安置与自发流移、仕宦任职、谪迁流放、商人流寓等多种形式。⑤可以说，有明一代通过各种方式进入云南的汉族移民数量十分庞大，尽管我们的研究还难以将明代的云南汉族与各土著民族进行量化比较，但可以肯定的是，汉族已成为明代云南各民族中人口最多的民族却是不争的事实，对云南地区的社会经济文化发展和民族关系的演变都产生了重大而深远的影响。

清代前期（公元 1644～1840 年），入滇移民是以军事戍守和自然流徙为主。军事戍守方面主要体现在作为清代主要军事力量的绿营兵在云

---

① （清）张廷玉等：《明史·兵志序》卷 90 志第 66 兵二卫所，中华书局点校本，1974，第 2193 页。

② 郭松义、张泽咸：《中国屯垦史》，台北文津出版社，1997，第 228～229 页。

③ 古永继：《元明清时期云南的外地移民》，《民族研究》2003 年第 2 期；陆韧：《明代汉族移民与云南城镇发展》，《云南社会科学》1999 年第 6 期。

④ 陆韧：《明代云南汉族移民定居区的分布与拓展》，《中国历史地理论丛》2006 年第 3 期。

⑤ 古永继：《元明清时期云南的外地移民》，《民族研究》2003 年第 2 期。

南的大规模部署以及作为绿营兵基层组织单位汛塘制度①的进一步向边远山区挺进。根据秦树才教授的研究，有清一代，"云南由省外进入云南的绿营兵丁共约 197669 名"②，"绿营兵及其家属形成了由省外进入云南，由云南腹里地区移向边疆地区，由各区域内的平坝发达地区移向山区和偏远之地的三大类型的人口移动，因此，云南绿营兵本身即构成了清代云南移民的重要组成部分。绿营兵对云南边疆和山区社会的保障，对云南各地间各种交通联系的维护，促进了云南省外各地及省内中心地区人口向云南边疆和山区的迁徙，进一步推动了清代云南移民的发展"③。此外，这一时期入滇移民中，除还有少部分的仕宦任职的官员和因罪被放逐进入云南外，"清代内地与云南的经济互补性的实现使云南汉族移民的迁徙模式由强制性向自发性转变"④，"因生计原因，由大量不同个体汇集为规模性移民集中到某一区域"⑤ 的自然流徙方式的移民更具有代表性。特别是随着清代改土归流的大规模实施，内地人口的急剧增长，云南矿产资源的大力开发，内地与云南经济互补性的实现，形成了清代汉族移民迁入云南的高潮。因此，导致了清代入滇移民多从事矿冶业、运输业、商业等非农行业，与以往历朝各代大部分移民入滇屯耕务农有着明显的不同，入滇汉族移民的流动性大大增强了。汉族移民流动性的增强"有利于打破由于地理环境的隔离或由于从事定居农业而在这种封闭性地域发展格局中形成的各民族群体分割聚居的封闭性。在经营商业或运输铜矿、粮食的过程中，在更广阔的范围内实现汉族与少数民族的交流"⑥。

---

① "汛塘制度肇始于明代中后期的镇戍制度和以招募而组成的营兵制，在清代固定成为绿营兵最基层的组织单位。绿营兵各协、营驻防区域内都划分为彼此相连的汛地，由千总、把总、外委等官率部分绿营兵（被称为汛兵）驻扎巡防，各汛又在汛区内各交通要道、山险冲要之处设塘驻扎。汛塘遍布于各地，是清政府统治全国各地的重要手段。"秦树才：《清代云南绿营兵研究——以汛塘为中心》，云南大学博士学位论文，2002。

② 秦树才：《清代云南绿营兵研究——以汛塘为中心》，云南大学博士学位论文，2002。

③ 秦树才：《清代云南绿营兵研究——以汛塘为中心》，云南大学博士学位论文，2002。

④ 李晓斌：《清代云南汉族移民迁徙模式的转变及其对云南开发进程与文化交流的影响》，《贵州民族研究》2005 年第 3 期。

⑤ 古永继：《元明清时期云南的外地移民》，《民族研究》2003 年第 2 期。

⑥ 李晓斌：《清代云南汉族移民迁徙模式的转变及其对云南开发进程与文化交流的影响》，《贵州民族研究》2005 年第 3 期。

另外，"清朝继续实施向边境地区移民垦殖的屯田政策，除了在靠内地的少数民族地区填补明朝移民屯田的空白外，同时，还把移民垦殖推向更边远的边疆少数民族聚居地区"①。进一步强化了汉族移民与边疆少数民族的交流与融合，极大地促进边疆开发，强固了边防。

明清时期，入滇移民在云南的移民史上具有划时代的意义，不仅数量庞大、分布区域日益广泛，而且极大地改变了云南民族的融合方向，奠定了云南民族的地理分布格局，促进了汉文化主导地位的形成，"加强了封建王朝统治的社会基础和防卫能力，通过他们在当地的戍边、开发和建设，使得边疆与内地在政治、经济、文化、军事上凝为一体，相互差距不断缩小，形成了云南对中原文化的强烈认同感和巨大向心力"②，使得云南边疆的行政管辖更加清晰化，有效地巩固了祖国的西南边疆。

五　行政中心的变迁与云南疆域形成的关系

自汉武帝元封二年（公元前 109 年）云南首个行政中心在滇池地区确立至清代的两千余年中，由于诸多因素的影响，云南行政中心又经历了 3 次变迁，然而，每一次行政中心的变迁又对云南疆域的形成产生了重要影响。明清时期，随着云南疆域形成与稳固的日益清晰化和确定化，滇池（今昆明市）地区作为云南行省行政中心的地位也得到日益强化而变得更加繁荣且充满活力。

汉武帝元封二年（公元前 109 年）益州郡的设立之后，使得云南大部分地区第一次成为中央（原）王朝统一多民族国家不可分割的一部分。两汉时期，益州郡在一大批犹如文齐、王追、景毅等优秀官吏的精心治理下，滇池地区的经济获得了较快发展，成为"有盐池田渔之饶，金银畜产之富"③ 云南最为发达的地区。由于这一时期西夷道（零关道）、南夷道及蜀身毒道连接及贯通，滇池地区处于连接云南内外交通线的枢纽之地，不仅成为整个云南的行政中心与经济中心，而且也成为东汉交通

---

① 郑伟林：《滇南地区哈尼族土司制度述略》，《红河学院学报》2010 年第 6 期。

② 古永继：《元明清时期云南的外地移民》，《民族研究》2003 年第 2 期。

③ （南朝·宋）范晔：《后汉书·南蛮西南夷列传》卷 86，中华书局点校本，1973，第 2846 页。

域外天竺（今印度）和掸邦（今缅甸东北部地区）的重要贸易地区。此外，两汉时期，作为川滇交通咽喉的滇东北（今昭通）地区也成为中原王朝经营的重点①，经济（农业、手工业、商业）与文化（汉族移民文化）的发展取得显著成绩。其中具有代表意义的就是：东汉滇东北地区冶铜业之兴旺的"朱提堂狼洗"和1901年在云南昭通发现东汉时的《孟孝琚碑》。另外，两汉王朝建立在以滇池地区为基地对滇西地区持续经营基础上的治边策略，于东汉永平十二年（公元69年）取得了巨大成功，哀牢内属，永昌郡设置，至此，云南西南部疆域格局得以初步奠定。

三国至唐中叶，自蜀汉建兴三年（公元225年）诸葛亮南征平叛之后，改驻"庲降都督府"于建宁郡之味县（今曲靖市），作为统摄南中地区的最高军政合一机构。自此，云南行政中心就由滇中滇池地区转移到了滇东曲靖地区。显然，这是与秦汉以来中央王朝对滇东北及滇东地区的重点经营密不可分的。作为勾连川滇交通的咽喉之区，随着汉族移民的大量移入，东汉末年以后滇东地区的汉族夷化"大姓"势力开始快速崛起，在自三国至唐中叶的500余年间成为影响云南地区政治格局的一支举足轻重的力量，极大地促进了滇东（今曲靖）地区政治、经济和文化的发展。然而，500余年间，云南以滇东为行政中心的统治格局对南北朝时期滇西永昌郡的脱离及长期游离于疆域之外产生了消极影响。由于两晋南北朝时期对滇西和滇西南缺乏积极的经营，"至唐初再次见于记载时，与汉代相比并无明显的改变"②。

唐中叶至元初，随着南诏、大理地方民族政权的崛起，云南行政中心也随着政治格局的变化由滇东地区迁移到了滇西洱海地区。南诏政权统治期间，实施的迁滇东爨氏20万户于滇西永昌地，重视汉人进入统治上层，通过战争、掠夺等方式获得了大量的汉族人口，充实了劳动队伍，促进了以滇西洱海地区为中心政治、经济与文化的大发展。此外，南诏采取的把战败的部落迁离故土安置、将边疆地区的一些本地民族部落前往云南腹地安置以及在各民族之间进行对流互移的系列移民政策，一定

---

① 孙大江：《秦汉时期滇东北的经济开发》，《云南社会科学》1992年第5期。
② 方铁：《论两晋、南朝统治宁州及对宁州民族关系的影响》，《云南师范大学学报》（哲学社会科学版）2006年第1期。

程度上改变了云南民族的分布格局，促进了各民族间的交往与融合，较好地巩固和控制了南诏的广大疆。① 另外，这一时期，南诏还通过"西开寻传"等一系列的武力拓边行为，收复了自南朝时期脱离的永昌郡，并在此基础上还有所扩大。南诏在统治地区通过设置十赕、八节度和二都督等管理机构，对辖域进行了富有成效的统治。后起的大理国在统治地域上继承了南诏之旧，辖域内设有八府、四郡和滇东乌蛮三十七部。但大理国后期，由于滇东乌蛮三十七部自立意识的增强、滇南景龙金殿国的建立、滇池地区高氏领主的割据，统治者实际上能够切实控制的区域也就仅限于以洱海为中心的滇西地区。②

元明清时期，"元跨革囊"之后，蒙元统治者终结了南诏大理国对云南地区 500 余年的割据统治，实现了云南与内地更大规模、更高层次的统一。至元十一年（公元 1274 年）云南行省得以建立，为了更好地适应整个中国政治与经济中心的东移、强化云南内部统治，加强边疆云南与内地的紧密联系，至元十三年（公元 1276 年），元朝统治者决定把省治从大理地区迁至地理条件更为优越的滇池（今昆明）地区。有元一代，以省治中庆路（今昆明）为中心交通网络格局建构的形成，极大地强化蒙元统治者对云南边疆地区的有效统治。譬如，元朝对西南边疆少数民族泰族地区的深入统治，彻底改变了大理国后期对这一地区（景龙金殿国）的象征性统治。明清时期，随着云南省治以昆明为中心交通网络的进一步完善和强化，统治者对云南广大边疆地区的统治也变得更为深入。又如，明清时期统治者对滇东南（今文山州）地区的统治达到了前所未有的深度。③ 此外，随着元代由中庆（今昆明）入湖广道、由中庆至泸州道等两大连接内地交通线东向道路的开通，使得南诏大理国时期，处于唐宋与南诏大理缓冲地带的滇川黔相邻的滇东地区经济发展缓慢的情况有

---

① 方铁：《论南诏的民族政策》，《思想战线》2003 年第 3 期。

② 方铁：《古代云南与周边地区的关系》，《云南师范大学学报》（哲学社会科学版）2013 年第 2 期。

③ 李和：《明清时期滇东南地区土司与封建王朝的关系》，《赤峰学院学报》（哲学社会科学版）2010 年第 2 期；李和：《明清两代对滇东南地区的施政与管理》，《民族论坛》2007 年第 12 期。

了较大改变。① 特别是"随着中庆经普安达黄平道的开通，西南边疆地区的交通重心东移，城镇空间结构的重心亦随之变化；至明代贵州单独建省，云南经贵州达湖广的驿道，乃成为西南边疆联系内地政治和经济中心的命脉，以昆明和贵阳为重要交通枢纽，道路附近郡县驻地为重镇的城镇空间结构初步形成。明至清代前期，东南地区的移民纷纷沿着滇黔大道进入，使得沿线的府县治所不同程度地发展为经济重镇，滇黔大道沿线的经济得到进一步发展，形成了一条滇黔通道经济带"②。

综上看来，两千余年间，云南行政中心的变迁对云南疆域的形成产生的重要影响是显而易见的。汉武帝元封二年（公元前 109 年）云南首个行政中心在滇池地区的确立以及以此为基地对滇西的持续经略，为东汉时期永昌郡的设立、云南西南部边疆初步形成产生了重要影响。三国至唐中叶时期，云南行政中心移至滇东（今曲靖）地区，这一格局的变动大大促进了行政中心滇东地区周围 500 余年的持续快速发展，但却对南北朝时期永昌郡的脱离爱莫能助，对云南西南部疆域的稳固发展产生了消极影响。唐宋时期，随着地方民族政权的崛起，云南地区的行政中心首次定格在滇西洱海地区，南诏大理国相继以洱海地区为中心对云南疆域的积极开拓以及较为成功的民族治理政策，极大地改变了三国至唐中叶滇西地区经济发展的滞缓问题，使得滇西洱海地区一跃成为云南最为发达的地区，大大改变了前一个时期云南区域经济发展的不平衡问题，为蒙元统治者在较高层次上完成云南的统一奠定了基础。元明清时期，云南行政中心再次回归滇池地区，以昆明为中心交通网络格局的形成与稳固，通过入湖广大道的贯通，不仅实现了云南与内地关系的牢不可破，而且，昆明还成为元明清三代王朝经略云南边疆地区的中心枢纽，成为内地先进技术与文化在西南边疆传

---

① 沈乾芳：《明清时期彝族土司联姻对西南地区的影响》，《贵州民族研究》2011 年第 1 期；杨永福：《元代西南边疆地区交通格局变迁的原因及影响——以滇川黔相邻地区为中心》，《文山学院学报》2011 年第 5 期。

② 杨永福：《元代西南边疆地区交通格局变迁的原因及影响——以滇川黔相邻地区为中心》，《文山学院学报》2011 年第 5 期。

播的辐射源。以至于昆明作为云南行政中心所具有的这种区位优势绵延至今，不曾动摇。可见，昆明作为大一统中央王朝在西南边疆省治地位的长久确立是经过自秦汉以来历史的反复选择决定的。纵观两千余年云南行政中心的几次变迁，我们可以发现滇池（今昆明）地区作为云南行政中心对西南边疆的发展与稳固最富有成效，对云南区域经济与文化发展的整合效果最为显著，对实现云南与内地一体化建设方面最为适宜。相反，明清时期云南疆域的确定和稳固也进一步强化了昆明作为云南行政中心的首席地位，公元1276年至今739年的历史已足以彰显。

第二节　历史上云南疆域形成和发展的相关理论及制度因素

公元前221年，秦王朝攻灭六国，完成统一，建立了我国历史上第一个统一多民族的中央集权王朝国家，自此以后，渊源于先秦时期"天下观"基础上的"大一统"思想和"服事观""夷夏观"基础上的"羁縻"思想就成为历朝各代中原王朝治理边疆地区的两大理论武器，自秦汉至清代两千余年间相沿不辍。在这两大理论指导下形成的多元多样的治边制度和治边措施构成了中国历史疆域形成和发展的一大特色，更是有力地促进了云南疆域的形成和发展。

一　多元一体政治制度的实施

公元前221年，自秦始皇统一中国，初步建立起一个统一多民族的中央集权王朝国家，自此始，中央王朝辖域内中原（心）与边缘、内地与边疆二元结构就已清晰显现。自秦以来，历朝各代中央（原）王朝特别是大一统的汉、唐、元、明、清无不面临着对包括内地（中心）与边疆（边缘）辽阔地域二元结构的治理。其中，渊源于先秦时期"五服制（或九服制）""五方之民"与"华夏中心"意识基础上治边方略的因循与变革，成为历代统治者实现大一统终极目标的重要途径。"在一个领土广阔、民族众多的大国实行集权统治的重要途径，就是在不同的地区实行不同强度的统治"①，而在"中国古代传统治边思想体系中，最能体现因时、因地、因人而治原则的莫过于羁縻思想"②。所谓"羁縻"，就是："汉官仪'马云羁，牛云縻'。言制四夷如牛马之受羁縻也。"③认为天子控制四夷之术，犹如马之受"羁"（笼头）、牛之受"縻"（缰绳）控驭一样，既有效又较为宽松。多元化的羁縻制度成为封建王朝，特别是大一统王朝应对边疆及其以远地区民族的重要策略。其基本特点主要是"封建王朝承认边疆及其以远地区与王朝腹地之间存在差别，对其必须以相对宽松、灵活的方法应对，不能强求形式及策略上的整齐划一，以保证或维系封建王朝对边疆及其以远地区的有效控制"④。自秦汉以来，在西（云）南边疆民族地区实施的包括属国制、边郡制、羁縻州县制、土官土司制以及省府州县制等多元一体的政治制度对云南疆域成为中国西南疆域之一部分作用重大。

两汉时期，羁縻制度在西（云）南的治理中就得到了充分的体现，表现为在今云南地区先后设置的犍为郡（公元前 135 年）、牂牁郡（公元前 111 年）、越嶲郡（公元前 111 年）、益州郡（公元前 109 年）、永昌郡（公元 69 年）等"初郡"或"边郡"与内地郡县有着鲜明的差异："一、郡县大都以部族联结的范围为区划；二、既任命太守、令、长掌治郡县，又任命当地部族的土长为王、侯、邑长，为土流两重统治，流官治其土，土官世其民；三、边郡出赋，由土长解纳土贡，不立征调；四边郡太守主兵，兵由内郡遣戍。"⑤可见，两汉时期，从内地派往云南边疆地区的郡县官吏对辖域内民族和部落集聚区的统治，往往是通过这些土著的王、侯、邑长们来实现的。"土著王、侯、邑长们，在政治上听从郡县官吏们的调度，经济上则将其按原有剥削方式剥削所得的一部分，以贡纳的形式提供给郡县官吏。这种对'西南夷'各民族群体进行统治的政策，汉

① 刘信君：《中国古代"羁縻"思想与东北边疆治理》，《中国社会科学院院报》2008 年 9 月 11 日。

② 马大正主编《中国边疆经略史》，中州古籍出版社，2000，第 451 页。

③ （汉）司马迁：《史记·司马相如传〈注〉》卷 117，列传第 57，中华书局点校本，1962，第 3050 页。

④ 方铁：《论羁縻治策向土官土司制度的演变》，《中国边疆史地研究》2011 年第 2 期。

⑤ 林超民：《唐前期云南羁縻州县述略》，《云南社会科学》1986 年第 4 期。

朝统治阶级称之为'羁縻'。"① 其后，三国、两晋、南北朝、隋时期，这一羁縻治策制度在西（云）南边疆土著民族集聚地区得以广泛设置，南中（今云南）地区的"大姓"和"夷帅"成为这一时期内地各封建政权之间竞相争夺羁縻的对象。

唐朝的边疆民族政策奠基于唐高祖时期，其主旨是"怀柔远人，义在羁縻"。② 唐太宗李世民时期继承和发扬了这一政策，他反对"非我族类，其心必异"的观点，认为："夷狄亦人耳，其情与中夏不殊。人主患德泽不加，不必猜忌异类。盖德泽洽，则四夷可使如一家；猜忌多，则骨肉不免为仇敌。"③ 他还明确表示："自古皆贵中华，贱夷、狄，朕独爱之如一，故其种落皆依朕如父母。"④ 正是在诸如此类思想的指引下，唐政府才开始在边疆地区大规模地设立羁縻州县，安置各边疆土著民族，"即其部落列置州县。其大者为都督府，以其首领为都督、刺史，皆得世袭。虽贡赋版籍，多不上户部，然声教所暨，皆边州都督、都护所领，著于令式"⑤。充分表明了唐代羁縻府州制的特点："以各少数民族部落的活动范围作为羁縻府州行政区划的基础；各府州都督、刺史均由少数民族首领担任，可以世袭；羁縻府州管辖下的部民不向唐政府直接交赋税，户口也不上报户部，但各部首领要向唐政府交纳贡品；各羁縻府州由都护府直接管辖，再统于唐朝中央政府。"⑥ 基于此，唐朝在边疆少数民族地区先后设立羁縻府州大凡"八百五十六"⑦ 个，加强了中央王朝同各边疆民族地区的联系。唐代前期，唐政府在云南地区广置羁縻州县，数量

① 《尤中文集》第1卷，云南大学出版社，2009，第41页。

② （北宋）王钦若等编《册府元龟》卷170（全十二册）第二册，《帝王部·徕远》，中华书局影印本，1960。

③ （宋）司马光：《资治通鉴》卷197 唐纪十三，贞观十八年十二月，中华书局点校本，1956，第6215～6216页。

④ （宋）司马光：《资治通鉴》卷198 唐纪十四，贞观二十一年五月，中华书局点校本，1956，第6247页。

⑤ （宋）欧阳修、宋祁：《新唐书》卷43下，《地理志七下》，中华书局点校本，1975，第1119页。

⑥ 赵云田：《中国治边机构史》，中国藏学出版社，2002，第84页。

⑦ （宋）欧阳修、宋祁：《新唐书》卷43下，《地理志七下》，中华书局点校本，1975，第1120页。

也十分庞大，据相关研究认为"武德、贞观初年有十六州，至天宝初年增至六十八州"①，羁縻县的数量更是难以计数。"唐前期云南设置羁縻府州制，上承汉晋时期的边郡制度，下启元明清的土官土司制度，它的建立加强了云南与中原的政治、经济、文化诸方面的联系，促进了云南社会经济的发展"，把南北朝以来的民族大融合推向了前进。② 尽管后来由于其他诸多原因，导致地方民族政权南诏、大理国走向了据地自雄，但从南诏、大理国内部设置的统治机构及其实施的文物制度都深受中原王朝的影响来看，显然与唐前期云南众多羁縻府州制的设置所产生的促进作用密不可分。"唐王朝以羁縻府、州、县这样的民族型政区设置将边疆地区整合进王朝统治中，虽然其统治并不稳固，一些羁縻州府叛服无常"，但是唐王朝借助此类民族行政区进行社会政治整合的愿望则是显而易见的。③ "政治整合性管理行为也强化了中央王朝与边疆地区之间经济文化上的联系，从而形成了政治经济文化的全面互动。"④

蒙元时期，蒙元统治者作为少数民族入主中原，"华夷之别""内华夏外夷狄"的封建正统观念较为淡薄，对边疆少数民族较少歧视和偏见，甚至对边疆少数民族较为信任，希望边疆少数民族作为其助手一道经略边疆僻远之地。"边疆少数民族的首领只要归附，元朝通常授予一定的官职，并纳入国家官吏的系统较为放手地使用，在此基础上形成了有别于前代'羁縻之制'的土官制度。"⑤ 元代的土官制度是（特别是西南）边疆管理制度方面的重要创造，是由先秦至唐代的羁縻治策演变而来，使用范围以川、滇、黔、桂等西南地区为主，西北甘、青等地区也有少量存在，但较西南地区而言不具有典型性。明清时期，在元代土官制度的

---

① 林超民：《唐前期云南羁縻州县述略》，《云南社会科学》1986 年第 4 期。
② 林超民：《唐前期云南羁縻州县述略》，《云南社会科学》1986 年第 4 期。
③ 周竞红：《"因俗而治"型政区：中国历史上"一体"与"多元"的空间互动》，《中央民族大学学报》（哲学社会科学版）2006 年第 5 期；岳小国、陈红：《不被"整合"的向心力——民族走廊"国家化"研究》，《青海民族研究》2013 年第 2 期。
④ 周竞红：《"因俗而治"型政区：中国历史上"一体"与"多元"的空间互动》，《中央民族大学学报》（哲学社会科学版）2006 年第 5 期。
⑤ 方铁：《从赛典赤对云南的治策看蒙元的民族统治政策》，《回族研究》2004 年第 2 期。

基础上进一步发展为土司制，其制度建设更为完备，且在明代中期达到鼎盛。明代中后期及有清一代的"改土归流"，使得土官土司制逐渐开始被中央直辖制的府州县制所取代，大大促进了云南边疆地区与内地的一体化进程。元明清三代在西南地区实行土官土司制的目的主要是为了实现对施治地区民族和社会关系的有效整合，使封建王朝的统治在"蛮夷"地区得以深入，确保西南边疆少数民族地区统治得更为牢固。然而，任何一种制度随着时间的推移，其流弊就会越发显现，扎根于西南边疆地区的土司制度显然也不例外。明清之际，随着世界大潮的滚滚向前以及边疆民族地区社会生产力水平的提高，土司制度也逐渐失去了它存在的社会基础，"有清一代，中央王朝对边陲少数民族地区的政治、经济、军事、文化等方面的控制力进一步提升，采取'改土归流'只是元明土司制度的逻辑选择了"①，建立在多元基础上的"羁縻制度"将不得不被一体化的中央官僚制度所取代。这一历史进程的到来当然也宣告了云南历史疆域格局的最终奠定。

综上而言，自秦汉至清代的两千余年间，汉晋时期的"边郡制"或"初郡制"、隋唐时期的羁縻府州县制度、元以后西南边疆地区广泛推行的土官土司制，其核心要义和本质理念在于使封建王朝以较为宽松、灵活的统治形式，与西（云）南边疆蛮夷建立起政治同一体的认同关系，并通过彼此联系的逐渐加强，最终确保了西（云）南历史疆域的稳固。由此可见，在古代中国，中央王朝加强对西（云）南边疆少数民族地区统治的整个历史过程，"实际上是一个从间接的、分散的统治形态向直接的、集中的统治形态发展的过程"②。多元化的"羁縻制度"和一体化的"中央集权制度"有机结合，即多元一体治边政治制度的有效实施，对促进中国统一多民族国家的民族融合及疆域形成，发挥了十分重要的作用。

---

① 徐黎丽、龚霄侠：《博弈、权变与路径依赖：古代中国少数民族行政发展论》，《青海社会科学》2009 年第 6 期。

② 徐黎丽、龚霄侠：《博弈、权变与路径依赖：古代中国少数民族行政发展论》，《青海社会科学》2009 年第 6 期。

二 "土官土司"制度的兴衰

土官土司制是由先秦至唐代的羁縻政策发展演变而来,是元明清三代中央政府对边疆民族地区实行的一种特殊的羁縻统治制度。这种制度曾广泛存在于西南少数民族聚居区,其中尤以云南边疆地区的土官土司制度最具代表性。元代正式开创"土官制"作为治理边疆民族地区的一种特殊制度,后经明清时期的丰富与完善又称"土司制"。①自蒙元时代起,土官土司制作为一种制度在云南边疆地区存在了大约7个世纪之久,它产生定型于元代,发展、完善、鼎盛于明代,衰落于清代,残存于民国,彻底根除于新中国(1956年在少数民族地区进行民主改革后,土司制度便不复存在)。可以说,元明清时期土官土司制度在云南边疆地区经历的兴衰变迁是与云南各民族地区的社会、经济、政治、文化、军事发展的客观历史条件相适应的,也是三朝中央政权对云南边疆民族地区实行"因俗而治"的结果。土官土司制度的确立及变迁,在中国古代边疆民族政策史上具有重大的历史意义,对我国统一多民族国家的巩固和发展产生了重要影响。因此,作为西南地区土官土司制最具典型意义的云南而言,土官土司制度的兴衰与中国西(云)南疆域的形成、发展及稳固的关系也十分值得当今学界探讨。

蒙元时代在西(云)南边疆民族地区实行土官制的原因是什么?根据目前学界的相关研究,我们大致可以总结如下。

其一,与蒙元统治者的种族观、边疆观和治边观有密切关系。②蒙元统治者作为少数民族入主中原,统治疆域极为辽阔,据《元史·地理志》序载:"自封建变为郡县,有天下者,汉、隋、唐、宋为盛,然幅员之广,咸不逮元。汉梗于北狄,隋不能服东夷,唐患在西戎,宋患常在西北。若元,则起朔漠,并西域,平西夏,灭女真,臣高丽,定

---

① 现在学界通常意义上也将元朝的"土官制"和明清时期的"土司制"一并称为"土司制",基于此,元明清时期的"土官土司制"又被一概称作"土司制"。

② 方铁、邹建达主编《中国蒙元史学术研讨会暨方龄贵教授九十华诞庆祝会文集》,民族出版社,2010。

南诏，遂下江南，而天下为一。故其地北逾阴山，西极流沙，东尽辽左，南越海表。……元东南所至不下汉、唐，而西北则过之，有难以里数限者矣。"① 其疆域规模超过了以往任何朝代。据相关研究，入主中原初期的蒙古人大约只有 40 万人②，作为人数较少的统治者，要想稳固地统治如此辽阔的疆土及中原地区的众多汉族，可想而知，其难度是十分巨大的。为此，统治者在全国制定并实施四等人制（分为蒙古人、色目人、汉人、南人四等），在中原地区通过信任和重用蒙古人与色目人，来防范和压迫汉人与南人进行社会统治秩序的建构。相反，作为少数民族自身的蒙古人而言，其"华夷之别""内华夏外夷狄"的封建正统观念较为淡薄，对边疆少数民族较为信任，防范较少，甚至把边疆少数民族的力量看作与其共同统治边疆地区的助手。另外，"在边疆观与治边观方面，元朝诸帝尤其是前期帝王受中国传统'守中治边''守在四夷'治边观念的影响较为淡漠，黩武拓边的情形十分突出"③。蒙元统治者平定云南之初，即把云南作为斡腹南宋、侵犯东南亚周边诸国的跳板与基地，亟须从云南补充兵员及粮草，亟待得到云南诸族的支持。④ 基于此，云南边疆民族地区的很多少数民族首领相继被任命为各级土官，成为蒙元统治者稳定西南边疆及其对外扩张的得力助手。

其二，与边疆民族地区社会经济发展的需要相适应。土官土司制的核心，是土民与土司，没有土民大众，土司就不存在；土司制度实质是土民对土司的依附性。⑤ 西（云）南少数民族地区土酋是独霸一方的统治者，其意志就是法律，以致地区与地区之间，族别与族别之间，长期隔绝，十分封闭，土民对土酋的依附难以割断，社会经济发展长期处于奴隶制和农奴制的封建领主制社会阶段，这一社会发展阶段显然构成了土

---

① （明）宋濂等：《元史·地理志》卷 58 志第 10，中华书局点校本 1983，第 1345 页。

② 韩儒林主编《元朝史》上册，人民出版社，1986，第 5 页。

③ 方铁、邹建达主编《中国蒙元史学术研讨会暨方龄贵教授九十华诞庆祝会文集》，民族出版社，2010。

④ 王玉朋：《元代西南军事武装研究》，暨南大学硕士学位论文，2011。

⑤ 龚荫：《关于中国土司制度渊源发展研究的十个问题》，《青海民族研究》2013 年第 1 期。

司制实行的社会基础。①

其三，与边疆民族地区的地理生态环境密切相关。元代实施土官制较为广泛的西南边疆地区基本上都是处于交通闭塞，生态环境恶劣，人烟稀少，蛮烟瘴雨之地，疟疾十分盛行，自两汉以来，千百年来都是士兵征战、官员赴任、商贾经商、汉族移民视为畏途之地。如，汉晋时期《永昌郡传》记载："永昌郡在云南（今祥云等地）西七百里。郡东北八十里泸仓津，此津有瘴气，往以三月渡之，行者六十人皆悉闷乱，毒气中物则有声，中树木枝则折，中人则令奄然青烂也。"② 据《华阳国志·南中志》载："兴古郡（今滇东南等地），建兴三年置，属县十一，户四万，……多鸠僚、濮。特有瘴气。"③ 自汉代以后，有关西（云）南地区瘴疠肆虐的各种记载史不绝书。蒙元统治者在征服西南地区的过程中也深受其害，由此导致的损兵折将数额十分庞大。如，蒙元军队用兵西南及周边地区时"所经委狭，多崇山盲壑，恶林毒草。群獠安沈斥瘴疹，出入兽如"④。这样沟壑纵横的西南地形不仅使蒙古骑兵优势无法施展，而且还给粮草运输的后勤供给带来了困难。但更可怕的是西南某些地区气候上"水草恶毒""其气候不齐，天雨即蒸湿，稍暖故瘴热，无论四气，雾袭人身，烦冤溃乱"⑤，使得军队还没交战就因为瘴气伤亡大半。⑥ 蒙元统治者对此有着深刻的认识，不得不在"蛮烟瘴雨""人迹罕至"的西南某些地区实施"因俗而治"的土官制。

土官土司制与羁縻府州制的区别。尽管土官土司制是在唐宋羁縻府州制度的基础之上发展形成的，但两者之间还是有很多不同之处：第一，对中央王朝义务方面，羁縻府州对中央王朝有朝贡，但时间与贡品都无

---

① 李幹：《略述元代土司制度中的几个问题》，《民族研究》1984 年第 4 期；龚荫：《关于中国土司制度渊源发展研究的十个问题》，《青海民族研究》2013 年第 1 期。
② 李昉等撰《太平御览》卷 791 引《永昌郡传》，中华书局影印本，1960，第 3509 页。
③ （晋）常璩：《华阳国志·南中志校注稿》，云南大学西南古籍研究所印行缪鸾和校注，第 185～186 页。
④ （元）张养浩：《张养浩集》卷 18《资政大夫中书右丞枢密院事陈公神道碑铭》，吉林文史出版社李鸣、马振奎点校本，2008，第 160 页。
⑤ （元）鲁贞：《桐山老农集·送徐起潜之同古市巡检序》卷 2（文津阁钦定四库全书本集部 5）。
⑥ 王玉朋：《元代西南军事武装研究》，暨南大学硕士学位论文，2011。

定制，也没入册登记，而土官土司则需要定期向中央王朝朝贡，贡方物，缴纳租赋，且贡品和米赋有定额；第二，同中央王朝的关系方面，羁縻府州的地方与中央王朝是一种若即若离、时断时续比较松散的藩属关系，而土官土司与中央王朝是日益紧密的臣属关系，并受到考核、升降、承袭等一套逐步完备的制度的约束，都有明文规定，必须遵行。① 显然，作为总结历代羁縻治策经验基础上发展而来的土官土司制，较之羁縻府州制已大大前进了一步，促进了羁縻府州的内地化，正如《元史·地理志》所言："盖岭北、辽阳与甘肃、四川、云南、湖广之边，唐所谓羁縻之州，往往在是，今皆赋役之，比于内地。"② 其具有的历史进步性十分显著。

元明清时期土官土司制的特点。元代土官的设置类型多样，主要包括：第一，行中书省土官，主要是指边疆土著民族接受元朝招抚，并在行中书省机关任职。如至元十八年（公元 1281 年）段实（即信苴日）被元政府任命为云南诸路行中书省"参知政事"③，行省右丞乌蒙乌撒土官卜实等。第二，宣慰使司土官是元代创始的地方管理军政及民政的机关，是介于行省与郡县之间的一级机构。如大理威楚金齿等处宣慰使、都元帅府，乌撒乌蒙宣慰司等。第三，宣抚司、安抚司、招讨司等蛮夷长官。例如云南丽江路军民宣抚司，金齿等处宣抚司等。第四，路总管府土官。第五，土知府、土知州、土知县等土官。第六，土巡检、土千户、土酋吏之类。④ 另外，元代土官的任命有一套严格的手续，一经任命，即赐予诰敕、印章、虎符、驿玺书和金银符为信物。对土官的奖惩分明，有功者可升官、授衔、封爵；有罪者"罚而不废"，惩处比较宽宥。土官的义务有纳赋、朝贡和出土兵 3 项。对土官的监督实行质子和驻军两条政策措施。⑤ 蒙元统治者通过任命忠诚于朝廷的边疆民族首领"世袭其官、世长其民、世领其地"及一系列制度建构，使土官土司制度正式成为一种

① 李幹：《略述元代土司制度中的几个问题》，《民族研究》1984 年第 4 期；韦文宣、严英俊：《羁縻制与土司制名异质同论略》，《广西民族研究》1991 年第 3 期。
② （明）宋濂等：《元史·地理志》卷 58，中华书局点校本，1983，第 1346 页。
③ （明）宋濂等：《元史·信苴日传》卷 166，中华书局点校本，1983，第 3911 页。
④ 李幹：《略述元代土司制度中的几个问题》，《民族研究》1984 年第 4 期。
⑤ 徐杰舜：《关于中国民族政策史的若干问题》，《黑龙江民族丛刊》1998 年第 2 期。

治理边疆地区少数民族的政治制度。尽管如此,元代的土官土司制度由于是草创阶段,很多方面还未尽完善。譬如,土、流虽然分置,但却往往互相渗透,行省至州县参用土人,宣慰、宣抚、安抚等司亦有流官,有时不免相混。①

明代土官土司制的特点:第一,土、流分治,界限清晰,自成体系。第二,以官品分尊卑等级。第三,土司地位较高,与中央关系密切,无论大小土司皆由朝廷直接任命,须亲赴北京受职,"明中叶以后,虽不必赴京,但也要由省布政使司转呈中央王朝,再由兵部或吏部题选,报请皇帝朱批,然后委以印信号纸,方为有效"②。第四,承袭有制,程序严密,并有阴阳信符,没有朝命不得承袭。第五,额以赋税,定朝觐、理贡之法,贡、赋、朝觐皆有定制。第六,定征调之法以驭土军,使之"奔走如命"。第七,教化为先,不入学者不得保袭,借以"变夷俗之陋,杜争夺之源"。③ 第八,土司分文武两种,文土司即土知府、知州、知县及土巡检等文职官员,在行省隶属布政使司,归中央吏部统辖,武土司即宣慰使、宣抚使、安抚使、招讨使、长官使及各级副使等武职土官,在行省隶属都指挥使司,归中央兵部统辖。明代的土官土司制在元代的基础上变得更为完备。按照上述原则,明代中央政府在西南少数民族地区设置了大量的土官土司,基本上都设在了少数民族地区,成为专门统治少数民族的官吏,形成了与流官并立的土官土司制。在总结元代经验的基础上,明代对土官土司制进行了一系列的制度建构与完善,使土司制度的发展达到了鼎盛时期。此外,明代在建立土官土司制度的同时又在条件成熟的地区进行了改土归流。

在总结明代土官土司制度流弊的基础上,清初土官土司制度得到了进一步丰富和发展。清代土官土司制的特点:第一,承袭明制,仍分文武,分别注册于吏部和兵部,此外还增设了土舍和土目两个土司名目,他们没有严格的文武界限,是土司中最末一等,属于无职衔、无品级的

---

① 史继忠:《略论土司制度的演变》,《贵州文史丛刊》1986 年第 4 期。
② 徐杰舜:《关于中国民族政策史的若干问题》,《黑龙江民族丛刊》1998 年第 2 期;张永国:《关于土司制度研究中几个问题》,《贵州文史丛刊》1986 年第 4 期。
③ 徐杰舜:《关于中国民族政策史的若干问题》,《黑龙江民族丛刊》1998 年第 2 期。

土司。① 第二，严格承袭制度，强调预制土官、嫡庶有序和印信号纸之法。第三，进一步明确土司职守："惟贡，惟赋，惟兵"，即纳贡、征赋和制土兵 3 项。第四，加强铨叙考核。第五，土官受流官节制。第六，限制土司地界，把"分疆界"作为一种"驭夷"的一项重要措施。第七，实行土司分裂法，对未行改土归流的土司，实行分化瓦解，借以分其势，使之互为掣肘。第八，土司开科考试，发展了明代对土司教化的政策。第九，大举改土归流，成为确定不移的方针。② 清初对土官土司制进行丰富与完善的同时，显然也深刻地蕴含着对土官土司的种种限制，这为清雍正朝及其以后大规模的改土归流埋下了伏笔。

元明清三代实施土官土司制的历史作用。蒙元统治者在平定西（云）南过程中实施的土官土司制度一方面是中国传统"以夷制夷"民族政策的延续，"它适应了大蒙古国扩张统一的早期，中央与西南边远地区联系较少的客观形势"，在消弭边疆民族势力的反抗、稳定地方、促进边疆民族地区的发展上具有特殊的作用；另一方面，它又体现了中央对西南地区控制和驾驭能力的加强，使其统治深入到了中央政权鞭长莫及的边远地区，"土官的任命、承袭、升迁、惩罚和对朝廷承担的朝贡与纳赋义务都进一步制度化和形成不断完善的管理"③。可以说，元代的土官土司制对后世影响深远。明代的土官土司制，"踵元故事，大为恢拓，分别司郡州县，额以赋役，听我驱调，而法始备矣。然其道在于羁縻。彼大姓相擅，世积威约，而必假我爵禄，宠之名号，乃易为统摄，故奔走惟命……尝考洪武初，西南夷来归者，即用原官授之。其土官衔号曰宣慰司，曰宣抚司，曰招讨司，曰安抚司，曰长官司。以劳绩之多寡，分尊卑之等差，而府州县之名亦往往有之。袭替必奉朝命，虽在万里外，皆赴阙受职"④。"明朝对土官制度不断修改完善，主要是对土官土司的职责、承袭、奖惩等做出规定并严格实行。通过堪称完备的土司制度，在

---

① 李兴祥：《清代边疆牧耕地区管理形式探微》，《农业考古》2011 年第 1 期。
② 史继忠：《略论土司制度的演变》，《贵州文史丛刊》1986 年第 4 期。
③ 王缨：《试述鄂尔泰对西南的社会改革》，《中国历史博物馆馆刊》1995 年第 2 期。
④ （清）张廷玉等：《明史·土司列传》卷 310，列传第 198，中华书局点校本，1974，第 7981～7982 页。

西南边疆等蛮夷地区，明朝建立了制度化及较稳定的统治。"① 清初，"凡明时土司来降者，皆授原职世袭"。也许这正是"实现改土归流，进一步走向封建统一与专制统治不可或缺的一步"②。

元明清三代土官土司制度的实施，其重大意义在于：一、对封建王朝来说，它维系了王朝中央与边疆地区少数民族的联系，而且不断得以加强，因而使边疆边防得以巩固，有利于统一多民族国家的巩固和发展。二、对边疆少数民族来说，边疆地区的少数民族大小首领成为朝廷"命官"，提高了自己的威望，有利于控制本族（部），从而使管辖地方社会秩序安定，促进了边疆民族地区社会的进步与发展。③ 三、使少数民族地区纳入了统一的国家政治统治和行政管理体系之内，打破了原来各不相统、各自为政的局面，加速了内地与少数民族地区，少数民族之间的政治、经济与文化交流，有利于少数民族地区的政治行政管理制度逐步向全国划一的行政管理体制过渡。④ 四、纵观西南地区建立土官土司制度以后的历史，几百年来，"这些地区的政治局面基本上相对稳定的，即便是在改朝换代、中原地区战火纷飞的动荡年代里，这里没发生过大的社会动乱，也没出现过脱离中央王朝的'独立国家'政权。这种局面有利于使西南民族地区社会经济在原有基础上不断向前发展"，相较以往的羁縻制而言，土官土司制度的历史进步性是不言而喻的。⑤

改土归流与土官土司制度的衰落。任何事物都是可以一分为二的，作为历史时期对边疆民族地区秩序建构做出巨大贡献的土官土司制当然也不例外。随着中央王朝对少数民族控制力量的增强，随着我国封建社会经济的不断发展，随着郡县制度实施条件的日趋成熟和土官土司制度在少数民族地区存在基础的瓦解，统一多民族国家越来越巩固，

① 方铁：《论羁縻治策向土官土司制度的演变》，《中国边疆史地研究》2011 年第 2 期。
② 王缨：《试述鄂尔泰对西南的社会改革》，《中国历史博物馆馆刊》1995 年第 2 期。
③ 龚荫：《关于中国土司制度渊源发展研究的十个问题》，《青海民族研究》2013 年第 1 期；徐杰舜：《关于中国民族政策史的若干问题》，《黑龙江民族丛刊》1998 年第 2 期。
④ 李根、张晓松：《羁縻制与少数民族政治行政制度》，《云南行政学院学报》2002 年第 1 期。
⑤ 韦文宣：《西南地区土司制度略述》，《历史教学》1985 年第 3 期。

土司制度则逐渐失去了它的存在价值。明末至清初土官土司制度的消极作用越来越明显，成为套在少数民族地区人民头上的枷锁，严重阻碍着民族地区生产力的发展和社会进步。①"改土归流"就不得不提上了历史的日程。明清之际，土官土司制度的流弊主要表现为：一、土司拥兵自重，称霸一方，不服朝廷节制，与中央抗衡。二、土司之间为了利益，相互征战杀伐，弄得地方民不聊生，为边疆地方及中央政权的稳定带来诸多问题。三、土司残酷剥削和压迫土民。四、土司凶悍，专事劫掠，致使地广人稀的边疆地区长期得不到开发。五、土司荒淫腐化等。

明中期以后，伴随着中央王朝政权在边疆地区力量的强大、封建地主商品经济对土司地区农奴制或奴隶制封建领主制经济基础的进一步冲击以及土官土司制流弊的进一步显现，通过"改土归流"消除土司弊政，解决民族问题，治理社会秩序，发展西南经济，扩大和巩固清王朝在西南边疆的统治成为一个时代的新课题。有清一代，特别是随着雍正朝鄂尔泰在西南地区大规模改土归流的实施，由此正式拉开了土官土司制走向衰落的序幕，同时也宣告了边疆与中原一体化政策的大规模实施及边疆政治和行政管理制度向全国划一的行政管理体制的持续推进。有清一代，改土归流政策的持续实施导致了土官土司制度最终走向衰亡，但其产生的积极作用却是十分显著的：在政治上有利于加强中央集权制和巩固封建国家的统一；改变了土司统辖下的生产关系，使土司制赖以存在的封建领主制经济转变为封建地主制的生产关系，促进了生产力的发展；有利于打破土司垄断文化教育的权力，文化教育的受众范围扩大了等。②这一系列改土归流措施的实施，对国家政令的畅通和有效贯彻，对于推动民族地区经济开发、社会发展以及民族认同与社会整合都产生了积极的、重大的历史影响。③

---

① 李根、张晓松：《羁縻制与少数民族政治行政制度》，《云南行政学院学报》2002年第1期；李幹：《略述元代土司制度中的几个问题》，《民族研究》1984年第4期。

② 张永国：《关于土司制度研究中几个问题》，《贵州文史丛刊》1986年第4期。

③ 李根、张晓松：《羁縻制与少数民族政治行政制度》，《云南行政学院学报》2002年第1期。

综上所述，"在古代中国，中央王朝加强对边陲少数民族地区统治的整个历史过程，实际上是一个从间接的、分散的统治形态向直接的、集中的统治形态发展的过程。推动这个过程的核心动力其实来源于中央王朝的控制权力与少数民族自治权利的博弈"[①]。而自秦汉以来中原王朝相继在西南边疆民族地区实施的边郡制、朝贡体制、藩属体制、羁縻府州制、元明清时期的土官土司制、明中后期及有清一代的"改土归流"治策，正是反映中央王朝两千余年来对西南边疆少数民族地区统治日趋深入的一个过程，这些施治措施及治理理念对中国西南疆域的形成、发展与巩固产生了重大而深远的影响。

三 "重文德、兴教化"，文化软实力的吸引

自汉代始，历代封建王朝统治者都不同程度地通过"重文德""兴教化"、移风易俗等措施来发展云南边疆地区的封建教育，传播封建文化，提高边疆诸族的受教育水平，改变边疆诸族的观念和习俗，使之逐渐与内地趋同、合流，增强其对中原文化的向心力，以加强中央王朝对云南边疆地区的统治。"重文德、兴教化"的实质，是"利用国家的行政力量推行相关的措施，以发挥封建文化潜移默化的作用，改变边疆诸族原有的生活方式和观念习尚，为封建统治服务"[②]；显然，也是中央王朝利用自身的"文化软实力"（文化、技术、制度等方面的影响力）来稳定和发展边疆地区，为统一多民族国家的强盛服务。

两汉时期，"重文德、兴教化"主要体现在传播汉文化、兴办学校等方面。汉武帝以前，西南夷部落多"散在溪谷。绝域荒外，山川阻深，生人以来，未尝交通中国"[③]；其后，随着益州郡的设立，中央王朝对云南边疆地区开发和统治的深入，内地先进的封建经济文化也迅速渗入，渐为当地民族所认同和吸收。期间，许多地方官在自己的行政区域内建

---

① 徐黎丽、龚霄侠：《博弈、权变与路径依赖：古代中国少数民族行政发展论》，《青海社会科学》2009 年第 6 期。

② 方铁：《中原王朝的治边方略》，《学术探索》2009 年第 4 期。

③ （南朝·宋）范晔：《后汉书·南蛮西南夷列传》卷 86，中华书局点校本，1973，第 2848 页。

立了学校，"化行夷貊"，为汉文化的传入、移风易俗，改变边疆民族地区的落后面貌做出了贡献。如东汉明帝时（公元58～75年），益州西部都尉郑纯"为政清洁，化行夷貊"①，能尊重、团结当地少数民族上层，使汉王朝的影响越来越大，使得尚未归附东汉王朝的一部分哀牢人及哀牢人所联系的僚、濮族等民族"君长感慕，皆献珍宝，颂美德"②。又"肃宗元和中，蜀郡王追为太守，政化尤异，……始兴起学校，渐迁其俗"③。东汉和帝时，巴郡人张翕为越巂郡（驻今西昌，辖域为今四川凉山州和云南的永仁、大姚、华坪、永胜、宁蒗、丽江）太守，其"政化清平，得夷人和。在郡十七年，卒，夷人爱慕，如丧父母"④。反映了两汉王朝在云南边疆地区的教化产生了积极影响。在云南发掘的被当地称为"梁堆"的东汉墓葬表明，东汉时期云南某些地区已"具有和内地相同的文化面貌"。⑤ 两汉时期，中央王朝在云南边疆地区实施的一系列"重文德、兴教化"措施，为云南边疆各族的发展进步产生了积极的作用，对于促进祖国统一、民族团结，加强夷汉交流与民族融合意义十分重大。

三国蜀汉时期，监军、安南将军霍弋曾在南中（今云贵地区）"抚和异俗，为之立法施教，轻重允当，夷晋安之"⑥，通过立法与施教，较好地处理了当地的民族（夷、汉）关系，稳固了南中局势。唐代君臣对"重文德、兴教化"的认识更为深刻，把对边疆诸族的教化视为统治策

---

① （南朝·宋）范晔：《后汉书·南蛮西南夷列传》卷86，中华书局点校本，1973，第2851页。

② （南朝·宋）范晔：《后汉书·南蛮西南夷列传》卷86，中华书局点校本，1973，第2851页；《尤中文集》第1卷，云南大学出版社，2009，第44页；李桂芳、黎小龙：《从"朱崖故事"和不弃益州看两汉王朝对西南边疆的开发治理》，《中华文化论坛》2003年第2期；高荣：《汉代对西南边疆的经营》，《中国边疆史地研究》2000年第1期。

③ （南朝·宋）范晔：《后汉书·南蛮西南夷列传》卷86，中华书局点校本，1973，2847页。

④ （南朝·宋）范晔：《后汉书·南蛮西南夷列传》卷86，中华书局点校本，1973，第2853页。

⑤ 汪宁生：《云南考古》，云南人民出版社，1992，第94页。

⑥ （晋）常璩：《华阳国志·南中志校注稿》，云南大学西南古籍研究所印行缪鸾和校注，第100页。

略——软硬两手不可或缺的重要组成部分。譬如，唐太宗针对边疆蛮夷的施治提出了"德泽洽夷"的观点，认为"德泽洽，则四夷可使如一家"①。唐臣褚遂良认为："古者哲后，必先事华夏而后夷狄，务广德化"，对边疆蛮夷"怀之以德"，是封建王朝应尽的义务，做到了这一点，"为恶在夷不在华，失信在彼不在此"②。唐臣陆贽认为："伏以戎狄为患，自古有之"，关键在于制御是否得法；"非德无以化要荒""德不修，则兵不可恃也"③。实践层面，在处理天宝战争后南诏与唐关系时，剑南西川节度使韦皋做出了表率，通过"苍山会盟""贞元册南诏"不仅使得久已破裂的唐与南诏关系重归于好，主动放弃了南诏子弟到唐朝做人质的制度，而且还在成都兴办起专门培养南诏子弟的学校，"又选群蛮子弟聚之成都，教以书数，欲以慰悦羁縻之，业成则去，复以他子弟继之。如是五十年，群蛮子弟学于成都者殆以千数"④。专门接纳南诏子弟读书学习的学校，在成都前后办了 50 年，先后来此学习的南诏子弟达数千人，学成后返回云南，大批学子不仅把唐的先进文化带进了云南，促进了南诏经济与文化的发展，增进了南诏诸族对中原文化的向心力，而且更为重要的是韦皋通过这一方式还彻底解决了吐蕃问题，稳定了西南边疆的防线。

蒙元自公元 1253 年，忽必烈统率 10 万蒙古大军武力征服大理，并按蒙古军制在云南设立万户、千户、百户，实行军事管制，到公元 1273 年（至元十年），命赛典赤·赡思丁抚治云南前的 20 年间，因蒙古贵族对云南实施了以军事统治为主的治理模式，这一统治方式，不但没有使云南政局得以稳固，反而更加激化了业已存在的阶级矛盾、民族关系以及统治者的内部矛盾。云南"武功迭兴、文治多缺"的形势促使忽必烈不得不改弦更张，任命德才兼备的赛典赤抚治云南，临行前，忽必烈面授机宜："云南朕尝亲临，比因委任失宜，使远人不安，欲选谨厚者抚治之，

① （宋）司马光：《资治通鉴》卷 197 唐纪十三，贞观十八年，中华书局点校本，1956，第 6216 页。
② （后晋）刘昫等：《旧唐书》卷 80《褚遂良传》，中华书局，1997，第 2733～2736 页。
③ （后晋）刘昫等：《旧唐书》卷 139《陆贽传》，中华书局，1997；方铁：《中原王朝的治边方略》，《学术探索》2009 年第 4 期，第 93 页。
④ （宋）司马光：《资治通鉴》卷 249 唐纪六十五，中华书局点校本，1956，第 8078 页。

无如卿者。"① 要求在云南实行仁厚的抚治政策。赛典赤带着实行德治的治滇方略来到了云南，大刀阔斧地实施了一系列具有开创性的治滇举措，在"重文德、兴教化"方面的作为影响更为深远。赛典赤认为："纲常风化，刑政军旅，未有不自文学始。"② "夷俗资性悍戾，瞀不畏义，求所以渐摩化服其心者，其惟学乎？"③ 由此，赛典赤赴云南不久，便在大理和中庆（今昆明）两地设儒学提举，积极兴办学校，推广儒学教育。"中庆首建文庙，岁祀于春秋二丁，仍收置儒籍。识者度公之心，皆谓：'学校之事，似乎宽缓。公临事之始而先知者，何也？'殊不知国家政事、典则纪纲法度、军旅刑措之事，未尝不自文学而始，今公先其所当为而为之，使南方之人举知风化，公可谓得实之本矣。"④ "他正式建立的第一所庙学，是云南教育史上首屈一指的创举。他建造学舍，调拨赡学田作为教育经费，劝各族子弟入学，选聘内地学识渊博的名士当教师，传播文化知识，使尚未开化的云南面目一新。在他死后十八年，他的第三子忽辛不仅在省城夺回被人侵占的赡学田，使学校恢复旧观，而且在诸郡邑编立庙学，大兴文风。"⑤ 延祐元年（公元 1314 年），元朝设立云南行省儒学提举司。虽然，自两汉以来云南就与内地建立了频繁的经济文化联系，但元代以前，云南的文化明显带有浓郁的地方色彩，大理国士人尊崇王羲之，而不知尊孔、孟。随着元代云南各地庙学雨后春笋般相继建立，当地少数民族颇感新鲜，称之为"汉佛"。⑥ "1314 年，元朝在云南'开科取士'，一些士民子弟开始进入元王朝统治集团。除了开科取士之外，注意从实际中培养提拔少数民族人才，使'内地之人与土著豪杰，参伍

① （明）宋濂等：《元史·赛典赤·赡思丁传》卷 125，中华书局点校本，1983，第 3064 页。

② 昆明市志编纂委员会《咸阳王抚滇功绩》，昆明市志长编（卷 2），内部发行，1984，第 125 页。

③ 郭松年：《创建中庆路大成庙碑记》，《新纂云南通志五》卷 92，云南人民出版社李春龙等点校，2007，第 226 页。

④ 赵子元：《赛平章德政碑》，《新纂云南通志五》卷 92，云南人民出版社李春龙等点校，2007，第 223 页。

⑤ 林松：《一位杰出的穆斯林——赛典赤·赡思丁》，《阿拉伯世界》1981 年第 6 期。

⑥ 方铁：《忽必烈与云南》，《文山学院学报》2011 年第 1 期。

而杂处'。由是'华夏之风'在云南'灿然可观'。"① 从元代始，中央王朝在云南不遗余力地、持续地推行"德化"的"王道"政策，将建文庙、兴儒学作为"以夏变夷"的"安边之道"，才使得云南与内地的文化逐渐合流，使云南地域文化主流上逐步走向了"一体"（即以儒家文化为核心的华夏文化成为主体文化）的过程。② 正如元人形容说："北人鳞集，爨僰循理，渐有承平之风，是以达官君子，绍述成轨，乘驲内地，请给经籍，虽穷边蛮僚之乡咸建庠序矣。"③ 从而历史性地开启了元以后云南边疆与内地在政治上持续一体化的序幕，有力地促进了边疆与内地融合为一的进程。

明清时期，封建统治者对云南边疆的兴学教化更为重视。明太祖朱元璋平定天下之初，针对西南边疆少数民族就十分睿智地提出了"朕惟武功以定天下，文教以化远人"的方针④，在西南边疆民族地区确立了"修文德以化远人"的文教政策。明太祖朱元璋认为："蛮夷之人，性习虽殊，然其好生恶死之心，未尝不同，若抚之以安静，待之以诚意，谕之以道理，彼岂有不从化者哉。"⑤ 所以，明王朝统治者十分重视"治国以教化为先，教化以学校为本"⑥ 的施治理念，对边疆少数民族地区的教育和教化格外倡导。

平定云南之初，明王朝即在元代云南儒学教育的基础上，着手修复和兴建了诸多学校。"明政府的大力倡教，带来了云南文化教育事业的繁荣、社会风俗的改变以及'大一统'思想的深入人心。"⑦ 有明一代，统治者对云南地区的儒学教育和教化，其举措和成绩主要可体现在以下几点：其一，办学规模较大，影响深远。据《滇志》记载统计，天启时，云南省有儒学 63 所，包括府学 16 所，州学 23 所，县学 22 所，卫

① 张永杰：《云南历史上的第一个省长——赛典赤》，《创造》1999 年第 2 期。
② 廖国强：《文庙与云南文化》，《云南社会科学》2006 年第 2 期。
③ （元）王彦：《中庆路重修泮官记》，《景泰云南图经志书校注》，云南民族出版社李春龙等点校，2002，第 385 页。
④ 《明实录·太祖实录》，台湾中研院历史语言研究所校印。
⑤ 《明实录·太祖实录》卷 34，台湾中研院历史语言研究所校印。
⑥ （清）张廷玉等：《明史·选举志》卷 69，中华书局点校本，1974，第 1686 页。
⑦ 陈碧芬：《论朱元璋治滇的意义》，《中国边疆史地研究》2008 年第 1 期。

学 2 所；另有社学 163 所，书院 48 处和文庙 4 处。崇祯末年，云南有儒学 73 所，书院 65 处。① 其二，重视对土司官员及其子弟的培养教化，视其为安边之道。朱元璋认为，"边地世袭土官，尚不知礼义，以法绳之则容易激变，放而纵之则又容易轻视，必须教以三纲五常，君臣父子之道，使其不断'王化'"②。为了培养土司合格的接班人，明廷强迫土司子弟必须入学接受儒学教育，"以后土官应袭子弟，悉令入学，渐染风化，以格顽冥。如不入学者，不准承袭"③。寄希望于通过这种方式实现"凡有子弟皆令入学受业，使知君臣父子之道，礼学教化之事，他日学成而归，可以其变土俗同于中国（按：指中原），岂不美哉！"④ 其三，重视儒学教师的选拔，选取民间贤德的儒士或才智杰出者教导少数民族子弟。洪武十六年，明太祖曾下诏规定："府、州、县学校宜加兴举，本处有司选保民间儒士堪为师范者举充学官，教养子弟，使知礼义，以美风俗。"⑤ 明代"修文德以化远人"文教政策的有力实施，极大地促进了云南民族地区儒学教育的发展，传播了汉儒文化，"民慕华风"，为云南边疆与祖国内地的统一和整体发展奠定了文化基础，影响深远，意义重大。

明王朝曾采取"用夏变夷"，设儒学、兴文教为"安边之道"，使云南的教育和文化在元代的基础上有了进一步的发展。清承明制，在明代的基础上，云南兴办了更多的庙学、书院和义学等各类教育机构，文教事业获得了更大的发展。有清一代，特别是"三藩之乱"被平定后，在中央和地方政府支持和推动下，云南各地不仅对明代庙学进行了修复和扩建，而且还新设了不少各类学校，特别是在一些边远地区和少数民族地区也相继设立庙学。如康熙三十三年（公元 1694 年），清廷批示："设云南省曲靖、澂江、广西（今泸西）、元江、开化（今文山）、顺宁（今凤庆）、武定、景东八府学；寻甸、建水、新兴（今

---

① 方铁：《中原王朝的治边方略》，《学术探索》2009 年第 4 期。
② 陈国安：《论朱元璋对贵州少数民族的政策》，《贵州民族研究》1981 年第 4 期。
③ 《明实录·太祖实录》，台湾中研院历史语言研究所校印。
④ 《明实录·太祖实录》，台湾中研院历史语言研究所校印。
⑤ （明）张统辑：《云南机务抄黄一卷》，首都图书馆藏明嘉靖吴郡袁氏嘉趣堂刻金声玉振集本。

玉溪）、赵州（大理凤仪）、剑川、昆明、宜良、楚雄、定远（今牟定）、保山、和曲（今武定）、禄劝、云州（今云县）、姚州（今姚安）、河阳（今澂江）、南宁（今曲靖）、新平十七州县学训导各一员……"① 这构成了清代云南数量最大、时间最集中的一次学校设置，之后，陆续又有兴建。如，康熙四十四年建丽江府学宫，四十八年建广南府学宫，雍正六年建昭通府学宫、永善县学宫，七年建普洱府学宫，乾隆二十四年建中甸厅学宫，嘉庆十九年建思茅厅学宫，道光元年建他郎厅学宫等。②

此外，清政府对书院的建设也颇为重视，清代云南书院在元明时期的基础上发展得更快，废弃者重建，破损者修复，空白者新建，一切书院皆由官办，使书院逐渐变成了政府的教育机构。据民国时期《新纂云南通志·学制考》统计，明清时期，云南书院共 219 所，除去少数在明代及清初以前已废毁者外，清代曾有书院 201 所，为明代的 3 倍多。③ 清代云南书院的设置不仅在靠内地区大为增加，而且也不断向昭通、会泽、思茅、文山、临沧、丽江等从未设置过书院的偏远地区发展。如思茅厅有思诚书院，文山县有开文书院、文山书院、凤鸣书院、萃文书院，丽江府有雪山书院、玉河书院，镇沅厅有碧松书院等。但有清一代，云南的书院除省城的五华与经正书院最负盛名外，大理的西云书院、石屏的龙泉书院和丽江的雪山书院也较为出色，为云南培养了不少人才。

另外，清政府对云南义学④的建设也非常重视，平定"三藩之乱"后，云贵总督蔡毓荣就曾上疏曰："一在兴教化。滇人陷溺数年，所见习者皆灭理乱常之事，几不知孝悌忠信为何物矣！今既如长夜之复旦，反经定志，全在此时。臣已饬行有司各设义学，教其子弟，各以朔望讲约，阐扬圣谕，以感动其天良。各选年高有德之人，给以月廪，风示乡里。但人情率始勤而终怠，其或作辍不常，安能久道化成而保民无邪慝耶？

---

① 《清实录》第 5 册（《圣祖实录》卷 164），中华书局影印本，1985，第 794 页。
② 古永继：《清代云南官学教育的发展及其特点》，《云南社会科学》2003 年第 2 期。
③ 古永继：《清代云南官学教育的发展及其特点》，《云南社会科学》2003 年第 2 期。
④ 义学也叫义塾，带有蒙学和私塾性质，是中国古代的一种免费私塾。

则所以革民心，兴民行者之力行宜亟也。"① 将兴教化、办义学视为建设云南边疆最为急切的十事之一。乾隆年间，云南布政使陈宏谋也曾大力提倡兴办义学，相继作《查设义学檄》《查设义学檄第二檄》《查设义学檄第三檄》，令各府、州、县核查本地义学并增设义学，将义学进一步推广到偏远地区以及少数民族中；为确保义学在云南的顺利发展，陈宏谋还特别制定了《义学条规议》，规定了兴建办法、经费、学舍、师资等要求，命令地方官员切实积极兴办义学。② 得益于此，从康熙到光绪年间，云南府、厅、州、县逐步兴办的义学达 866 所，从城镇到乡村，从坝区到山区，从内地到边疆，都"因土制宜，随方设学"，特别是一些少数民族聚居区兴办的义学数量比靠内地的还要多，如丽江府建 50 所，比澂江府多 15 所，边地各直隶厅、州建义学 145 所，比大理和临安两府多出 30 所。清朝统治者在云南广大乡村兴办义学增加了少数民族子弟就学的机会，甚至边远地区"苗民多能读书取科第"。③ 总体看来，"清代在明代基础上继续兴办学宫、书院，并大力推行义学，使云南的教育从注重土司上层教育拓展到边疆各民族子弟；从汉族聚居区、腹里地区扩展到各民族聚居区、边地偏远地区，以达到教化夷民，巩固封建王朝统治的目的"④。

综上而言，自汉代云南进入统一多民族国家发展历程始，历代中原王朝大都十分重视通过"重文德、兴教化"文化软实力的吸引来加强云南边疆与内地的融合关系。中原王朝统治者们通过自汉代至清代两千余年长期不懈的文化传播，才最终使得华夏文化博大精深与宽广包容的价值观和道德观在云南边疆地区生根发芽、开花结果。特别是元明清三代统治者通过大力发展和倡导庙学、书院、社学、义学等各类封建教育，移风易俗，把华夏文明传播到云南边疆各地，使得边疆"蛮夷"的观念和习尚逐步与内地合流，"以夏变夷""汉夷一体"的局面逐渐形成。可

---

① 蔡毓荣：《筹滇十疏》第九疏《敦实政》，转引白方国瑜《云南史料丛刊》第 8 卷，云南大学出版社，2001，第 437 页。

② 蒲晓：《清代云南义学研究》，云南大学硕士学位论文，2011。

③ 解炳昆、杨友苏：《清代云南的教育概况》，《云南民族学院学报》（哲学社会科学版）1987 年第 4 期。

④ 蒲晓：《清代云南义学研究》，云南大学硕士学位论文，2011。

见，文化具有的强大感召力，教化所产生的作用，对于统一多民族国家的形成与巩固其重要性是不言而喻的。

　　自秦汉至清代的两千余年间，云南由于所处的特殊地缘环境，较早地受到中央（原）王朝的重视，秦始皇时出现了经营"西南夷"的先声——开道、设郡、置吏，今滇东北地区首次进入了中央（原）王朝的视域，成为秦王朝西南边疆之一部分。两汉时期，云南作为联通"蜀身毒道"的核心区域，更是受到了中央王朝的大规模持续经营。自汉武帝元封二年（公元前 109 年）益州郡设立至东汉永平十二年（公元 69 年）滇西永昌郡的设立，标志着云南作为统一多民族国家西南疆域的一部分已初步形成。三国两晋南北朝时期，自秦汉以来进入云南的汉族豪强大姓势力开始崛起，打着各中原王朝的旗号，充当起了统治云南地区中流砥柱的角色。尽管这一时期，特别是南北朝时期，各中原王朝对云南的统治仅徒有虚名，但云南却始终没有正式地形成分裂割据，造成这一结果的原因至今仍然十分值得深思。隋朝享国日短，对云南经营只是昙花一现，无甚成效。唐朝建立之初就很快展开了对云南的持续经略，至天宝战争时，已近 130 余年。随着青藏高原地区吐蕃政权的强大南下、南诏地方民族政权的崛起、唐朝剑南节度使下辖边臣将吏的轻启边衅，唐朝对云南 130 余年苦心孤诣的经营成果付之东流。历史进入了云南地方民族政权据地自雄的时期，南诏大理国相继建立且在西南边疆持续统治了 500余年。他们在辖域内实施的一系列治理措施及成功的民族政策，大大促进了云南地区各民族的融合，改变了两晋南北朝时期重滇东轻滇西、滇西南的发展格局，使云南区域的发展变得更为平衡，为蒙元时期云南行省在更高层次的统一奠定了基础。元明清时期，随着以昆明为中心交通网络格局的形成与稳固，大量汉族移民的入滇，封建儒学的兴起，土官土司制度在云南边疆地区的广泛设置以及清代大规模改土归流的实施，云南疆域的形成变得越加清晰和稳固。纵观两千余年的云南变迁史，我们可以看出，云南具有的特殊地缘环境，历朝各代对云南的治边治策，云南内外交通线路的相继开辟与完善，不同时期大规模移民的持续入滇以及历史时期云南行政中心的几次变迁等诸多因素都对云南历史疆域的形成、发展与稳固产生了重大影响。其中两千余年来，中原（央）王朝在西（云）南边疆民族地区实施的"多元一体"的政治制度，通过"朝贡体制"和"藩属体制"对边疆民族地区秩序的建构，元明清时期土官土司制度的兴衰，"重文德、兴教化"文教政策的持续推进，反映了中央王朝加强对西（云）南边疆少数民族地区统治的整个历史过程，"实际上是一个从间接的、分散的统治形态向直接的、集中的统治形态发展的过程"①；同时，也是一个统治日趋深入的过程；更是彰显了云南参与统一多民族国家创建过程中，政治、经济、文化、风俗等诸多方面逐步与中原内地融合的过程、一体化的过程。这些都是历史上云南疆域形成和发展过程中十分值得探讨的理论问题，值得认真思考与总结。

---

① 徐黎丽、龚霄侠：《博弈、权变与路径依赖：古代中国少数民族行政发展论》，《青海社会科学》2009 年第 6 期。

第六章

云南疆域（边疆）在中国疆域形成发展中的地位研究

"自从人类社会文明形成、国家出现以来，对于人类社会的政治、经济、人群而言，没有比'疆域'更为重要的问题了，因为'疆域'是文明社会及国家存在的物质载体与空间实现形式。"① 关于中国疆域形成、发展、演变以及奠定相关问题的研究，可以说自 20 世纪三四十年代以来一直是学术界较为关注的热点问题之一。特别是新中国成立以后历经 20 世纪 50 至 60 年代初、70 至 80 年代末学术理论界的数次争锋与探讨，就中国历史疆域的形成及范围的确定问题大致形成了一种具有广泛共识及重要影响力的主张，那就是我国著名历史地理学家谭其骧先生所主张的中国历史疆域的范围："我们是拿清朝完成统一后，帝国主义侵入中国以前的清朝版图，具体说，就是从 18 世纪 50 年代到 19 世纪 40 年代鸦片战争以前这个时期的中国版图作为我们历史时期的中国的范围。所谓历史时期的中国，就以此为范围。不管是几百年也好，几千年也好，在这个范围之内活动的民族，我们都认为是中国史上的民族；在这个范围之内所建立的政权，我们都认为是中国史上的政权。"② 谭其骧认为这样一个范围是整个历史时期，整个几千年来历史发展所自然形成的中国，并能够反映近代 100 多年来因受资本主义列强、帝国主义侵略宰割而失去的领土。迄今为止，这一基于中国几千年历史发展实际的认识受到学术界的

---

① 刘庆柱：《中国古代疆域史研究的理论特色》，中国边疆网，2012 年 11 月 13 日。

② 谭其骧：《历史上的中国和中国历代疆域》，《中国边疆史地研究》1991 年第 1 期。

高度认同。马大正先生在《中国疆域的形成与发展》一文中认为，中国疆域形成经历了数千年的时间，可分为秦汉时期中国疆域的形成、隋唐至元时期中国疆域的发展、清代中国疆域的奠定、19 世纪中叶以后至民国时期中国疆域的变迁 4 个阶段，中国边疆在历史发展的长河中日益成为中国统一多民族国家的重要组成部分。即是对上述认识的汲取和升华。但必须指出的是，自先秦以来，在中国统一多民族国家形成、发展以及奠定的过程中，不仅居于中原地区的汉族（华夏族）在缔造大一统中国的疆域中居功至伟，而且起源于边疆地区的少数民族也为大一统中国的形成做出了重要贡献。正如马大正先生所言："统一多民族的中国，是经过一个漫长而曲折的发展过程后大致定型的。自先秦时期起，在现代中国领土内开始形成一个核心区域，这个区域大致在黄河中下游至长江中下游一带。在这个中心区域建立政权的既有华夏，也有夷狄；既有汉族，也有少数民族。在国家的发展进程中，边疆地区的发展是其有机组成部分，全国范围的发展状况决定了边疆地区的发展水平，边疆地区的发展状况对全国范围的发展也产生重要影响。"[1] 张云先生在《西藏参与、认同中国"大一统"的历史及其启示》一文中认为："历史上中国民族的认同方式多种多样，或者直接认同以汉族为主体的中原王朝，或者认同另一个边疆民族政权，最后认同中央王朝，方式各异但殊途同归，各民族都以自己的方式为中华民族和大一统的中国的形成做出了永不磨灭的贡献。"[2] 无不表达了奠定中国历史疆域规模的不是仅由汉族，而是由历史上中原和边疆各民族共同缔造的，"边疆民族对中国统一多民族国家的形成，广阔版图的奠定，形成具有深厚凝聚力的多元一体格局的中华民族，也做出了重要贡献"[3]。云南边疆在中国疆域形成发展中与其他边疆的异同之处是什么？云南边疆在形成和发展中的特点是什么？地位如何？对中华民族的重要性表现在哪些方面？回答这些问题，正是本章内容研究的重点所在。

---

① 马大正：《中国疆域的形成与发展》，《中国边疆史地研究》2004 年第 3 期。

② 张云：《西藏参与、认同中国"大一统"的历史及其启示》，《中国边疆史地研究》2006 年第 1 期。

③ 成崇德：《论清朝疆域形成与历代疆域的关系》，《中国边疆史地研究》2005 年第 1 期。

第一节　云南边疆在中国疆域形成发展中与其他边疆的异同之处

由于历史时期中国边疆各地区在社会人文环境与自然地理条件方面的巨大差异，也使得各边疆民族地区在参与中国统一多民族国家历史疆域的缔造过程中表现出了各自的特点，其中既有本质上相同的一面，也有表现形式的较大差异。云南边疆在中国疆域形成发展中与其他（东北、北部、西北、西部）边疆有什么异同之处？对中国各边疆地区在参与中国疆域形成发展所表现的异同之处进行深入探讨，显然对于我们深化认识中国疆域形成的内在机理，建构中国疆域形成和发展的相关理论，为今天中国统一多民族国家实现伟大复兴提供历史的启示，都是大有裨益的。

一　"大一统"理论（思想）指导上的相同性

中国的"大一统"思想源远流长，最早起源可追溯至夏、商、周三代时期，是春秋时期儒家首倡的政治学说，其中"溥天之下，莫非王土；率土之滨，莫非王臣"①，就是对先秦时期"天下"②统治秩序最简洁生动的概括，是"大一统"思想最为鲜明的体现。这种以"王"为中心构筑的"大一统"③理论体系，不仅为秦汉以后的历朝各代所引用，奉为政治实践的理论指南，而且也深深根植于每一个中国人的内心深处④；"'一统天下'，达到长治久安，就是它们的政治理想和追求的最高目标。"⑤ 春

---

① 《诗经·小雅·北山》，王秀梅译注，中华书局，2006，第 299 页。
② 天下：就是当时的"四方"或"万邦"。"四方"即指东南西北四个方向，在地理上实际是无限的；"万邦"是指周的王畿之外，分布着许多诸侯国及四夷属国，统称为"万邦"，根据"王"有天下的观念，这些邦国无论远近都应属周天子统辖。
③ "大一统"理论强调的是通过"礼"的统一、"政令"的统一和"制度"的统一来维持天下统治结构的运行。
④ 李大龙：《传统夷夏观与中国疆域的形成——中国疆域形成理论探讨之一》，《中国边疆史地研究》2004 年第 1 期。
⑤ 李治亭：《论清代"大一统"与边疆民族问题》，中华文史网，2012 年 6 月 20 日。

秋战国时期虽然是中国历史上大动荡、大分裂时期，但民族的融合与地区性的统一，以华夏族为核心"大一统"的出现，却为"大一统"思想的最终形成奠定了基础。①

秦汉王朝的统一及其对边疆地区的开发，初步奠定了我国疆域的基础，第一次开启了"中原与边疆"各民族共为一体"华夷一统"的现实，"促进了多民族国家内部政治、经济、文化、风俗伦理等方面的进一步统一，边疆与内地、'中国'与'四夷'一统的观念得到加强。"秦汉空前统一的政治格局为"大一统"思想在这一时期进一步提高与完善，构成一个完整体系并最终确立下来，提供了现实基础。再经过此后两汉王朝400余年的统一，"大一统"思想已经根植于人们的内心深处，成为牢不可破的信念。② 自此以后，"大一统"思想便成为"左右中国历史发展的占支配地位的思想意识形态，尽管有过多次大小规模不同的分裂，迟早归于一统，但每次分裂仅仅是一姓王朝的分崩离析，而作为政治的、文化的、经济的、伦理道德的共同体中国，却依然存在，一直延续到今天。在中国这个共同体内，只有王朝和政权的更迭，丝毫不影响中国自身的存在。'大一统'是中国历史发展的一条主线，也是影响中国历史发展的一条法则"③。

自秦汉以后，受"大一统"这一中国历史发展法则的影响，无论是魏晋南北朝中国历史上的大分裂、大动荡时期，或者是隋唐元清中国历史上的"大一统"王朝时期，抑或是宋、辽、金等诸强并列时期，许多民族和政权无不以中华正统自居，以建"大一统"之功为己任。这一特点在入主中原后的边疆各民族身上表现得尤为突出。

"大一统"思想对中国历史疆域形成的影响还鲜明地体现在中国历史上的大分裂、大动乱时期，也是民族大迁徙、大融合时期。"这种大迁

---

① 刘正寅：《"大一统"思想与中国古代疆域的形成》，《中国边疆史地研究》2010 年第 2 期。

② 刘正寅：《"大一统"思想与中国古代疆域的形成》，《中国边疆史地研究》2010 年第 2 期。

③ 李治亭：《论清代"大一统"与边疆民族问题》，中华文史网，2012 年 6 月 20 日。

徙、大融合，促进了各民族间政治、经济、文化等方面的交流和发展，进一步加强了中华各民族间的内在联系与密不可分的整体性。"① 这种大迁徙、大融合更进一步促进了边疆与中原内地的一体性，为此后更大规模的"大一统"王朝的兴起奠定了基础。例如，魏晋南北朝时期的大分裂、大动乱、大迁徙、大融合为此后隋唐王朝实现更大规模疆域的统一奠定了基础，而隋唐统一稳固的疆域又使得"大一统"思想更进一步深入人心，人们无不以"统一"为常，而以分裂为变。五代十国时期的大分裂、大动乱、大迁徙、大融合以及辽、宋、夏、金时期诸强的并立，这一时期边疆各民族与中原内地间频繁地进行政治、经济、文化交流与融合，为蒙元中国少数民族建立的第一个全国性的"大一统"政权创造了条件，奠定了基础。元王朝"所实现的空前统一，结束了自唐末以后的分裂局面，推动了多民族统一国家的巩固和发展，促进了中华整体观念的加强。……元王朝巩固并扩大了中国历史上的边疆，加强了版图内的统治和管理"②。明王朝与北元蒙古势力以长城为界形成的南北对峙，彼此之间长期形成的政治、经济与文化的交流，为清王朝完成对所有边疆地区的统一，实现比以往任何朝代都巩固的"大一统"帝国奠定了基础。

综上而言，正是自秦汉以来历朝各代对"大一统"政治格局的孜孜追求，才使得各边疆地区与中原内地"一体化"逐步加深，边疆各民族与中原汉族（华夏族）经过历史上长期的民族融合与文化交流，逐步形成了"你中有我""我中有你"密不可分的多元一体的中华民族。满洲贵族统治者以"大一统"思想为指导，汲取前朝历代智慧之大成，自公元1644 年入主中原，建立对全国的统治，至乾隆中叶完成对所有边疆地区的最后统一，清王朝一直在为完成统一边疆大业进行艰苦卓绝的努力。③此外，清王朝在"大一统"思想指导下实施统一全国的过程中，还进一

① 刘正寅：《"大一统"思想与中国古代疆域的形成》，《中国边疆史地研究》2010 年第2期。

② 刘正寅：《"大一统"思想与中国古代疆域的形成》，《中国边疆史地研究》2010 年第2期。

③ 成崇德：《康乾盛世的疆域与边疆民族》，载郭成康等《康乾盛世历史报告》，中国言实出版社，2002。

步发展了"大一统"思想，集中表现在对"华夷之辨"的否定和批判，并相继提出了"满汉一体""满蒙汉一体""天下一统，满汉无别"①，并最终形成了"天下一家"的思想："帝王治天下，自有本原，不专恃险阻。秦筑长城以来，汉、唐、宋亦常修理。其时岂无边患？明末，我太祖统大兵长驱直入，诸路瓦解，皆莫敢当。可见守国之道，惟在修德安民，民心悦，则邦本得而边境自固，所谓众志成城者是也。"②"本朝不设边防，以蒙古部落为之屏藩"③，"我朝施恩于喀尔喀，使之防备朔方，较之长城更为坚固。"④ 其中清圣祖康熙皇帝提出的"废长城""修德安民""众志成城"的思想成为中国古代"大一统"思想发展的最高峰。同时也彰显了清王朝建立的空前巩固、空前统一的大帝国，是中国历史发展的必然结果，是边疆与中原各族人民共同努力完成的。⑤

二 "羁縻"理论（思想）指导下的"同中有异"性

（一）以"因俗而治"为内涵"羁縻"政策的实施

中国是一个历史悠久、人口（民族）众多、地域辽阔的文明古国，在不同历史时期、不同的边疆地区，因地理环境和政治生态的差异，其居民的情况也往往有很大的差别。譬如，早在先秦时期人们对"中原"与"边疆"不同民族、不同文化的认识就有着比较明确而系统的记载："中国戎夷五方之民，皆有性也，不可推移。东方曰夷，被发文身，有不火食者矣。南方曰蛮，雕题交趾，有不火食者矣。西方曰戎，被发衣皮，有不粒食者矣。北方曰狄，衣羽毛穴居，有不粒食者矣。中国、夷、蛮、戎、狄，皆有安居、和味、宜服、利用、备器，五方之民，言语不通，

---

① 李治亭：《论清代"大一统"与边疆民族问题》，中华文史网，2012 年 6 月 20 日。
② 《清实录》第 5 册（《圣祖实录》康熙三十年，卷 151），中华书局影印本，1985，第 677～678 页。
③ 《清实录》第 6 册（《圣祖实录》康熙五十六年，卷 275），中华书局影印本 1985，第 700 页。
④ 《清实录》第 5 册（《圣祖实录》康熙三十年，卷 151），中华书局影印本，1985，第 677 页。
⑤ 刘正寅：《"大一统"思想与中国古代疆域的形成》，《中国边疆史地研究》2010 年第 2 期。

嗜欲不同。达其志，通其欲，东方曰寄，南方曰象，西方曰狄鞮，北方曰译。"① 在这些条件和认识的影响下，中国古代很早就形成了极富弹性色彩的"因俗而治"的治边传统思想，或又可称之为"羁縻"思想。

最早使羁縻思想成为较为成熟的治边思想的大约就是先秦时期的"服事说"②，至迟从战国起，人们在后世经常可以看到的以羁縻思想为指导的治边实践活动就已出现了。③ 羁縻，"含有联系、牵制之意，是中国历史上中央王朝统治者统治边疆少数民族地区经常采用的一种政策。这种政策就是在少数民族承认中央王朝统治的前提下，中央王朝允许其实行有限自治，保持本民族原有的社会制度、宗教信仰及风俗习惯、文化传统等等，并通过加强内地和边疆政治、经济、文化各方面联系，在不改变边疆地区原有政治实体内部结构的前提下，加强中原对边疆地区的影响，促进内地与边疆一体化，从而巩固和壮大大一统的国家"④。显然，羁縻政策是在"大一统"思想影响下的以"因俗而治"为核心的治边观。

秦统一中国后，建立了我国历史上第一个统一多民族的中央集权的封建王朝国家。在边疆治理上，尽管秦始皇极力推行与内地一体化的郡县制，但在边疆少数民族聚居区，考虑到现实的需要也不得不在郡以下"因俗而治"设立道（相当于县），对归顺较大的少数民族部落实行属国制的管理形式，充分体现了秦朝在边疆地区在高级行政管理上实行郡县制的统一性与在低级行政管理上实行"因其故俗"制的灵活性。

汉朝是我国统一多民族国家进一步形成和发展时期。汉承秦制，对秦在全国各地都积极推行郡县制引出的种种消极后果进行了反思与总结，在边疆治理上"因俗而治"的羁縻政策受到政治家和学者们越来越多的青睐。正如司马相如曾言："盖闻天子之于夷狄也，其义羁縻勿绝而已。"⑤ 再如班固所说："夷狄之人，贪而好利，被发左衽，人面兽心，其与中国殊章服，异习俗，饮食不同，言语不通，辟居北垂寒露之野，逐

① 王文锦译解《礼记·王制》，《礼记译解》上，中华书局，2001，第176页。
② 服事说：强调了一个政治中心对不同地区实施的不同程度的管辖，同时又反映了不同地区对一个政治中心所承担的不同程度的义务。
③ 马大正主编《中国边疆经略史》，中州古籍出版社，2000，第451页。
④ 马大正：《有清一代边疆政策的当代启示》，中国边疆网，2012年11月16日。
⑤ （汉）司马迁：《史记·司马相如列传》卷117，中华书局点校本，1962，第3049页。

草随畜，射猎为生，隔以山谷，雍以沙幕，天地所以绝外内也。是故圣王禽兽畜之，不与约誓，不就攻伐；约之则费赂而见欺，攻之则劳师而招寇。其地不可耕而食也，其民不可臣而畜也，是以外而不内，疏而不戚，政教不及其人，正朔不加其国；来则惩而御之，去则备而守之。其慕义而贡献，则接之以礼让，羁縻不绝，使曲在彼，盖圣王制御蛮夷之常道也。"① 又如郑吉上书汉宣帝时所言："中国与夷狄有羁縻不绝之义。"② 在此思想指导下，两汉王朝在广大边疆地区纷纷"因俗而治"地设置了道、属国、都尉、都护、中郎将、校尉等管理少数民族的机构。犹如，设置使匈奴中郎将强化对北部边疆匈奴的管理，设置护乌桓校尉和辽东属国都尉加强对东北边疆的控制，设置西域都护府加强对西北地区的控制，设置护羌校尉加强管理西部边疆少数民族等。此外，还在边郡制（以西南边疆地区为主）之下大量分封王、侯、土长进行羁縻而治。实践证明，两汉王朝统治者实施的边疆羁縻政策对促进边疆与内地经济和文化的交流与互动，维护两汉王朝长达 400 余年的统治是大有裨益的。

隋唐是我国统一多民族国家重要的发展时期。"'因俗而治'的羁縻治理政策在汉代以后，逐渐成为中央政权治理边疆政策的主流。""经过魏晋南北朝长期的孕育和发展，'因俗而治'的羁縻政策在隋唐时期得到进一步发展和完善，并大规模地在边疆地区推广施行。"③ 唐王朝为了进一步加强中央集权统治，在边疆治理上充分吸收以往朝代的成功经验和失败教训，采取"全其部落，顺其土俗"④ 的民族统治政策对边疆地区的少数民族进行管理，在周边各少数民族地区内纷纷设立了羁縻府州县制度。羁縻府州制的核心就是保持边疆民族的原有部落，用其首领为都督或刺史，羁縻府州对中央的义务就是朝献和交纳轻微的赋税。各少数民族在羁縻府州县形式之下与唐王朝保持着朝贡藩属的臣属关系。据不完全记载，唐代设置的羁縻府州数量之多，统辖范围之广，地域跨度之大，

① （汉）班固：《汉书·匈奴传》卷 94 下，中华书局点校本，1962，第 3834 页。

② （汉）班固：《汉书·陈汤传》卷 70，中华书局点校本，1962，第 3008 页。

③ 陈跃：《"因俗而治"与边疆内地一体化——中国古代王朝治边政策的双重变奏》，《云南师范大学学报》（哲学社会科学版）2012 年第 2 期。

④ （宋）司马光：《资治通鉴》卷 193 唐纪九，太宗贞观四年夏四月，中华书局点校本，1956，第 6076 页。

远非直辖府州可比。① 羁縻府州主要统辖于安南、安东、安北、单于、安西和北庭 6 大都护府。其中安南大都护府管辖南疆，安东大都护府管辖东北，单于和安北两大都护府管辖北疆，安西和北庭两大都护府管辖西域。后来，尽管羁縻府州县制度在唐还存在着这样或那样诸多的不足与缺陷，并随着安史之乱及国内政局的剧烈变动使得数量庞大的羁縻府州大为内缩锐减，大有分崩离析之势，但是我们也不得不承认有唐一代的"羁縻府州县制度"在促进边疆与内地之间经济文化交流，加快边疆地区社会发展，增进民族融合，加强各边疆少数民族对唐王朝的向心力、凝聚力和认同感，维护边疆地区稳定等方面依然发挥了重要作用，在隋唐时代是有着强大生命力的。

隋唐之后，元代成为中国古代疆域发展史上的一个重要时期。唐末迄元的近 400 年间，全国的疆域格局经历五代十国时期的重新组合，以及辽、宋、夏、金等诸强的并立。元朝的建立不仅结束了自唐末以来的分裂割据局面，在兼并西夏、金、吐蕃、大理、南宋等政权的基础上，创立了新的疆域空前辽阔的大一统帝国。在元朝地域广袤的边疆地区，分布着为数众多的少数民族，元朝统治者深知边疆民族的社会状况既不同于内地汉族，彼此亦各不尽相同，应该实行何种政策与措施，才能将如此辽阔而复杂的边疆地区比较牢固地统一在国家版图之内呢？这是摆在元朝统治者面前一个实际而棘手的问题。对此，元朝统治者在借鉴前代经验的基础上进一步完善了边疆治理体系，元朝在除西北地区和西藏地区以外的广大边疆与内地实施了行省管理形式，但鉴于各边疆民族地区发展不平衡的实际情况，在边疆地区的行省制下又纷纷采取了"因其俗而柔其人"的策略。譬如，在西南边疆僻远地区的云南行省下任用大量土著民族中的上层人士担任土官，依其本俗管理其部落民众和事务；在北部边疆岭北行省下仍是沿袭蒙古时期的千户和百户作为地方行政单位，此外，还有受行省节制的诸王贵族分封地；在东北边疆地区辽阳行省下，设有辽阳路、广宁府路、大宁路、开元路、女直水达达路、沈阳路、东宁路、泰宁路、宁昌路和征东元帅府等九路一府，在个别民族聚居的路

---

① 马大正主编《中国边疆经略史》，中州古籍出版社，2000，第 122 页。

下因其故俗还设有万户府、千户所、百户所来管理当地民族等。① 彰显了元朝在边疆行省下设土官或元帅府或军民万户府等管理的行政制度，实质上就是宏观在中央直接管理下的微观羁縻统治，是中央直接管理与地方"因俗而治"的有机结合。② 此外，西北地区因涉及元朝与窝阔台汗国、察合台汗国之间统治者的恩怨关系，成为叛乱多发之地，基于此，元政府为阻止叛乱势力蔓延，加强对西北地区的管辖，设立了北庭都护府及都元帅府等一系列的军政机构。③ 尤为值得注意的是，作为我国西部边疆的西藏地区在元朝时期首次正式被纳入中央王朝的直辖管理之下。元朝建立后，元政府充分考虑到吐蕃地区佛教盛行、教派林立、政教合一的特点，决定对其采取"因其教柔其人"的"因俗而治"政策，在中央机构中，设立帝师、宣政院等官员和机构，在地方扶助萨迦派势力并建有吐蕃等处宣慰使司都元帅府、吐蕃等路宣慰使司都元帅府、乌斯藏纳里速古鲁孙等三路宣慰使司都元帅府，利用宣政院和萨迦派的宗教影响力实行对吐蕃的军政统治。"元朝设置的中央和地方边疆管理机构，是我国汉、唐王朝边疆管理机构的继承和发展，尤其是设置宣政院管辖吐蕃地区，开了在中央政权中设置具体管理地方机构的先河，更有着十分重要的意义。"④ 显而易见，元朝在边疆治理上采用的"因俗而治"的羁縻政策在很多边疆民族管理机构中已出现了土流并治的特点，管理者已成为朝廷的正式命官（如西南地区的土官、负责西藏地区事务的帝师和宣政院官员等），较隋唐时期的羁縻府州县制度在具体治策的实施上已有较大进步，内涵更为丰富，在促进边疆地区不断内地化的过程中作用更为重大。

元亡明兴，"因俗而治"的羁縻政策在边疆治理中得到了进一步的继承和丰富。明王朝在东北的兀良哈三部、女真诸部、奴儿干都司以及在西北的关西蒙古、撒里畏兀儿诸部建立羁縻卫所；在北部对鞑靼和瓦剌

① 林荣贵主编《中国古代疆域史》，黑龙江教育出版社，2008，第1282~1284页；李治亭主编《东北通史》，中州古籍出版社，2003，第304~307页。

② 陈跃：《"因俗而治"与边疆内地一体化——中国古代王朝治边政策的双重变奏》，《云南师范大学学报》（哲学社会科学版）2012年第2期。

③ 赵云田：《中国治边机构史》，中国藏学出版社，2002，第188~192页。

④ 马大正主编《中国边疆经略史》，中州古籍出版社，2000，第216页。

两部则利用他们之间的世仇，分别封王，使之相互牵制，互相消耗[1]；鉴于西藏地区教派林立、喇嘛教盛行，明政府采取"多封众建以分其势"的政策，分封喇嘛教首领为王，加强对西藏地方的管辖；在西南边疆民族地区广泛推行土司制，并进一步规范其管理。明政府在边疆少数民族地区实施的一系列"因俗而治"的羁縻政策，在稳定边疆，加强汉族与少数民族以及各少数民族之间政治、经济与文化的联系，促进统一多民族国家的全面形成上所发挥的作用是不容低估的。

清代（公元 1840 年以前）是我国统一多民族国家全面形成时期，也是大一统疆域全面奠定时期。清王朝统治者在全面总结以往历朝各代治边经验与教训的基础上，明确提出了把"修其教不易其俗，齐其政不易其宜"[2] 作为清王朝边疆民族政策的指导思想之一。根据边疆民族地区各自的情况"因俗而治""从俗从宜""各安其习"实行多种政治制度，进行统治。[3] 在这一治边思想指导下，清朝前期根据各边疆地区不同的情况采取了不同的治理方式，细而言之：其一，不改变生活方式、风俗习惯和衣冠制度。譬如，尊重蒙古地区"行则车为室，止则毡为庐，顺水草便骑射为业"的游牧经济和游牧生活方式；尊重西藏的风俗习惯"西藏乃极边之地，非内地可比，其生计风俗，自当听其相沿旧习，毋庸代为经理"；崇黄教以治西藏而安蒙古等。其二，实行多种形式的管理制度。譬如，在北部边疆蒙古族聚居区实行以八旗制为基础、又保留蒙古固有特点的盟旗制。在东北边疆地区，根据各个地区各个民族的不同实施的管理制度也各不相同：以州县制管理汉人民户，设八旗制管理以八旗满洲为主体的八旗兵民（也包括索伦、达斡尔、鄂伦春、赫哲、锡伯等族），设盟旗制以统辖辽东西段柳条边和吉林新边以西及其以北的蒙古游牧区，对在黑龙江、乌苏里江流域以及滨海和库页岛辽阔边疆地区分散居住的赫哲、费雅喀、奇勒尔、鄂伦春、库页等少数民族实行姓长制。[4]

---

① 马大正主编《中国边疆经略史》，中州古籍出版社，2000，第 221 页。
② （清）李兆洛：《〈皇朝藩部要略〉序》，载于（清）祁韵士《皇朝藩部要略》，道光二十六年（公元 1846 年）筠渌山房刻本。
③ 成崇德：《康乾盛世的疆域与边疆民族》，载郭成康等《康乾盛世历史报告》，中国言实出版社，2002。
④ 刁书仁：《论清朝对东北边疆各族的管理体制》，《史学集刊》2002 年第 4 期。

西北新疆地区地域辽阔，民族众多，清朝根据各个聚居区的民族分布情况实现了多种制度：在汉族聚居区实行郡县制，维吾尔族聚居区实行改革的伯克制度，游牧的哈萨克、布鲁特、蒙古诸部及哈密、吐鲁番地区实行札萨克制度。① 西部边疆的西藏地区实行驻藏大臣与宗教领袖联合管理下的政教合一的地方噶厦制度。川、青、甘、滇藏区和西南边疆少数民族地区实行土司制度。清前期统治者将"因俗而治"的边疆统治的传统思想奉为圭臬，根据各边疆民族地区的不同特点，实行了多元化的管理体制，在清朝前期取得了较好的统治效果，对边疆巩固和发展起到了重要作用。

综上所述，中国古代羁縻政策萌芽于先秦时期，发展完善于汉唐时期，元、明、清是其走向式微的时期。基于先秦"服事观"基础上形成的以"因俗而治"为内涵的羁縻政策，在秦汉至清代（公元 1840 年前）两千余年的治边实践中发挥了积极作用，是中国历代中原王朝治边政策的重要组成部分，也是其实现和维护大一统王朝理想的重要策略。两千余年中，中国古代传统羁縻政策的发展演变过程，实际上主要是历代中央王朝对处于周边地区少数民族的治理方式的演变过程，其特点是由松到紧、由间接治理逐渐向直接统治过渡。此外，羁縻政策还因朝代不同、中央王朝与同一时期少数民族关系的不同和双方力量（特别是军事力量）的强弱不同，呈现出不同的表现形式和特点。有时即使是同一朝代，对不同少数民族或居于不同地区的同一少数民族，其羁縻政策也不尽相同。② 尽管如此，但历代传统羁縻政策的核心要义总体上应包含 3 个层次：第一，边疆少数民族应与中央王朝保持一定的政治联系。第二，要"适度而治"或"以夷制夷"，就是中央王朝对边疆少数民族实行间接统治。第三，土流并治或土官的流官化，也就是说，历代中央王朝对少数民族实行羁縻政策的最终目的还是为了实现更高层次的统治。譬如：元明清三代土官土司制的变化最为典型，清代改土归流、伯克制和札萨克

---

① 成崇德：《康乾盛世的疆域与边疆民族》，载郭成康等《康乾盛世历史报告》，中国言实出版社，2002。

② 彭建英：《中国传统羁縻政策略论》，《西北大学学报》（哲学社会科学版）2004 年第 1期。

制的变化就是反映了这一特点。总之，传统的羁縻政策作为中国古代边疆民族政策的重要组成部分，对中国古代民族关系史的发展演变和对中国历史疆域的形成、发展、演变以及最终的奠定都产生了深远影响；同时也对中国统一多民族国家的形成、发展以及对多元一体中华民族的形成都起到了一定的积极作用。

（二）中央王朝"朝贡体制""藩属体制"秩序的建构

"朝贡体制"渊源于先秦时期的"天下观"①"夷夏观"②"服事制"③等相关理论，是古代中国中央王朝政权处理与边疆少数民族政权及其与周边国家政权之间关系的一种非常重要的政治制度，历代中央王朝大都借用这种制度来维护其"天朝至尊"的地位，把朝贡者视为藩属。自秦汉以来，朝贡制度在边疆少数民族地区秩序的建构就发挥了重要作用，其特点主要体现在边疆少数民族的首领对中央政权的"朝贡"和"纳赋"等，中央政权对边疆少数民族首领进行政治"册封"和经济"赏赐"等，进而表现为"封建王朝与民族贵族之间达成的一种妥协性协议，中央王朝授权封号，民族贵族接受封号，政治上靠拢封建王朝，共同对边疆民族地区实行统治"④。无论是两汉时期在各边疆民族地区实施的把各大小部落首领和土长封为王、侯、邑长的羁縻之制，还是在唐代各边疆民族地区广泛设置的羁縻府州县制度，以及元明清时期在西南边疆地区深入设置的土官土司制，抑或是清代（公元 1840 年以前）在东北、北部、西北、西藏等边疆民族地区实施的姓长制、盟旗制、伯克制、封爵制度等，无不体现了朝贡体制的上述特点。"朝贡体制"对边疆民族地区秩序的建构，成为边疆民族地方与封建王朝中央沟通与交往的一种重要形式。边疆少数民族地区首领通过向中央政权朝贡，表明了"一种通行的宗属关

---

① "溥天之下，莫非王土；率土之滨，莫非王臣"的"大一统"天下观。
② 认为"中国、戎、夷五方之民"存在着文化上的巨大差异，并由此派生出两种不同处理民族关系的理论和方法：一是主张"严华夷之辨"；二是主张"用夏变夷"。
③ 一曰《周礼·夏官司马·职方》中的"九服说"（侯服、甸服、男服、采服、卫服、蛮服、夷服、镇服、藩服）；一曰《尚书·禹贡》中的"五服说"（甸服、侯服、绥服、要服、荒服）。服事制理论是为解决先秦时期王与华夏诸侯乃至与夷狄之间关系的理论。
④ 王学辉：《从禁忌习惯到法起源运动》，法律出版社，1998，第 158 页。

系，是中央对四方的一种统治、怀柔政策"①。我国历史上的朝贡关系使得地处边疆深处的土著民族走出了封闭、狭隘的偏僻之所，加强了与中央王朝互动的关系。"在土司时期，贡赋数量不多，却具有重要意义，朝贡象征着土司对中央王朝的臣服；纳赋意味着土司地区归属中央王朝的版籍。"② 可见，历史时期边疆民族地方与中央政权朝贡关系的发展对巩固和发展统一多民族中央集权国家的结构和疆域，具有十分重要的作用。这种朝贡关系体现了中央王朝与边疆民族地方之间的一种"君臣"与"宗藩"的政治隶属关系。它一方面加强了中央王朝对边疆土著民族地区的统辖关系，培养了边疆各土著民族对中央王朝的政治向心力和文化认同感，从而使王朝的边疆统治逐步趋于稳定，使王朝的统治疆域进一步扩大和巩固；另一方面也加强了边疆各族间的联系，从而出现了"车书本一家""社稷协同如一"的景象。③ 可以说，自秦汉至清代（公元1840年以前）两千余年间，中国东、南、西、北各边疆地区逐步成为中国疆域牢不可破之一部分，与历史时期中央王朝"朝贡体制"（或封贡体制）对边疆民族地区秩序的建构与变革存在着密不可分的关系。

另外，历史时期以"和平主义"为基点、以"中国中原帝国"为中心与东亚、东南亚、中亚等周边国家构筑起的以"朝贡体系"为主要形式的区域性国际体系，为中国广大边疆地区提供了长期友好、和平的外部环境，为中国边疆地区的长期稳定与安全发挥了积极的作用。尽管这一以中国为中心的区域性国际体系在晚清以后遭到近代欧洲国际体系（又称条约体系或殖民体系）的挑战，并最终淡出历史舞台，但其在历史上所起的积极作用依然是不容抹杀的，我们理应给予客观公正的评价。犹如，公元97年和120年，掸国（当时缅甸境内的国家之一）曾派使臣随哀牢携带土特产来朝贡④；三国东吴黄武六年（公元227年），老挝（当时称"堂明"）就已遣使来贡，揭开了中老两国经济与

---

① 岳小国、陈红：《不被"整合"的向心力——民族走廊"国家化"研究》，《青海民族研究》2013年第2期。

② 岳小国、陈红：《不被"整合"的向心力——民族走廊"国家化"研究》，《青海民族研究》2013年第2期。

③ 宋卿：《渤海忽汗州都督府朝贡唐王朝述论》，《史学集刊》2006年第5期。

④ 伍庆玲：《朝贡贸易制度论》，《南洋问题研究》2002年第4期。

外交关系的序幕；自北宋以来，中越之间以朝贡秩序为基础长期建立起来的"宗藩"关系；明清时期，两朝都分别与朝鲜和暹罗建立了长期稳固的朝贡关系；清代，乾隆五十五年（公元1790年）中缅建立起了10年一贡的朝贡体系等。① 这一中外"朝贡体系"的建立为中国历史疆域的形成、发展与稳固提供了良好的和平外部环境，产生了积极的影响。

同样渊源于先秦时期"夷夏观""天下观""服事观"等相关理论基础上形成的，作为处理或协调中央与边疆民族地区之间关系的"藩属体制"，在对中国历史疆域的形成、发展、演变及奠定的过程中也起到了积极的推动作用。"藩"（又写作蕃、番）字在先秦就已出现，据《周礼》贾公彦疏："方千里曰王畿……又其外方五百里曰藩服。言藩者，以其最在外为藩篱，故以藩为称。"② 其本义为一城、一家之外的篱笆，引申为保护、边域、屏障之义。③ 李大龙先生在其《汉唐藩属体制研究》一书中，从政治层面上把"藩"的含义概括归纳为3个方面："属于一个政权尤其是中原王朝因分封而形成的诸侯和王；分立的政权之间弱者对强者的自称；称臣的边疆民族政权。""属"，用于指称边疆民族政权始于汉代，其用法为见诸史书记载的"属国"。④ "属国"在秦汉时期最初的含义是指中原王朝为臣属内迁的边疆民族而设置的具有浓郁"自治"色彩的行政建制，其运转机制主要体现在由中央王朝政权委派的"属国都尉"等"流官"的监督和参与下保持原有的"土官"管理体制。"藩""属"两字连用为"藩属"一词是清代才出现的，但清代时"属（属国）"的含义已不同于汉代，而是用来指"藩部"（专指理藩院下属的蒙古、新疆、西藏等）之外的"附属国"或是指与清王朝邻近的"属国"。虽然"藩属"一词在清代时才最终出现，但其指称的对象及含义却早在秦汉时期就已经存在，只是史书以"藩臣""属国""外臣"等称之。而"'藩臣'在用于指称边疆民族政权的同时，也有指称中央王朝内部分封

---

① 王介南撰《中国与东南亚文化交流志》，上海人民出版社，1998。
② 《周礼注疏》卷33，《夏官·职方氏》，上海古籍出版社，1990，第500页。
③ 张双智：《清朝外藩体制内的朝觐年班与朝贡制度》，《清史研究》2010年第3期。
④ 李大龙：《汉唐藩属体制研究》，中国社会科学出版社，2006，序论。

的同姓或异性诸侯王乃至地方势力的含义，不过随着分封制度的逐渐衰落，'藩臣'更多的还是前一种用法。"①

　　尽管"藩属体制"形成的思想可以追溯到先秦时期，但形成为一种制度并用于边疆治理则是在秦王朝实现对中原地区及部分边疆地区统一的基础上"夷、夏二元"结构的"天下"形成之后。可惜，由于秦王朝国祚短暂，藩属体制的建构未曾深入即已覆亡。汉承秦制，建国之初，面临凶险的周边环境，特别是北方匈奴势力的咄咄逼人，汉王朝开始在服事理论和藩属观念指导下，在边疆的治理上，不遗余力地构筑起中国历史上第一个相对完善的藩属体制。细而言之，汉代的藩属体制构成主要是由边疆民族地区的"边郡"或"初郡"（以西南地区的王、侯等土长制为主）、属国（如河西属国、北地属国、上郡属国、金城属国、天水属国、五原属国、张掖属国等）、特设机构（如护乌桓校尉、护羌校尉、西域都护等）、"藩臣"（如称臣但不设置管理机构的匈奴）等4种不同类型的管理方式组成。新建的"藩属体制"能够正常运转，起到维护边疆稳定的目的，不仅需要中央王朝有强大的国力和军力为后盾，而且还需要有一套行之有效的管理制度。据相关史书记载，两汉王朝为了确保这一"藩属体制"的有效运转，确实建立起了一系列的管理制度，主要体现为：第一，以朝贡册封体制为主的礼仪规范；第二，以中央和地方两级管理机构的设置和不断系统化；第三，朝廷建立在使者往来基础上的遥控和协调；第四，实施包括推广中原统治制度和思想文化等在内的边疆内地化政策。"汉代以后的历朝各代虽然面临着不同的边疆形势，但中原王朝尤其是以汉族的主体建立的王朝一般都要建立藩属体制，尽管这些藩属体制有各自的特点，但作为中原地区'藩屏'的性质是一致的，在藩属体制构筑的原则和指导思想，乃至维持藩属体制运转的各项措施和政策等方面也都有着许多的共同之处。"② 随着唐宋元明"藩属体制"

---

①　李大龙：《汉唐藩属体制研究》，中国社会科学出版社，2006，序论；刘志扬、李大龙：《"藩属"与"宗藩"辨析——中国古代疆域形成理论研究之四》，《中国边疆史地研究》2006 年第 3 期。

②　李大龙：《关于藩属体制的几个理论问题——对中国古代疆域理论发展的理论阐释》，《学习与探索》2007 年第 4 期。

的进一步丰富和发展，至清代（公元 1840 年以前），随着藩属地区的不断内地化，清王朝对藩属的认识已呈现出界限清晰的两大部分，表现为以蒙古、新疆、西藏为主的内属外藩（或称为藩部）和境外外藩（或称为附属国、属国），并进而认为随着西南地区"改土归流"和"边疆内地化"的不断深化，云南与广西等边疆民族地区已经不再属于"藩属"涵盖的范围，而是王朝的直辖区了。此外，清王朝对内属外藩（或称藩部）的管理也更为直接而有效，譬如，将军、都统、参赞大臣、领队大臣、办事大臣等在藩部地区的广泛设置，盟旗制在草原地区的推广，改制后伯克制度在回疆的继续推行，驻藏大臣机构在西藏的设置及职权的进一步完善，以及《理藩院则例》《蒙古律例》《回疆则例》《西藏通制》等一系法律法规的颁布及实施，极大强化了中央对蒙古、新疆和西藏等藩部地区的控制，树立了权威。显而易见，清廷已把蒙古、新疆和西藏等民族地方完全视为国家的一个组成部分，制定了比较系统的行政管理制度，对控制和稳定边疆发挥了极大的作用。[①]

　　总之，自秦汉至清代（公元 1840 年以前），在先秦时期"天下观""夷夏观""服事观"基础上形成的"朝贡体制"（封贡体制）、"藩属体制"，成为中国历代王朝特别是"大一统"的中原王朝协调或处理与边疆民族乃至周边民族（或政权）关系的一种体制或方法。尽管在面临近代西方列强入侵及国际条约体系挑战时败下阵来，但我们仍然不可否认作为共存共生的藩属体制和朝贡体制，两千余年来，确实适应了历代王朝在"大一统"思想观念下，以中原地区为本根（核心）对边疆民族地区进行因俗而治的需要。也正是在这一体制的影响下，边疆地区和中原地区的联系才变得日益密切，边疆的内地化才得以不断推进，中央王朝的直辖区才得以进一步向边疆地区拓展，尤其是清王朝（公元 1840 年以前）时期中国空前规模"大一统"历史疆域的最终奠定，显然是与历代中央王朝所建构的"藩属体制"与"朝贡体制"在边疆地区所产生的积极作用分不开的。近代之后，伴随着西方列强的入侵，"藩属体制"和

---

① 张双智：《清朝外藩体制内的朝觐年班与朝贡制度》，《清史研究》2010 年第 3 期。

"朝贡体制"经历了一系列阵痛之后，呈现出两种发展趋向①的同时并最终寿终正寝。

三　与云南边疆相比，其他边疆地区在中国疆域形成中的鲜明特点

（一）东北边疆

与云南边疆相比，东北边疆②在中国历史疆域形成中具有的鲜明特点，主要表现为：第一，东北本土民族的贡献较为突出，如历史时期鲜卑、契丹、女真、蒙古、满族等；第二，东北边疆与中原地区呈现出移民对流的特点，较早地促进了东北边疆与中原内地的一体化进程。

1. 东北本土民族的贡献较为突出

"古代东北边疆自远古时代起就成为中原政权疆域不可分割的一部分，但东北疆域的发展并不是一成不变的，具有明显的阶段性特征，东北疆域的形成是一个动态过程，是在中原政权与东北边疆诸族的共同开发和建设下形成并最终确立下来的。"③ 据相关文献记载，尧舜、禹夏时期，东北边疆就已与中原发生了联系；周初，箕子入朝鲜，受周之封，东北边疆就已与中原政权建立了以"封贡"为核心的臣属关系；战国时期，地处北方的燕国在驱逐东胡基础上，第一次在东北边疆地区进行了行政区划的建置，据《史记·匈奴传》记载："燕有贤将秦开，为质于胡，胡甚信之。归而袭破走东胡，东胡却千余里。……燕亦筑长城，自造阳至襄平，置上谷、渔阳、右北平、辽西、辽东郡以拒胡。"④ 其中，秦开北逐东胡所建五郡中有辽西、辽东及右北平部分地带在今辽宁省境

---

① "藩属体制"的两种趋向：一是边疆的进一步内地化；二是现代意义上的国际关系。"朝贡体制"的两种趋向：一个发展方向是由朝贡特点的具有象征意义的"贡"或"赋"演变为正式的制度化的国家赋税；另一个则发展为现代意义上的国与国之间的国际贸易关系。

② 历史上的东北边疆（疆域）包括了辽宁、吉林、黑龙江三省和内蒙古东部及今天的俄国远东部分地区。

③ 高福顺：《关于中国古代东北疆域问题的几点认识——东北疆域发展的动态过程与阶段性特征》，《学习与探索》2007年第4期。

④ （汉）司马迁：《史记·匈奴传》卷110，中华书局点校本，1962，第2885～2886页。

内，为有史以来第一次在东北地区建置设郡。秦朝灭燕改下辽东后，继置右北平、辽西、辽东三郡，以管辖东北边疆地区。两汉时期，中原政权对东北边疆的管辖又有了进一步的发展，在燕秦建置的基础上，不仅仍设右北平、辽西、辽东三郡，而且汉武帝时还增设了新的郡县：苍海郡①、乐浪郡、临屯郡、玄菟郡、真番郡，后昭帝始元五年（公元前82年），"罢临屯、真番以并乐浪、玄菟"②。这表明，两汉王朝在东北边疆的郡县设置及直辖范围不但扩大了，而且"朝鲜半岛由原为周的候国变为了中央直辖的郡县。朝鲜变为乐浪郡的一个县，郡的治所即设于此""朝鲜与东北地区联为了一个政治与经济的统一体"。此外，两汉王朝还在内附的少数民族地区设置一些不同于中原内地的行政机构，如护乌桓校尉、辽东属国都尉等；还建有与地方民族政权的以"封贡"为核心的臣属关系，如夫余、高句丽等。魏晋南北朝时期，在今东北的辽宁省及朝鲜部分地区基本沿袭了秦汉时期的行政建置——郡县制，对"生活在现今吉黑两省与内蒙古东部的东夷各族及鲜卑、乌桓等民族，另设东夷校尉、护鲜卑校尉、护乌桓校尉等管辖。这些少数民族与中原王朝保持着朝贡与隶属的关系"③。唐朝时期，"对东北的管理方式又发生了新变化，主要是通过羁縻府州进行管理，统治内容虽然与中原内地还有差别，但统治形式已趋于中原体制，这为辽金以后把东北边疆完全纳入中央统治体制、实行统一管理奠定了坚实基础"④。另外，这一时期在中国东北边疆地区建政长达700余年的高句丽地方民族政权被唐朝所灭，"唐设安东都护府，恢复了中央对辽东故地的直接管辖。其府治设在朝鲜平壤，汉江以北，东达日本海的近朝鲜北部疆土皆属中国版图。连同辽东地区皆属该都护府，这表明辽东与朝鲜连同一体，即朝鲜为东北地区的组成部分"⑤。辽金时期，两朝把东北边疆已经完全纳入中央的管理系统，同时，还根据东北边疆各民族的实际情况，采取了"因俗而治"的民族政

---

① 汉武帝元朔元年（公元前128年）设置，元朔三年（公元前126年）春撤销。
② （南朝·宋）范晔：《后汉书》卷85《东夷传》，中华书局点校本，1973，第2817页。
③ 李治亭主编《东北通史》，中州古籍出版社，2003，第4页。
④ 高福顺：《关于中国古代东北疆域问题的几点认识——东北疆域发展的动态过程与阶段性特征》，《学习与探索》2007年第4期。
⑤ 李治亭主编《东北通史》，中州古籍出版社，2003，第4页。

策，实施州县制与部族制或猛安谋克制、群牧所制等并行的管理体制。辽金两朝对东北边疆的管理模式，为元、明、清加速东北边疆内地化提供了借鉴。元统一全国后，鉴于金完全将东北地区置于全国统一行政建置之下的做法，又将东北地区置于岭北和辽阳两个行省之下（主要是辽阳行省之下），不断深化对东北地区的有效管理，进一步加强了东北边疆与中原内地的血肉联系。① 明王朝建立后，先后在东北边疆地区设置辽东、大宁②、奴儿干都司③ 3 个都指挥使司对东北边疆进行开发与管辖。辽东都司的管辖范围，"东至鸭绿江五百六十里，南至旅顺海口七百三十里，西至山海关一千一十五里，西北至大宁废卫八百六十里，东北至建州卫七百九十里"④，辖区内共设有二十五卫和二州。奴儿干都司辖境："东濒海，西接兀良哈，南邻朝鲜，北至努尔干、北海。"⑤ 具体包括黑龙江、松花江、嫩江、鄂嫩河、精奇里江、乌第河、乌苏里江、图们江等流域的广大地区，治所在黑龙江下游的特林，下辖三百八十四卫、二十四所、七站、七地面和一寨。⑥ 清代（公元 1840 年前），在东北边疆地区先后设有盛京将军、吉林将军、黑龙江将军实施军府制的直接管理，通过雅克萨战争之后与俄国签订了《中俄尼布楚条约》，制止了俄国向中国黑龙江流域的扩展，中国在东北的历史疆域最终得以奠定。

---

① 李西亚：《浅析金代东北的行政建置》，《吉林师范大学学报》（人文社会科学版）2003年第 3 期。

② 为洪武二十年（公元 1387 年）所置，洪武二十一年（公元 1388 年）更名为北平行都指挥使司，扩大的卫所皆在关内。虽然永乐元年（公元 1403 年），北平行都指挥使司又更名为大宁都指挥使司，但却内迁关内，原大宁都司所属东北地区的卫所，则划归兀良哈三卫。当永乐七年（公元 1409 年）奴儿干都司成立时，兀良哈三卫又划归奴儿干都司所属，因此自奴儿干都司成立后，原大宁属地已并入奴儿干都司所辖。李治亭主编《东北通史》，中州古籍出版社，2003，第 340 页。

③ 属羁縻卫所与辽东都司不同，它不隶属于五军都督府，而直属于明朝中央政府中的兵部职方清吏司。

④ （清）顾祖禹：《读史方舆纪要·山东八》卷 37，中华书局贺次君、施和金点校，2005，第 1698 页。

⑤ 郑振铎编辑《寰宇通志》卷 116（玄览堂丛书续集第 79 册），http：//www. cadal. zju. edu. cn/book/trySinglePage/01052566/1（电子版）。

⑥ 高福顺：《关于中国古代东北疆域问题的几点认识——东北疆域发展的动态过程与阶段性特征》，《学习与探索》2007 年第 4 期；赵云田：《中国治边机构史》，中国藏学出版社，2002，第 248 页。

综上看来，尽管中国东北历史疆域形成及奠定是中原政权与东北诸族共同完成的，但相较云南边疆而言，东北边疆在参与中国历史疆域形成的过程中本土民族贡献十分突出。譬如，东北地区有史以来第一个走向中原的鲜卑族政权——前燕，鲜卑族原驻牧以鲜卑山（一般定在今内蒙古科右中旗西）为中心的地区，汉魏时期，相继南下辽东和辽西等郡，东晋南北朝时期，又继续南下建政立国进入中原，鲜卑慕容部元康四年（公元294年）都于大棘城（今锦州市附近），后迁至龙城（今朝阳），再迁至蓟（今北京），又迁至邺（今河北邯郸临漳县一带）。鲜卑人崛起于东北大地，先后统一东北诸民族，建国创业，进而推进至中原地区。尽管从慕容皝自公元337年称王算起至慕容暐公元370年国破仅有34年，而在中原立足也不过20年，但却创造了辉煌的历史，开创了东北少数民族首次进取中原的记录，为东北地区的发展，为各民族的融合，为东北边疆与中原地区的融合，做出了重大贡献。① 又如，契丹族②建立的辽朝，是历史上第一个统一我国北部边疆地区各族并实现了对这一地区直接管辖200多年的王朝。辽朝建政立国200余年，在一级政区"道"之下实行双轨制③的政区建置和长期推行，既是整个地方行政的一项基本制度，也是辽廷加强北部边疆地区管辖的一项具有战略意义的根本政策。④ 与双轨制政区对应的辽代官制就是南面官和北面官，"北面治宫帐、部族，属国之政，南面治汉人州县、租赋、军马之事。因俗而治，得其宜矣。"⑤ 又据《契丹国志》载："其官有契丹枢密院及行宫都总管司，谓之北面，以其在牙帐之北，以主蕃事；又有汉人枢密院、中书省、行宫都总管司，谓之南面，以其在牙帐之南，以主汉事。其惕隐，宗正寺也。夷离毕，参知政事也。林牙，翰林学士也。夷离巾，刺史也。内外官多仿中国者。"⑥ 可见，南、北面官是以其办事

① 李治亭主编《东北通史》，中州古籍出版社，2003，第130页。
② 原居住在东北边疆大兴安岭南部喇木伦河一带的鲜卑族一支称为契丹。
③ 在政区建置中，就是"因地制宜""因俗而治"的实施中原传统模式的州县制政区和具有北部边疆少数民族特色的部族制政区，在辽朝的统一管辖下并置和同时推行。
④ 李治亭主编《东北通史》，中州古籍出版社，2003，第150页。
⑤ （元）脱脱等撰《辽史·百官志》第45卷，中华书局点校本，1974，第685页。
⑥ （宋）叶隆礼撰，贾敬颜、林荣贵点校《契丹国志·建官制度》第23卷，上海古籍出版社，1985，第224页。

的处所和分职而定的，在皇帝牙帐南面的称南面官，在北面的称北面官。辽朝的基本政区，据《辽史·地理志一》记载："总京五，府六，州、军、城百五十有六，县二百有九，部族五十有二，属国六十。"① 辽朝实施的双轨制既发展了中原王朝历史上的传统，又充分考虑到了北部边疆地区杂居着种类繁多的游牧或渔猎部族这一特定的地理、经济和民族等因素。从其制定和实施的过程来看，辽朝的双轨制具有如下一些特点：其一，"无论继承传统的州县制，还是反映着北部边疆地区的游牧（或渔猎）民族特色的部族制，均作为正规本制推行"；其二，"从具体管辖制度看，辽代施于北部边疆地区的部族制和州县制基本相同"；其三，"辽朝置于北部边疆地区的特辖性政区，即属国属部政区，在管辖程度上也比唐代的羁縻州进了一步"。② 双规制度的实施基本扭转了北部（包括东北）边疆地区长期以来连续性的严重动乱和分散的局面。女真族建立的金代辽之后，其政区行政建置，"大率皆循辽、宋之旧"。③ 金朝在仿照汉法建立的以一级政区"路"制为核心的政区建置之下，根据东北边疆地区民族众多、风俗各异、经济社会发展不平衡的特点，又因地制宜、因俗而治地设置了具有各民族特色的行政建置，主要体现为以汉制为核心的府州县制和兼具民族特色的猛安谋克制或部族制、群牧所制等并行的行政建制。这不仅将东北边疆与中原内地联结成了一个统一的整体，而且也保证了东北边疆地区的稳定，使该地区经济在原来辽朝200余年统治的基础上又获得了100多年的持续、稳定发展。④ 辽金两朝相继对北部（包括东北）边疆长达300多年的稳固统治，为13世纪后期从漠北崛起的蒙古人⑤建立元朝奠定了雄厚的物质和军事基础，从东北地区走出来的蒙古人正是充分利用辽金两朝在北部边疆300多年间积累起来的物质基础和军事优势（训练有素的骑兵、战马以及与此有关的物资和装备），才最

① （元）脱脱等撰《辽史·地理志》第37卷，中华书局点校本，1974，第438页。
② 马大正主编《中国边疆经略史》，中州古籍出版社，2000，第153~154页。
③ （元）脱脱等撰《金史》卷55，《百官一》，中华书局点校本，1975，第1216页。
④ 李西亚：《浅析金代东北的行政建置》，《吉林师范大学学报》（人文社会科学版）2003年第3期。
⑤ 蒙古族部落是由最早居住于东北边疆黑龙江上游额尔古纳河的大兴安岭山林中的蒙兀室韦部落自8世纪以后相继西迁北部边疆蒙古草原后形成的。

终能够"以弓马之利取天下"，开创了我国历史上第一个由少数民族建立的王朝统一全国的先例。[①] 据《元史·地理志》载："自封建变为郡县，有天下者，汉、隋、唐、宋为盛，然幅员之广，咸不逮元。汉梗于北狄，隋不能服东夷，唐患在西戎，宋患常在西北。若元，则起朔漠，并西域，平西夏，灭女真，臣高丽，定南诏，遂下江南，而天下为一。故其地北逾阴山，西极流沙，东尽辽左，南越海表。"[②] 元朝疆域空前辽阔，初步奠定了中国历史疆域的规模。元朝在东北边疆的统治主要是通过辽阳行省及其下设机构进行管辖，此外，为了"通达边情，布宣号令"，元朝还在东北地区设立了诸多的驿站，通过一条条的驿站，"在东北地区组成了一个巨大的交通网，把东北各地与元朝的都城大都（今北京）紧密地联系起来，使元朝政府更有效的统治东北地区"，也为后来明清时期东北的交通奠定了基础。[③] 崛起于白山黑水之间的建州女真，用武力统一女真各部后，于公元 1616 年，努尔哈赤在赫图阿拉称汗，定国号金（史称后金），公元 1625 年迁都沈阳，定名为盛京；公元 1635 年，皇太极改国号为大清，废女真族名，改称满洲。公元 1644 年清兵入关至 18 世纪中叶，又历经顺治、康熙、雍正和乾隆四代帝王的励精图治，清王朝集历代疆域之大成，"建立了规模空前的'大一统'的多民族国家，真正实现了边疆民族地区的完全统一，从而也根除了来自边疆主要是'三北'的所谓'边患'，国家与社会长治久安。"[④] 东北边疆乃清王朝的龙兴之地，其疆域的奠定早在入关之前就已完成。清太祖努尔哈赤从建国前就开始着手统一东海诸部及黑龙江下游直至乌苏里江流域。到清太宗时期，又多次通过武力与招抚（如和亲、召见、劝谕、筵宴、赏赐、封官、移民、安置等）黑龙江流域，把明朝奴儿干都司所辖的黑龙江两岸、兴安岭内外、乌苏里江以东至海统统纳入清朝的版图。[⑤] 正如清太宗总结所取得的业绩时所言："予缵承皇考太祖皇帝之业，嗣位

① 李治亭主编《东北通史》，中州古籍出版社，2003，第 130 页。
② （明）宋濂等：《元史·地理志一》卷 58，中华书局点校本，1983，第 1345 页。
③ 张博泉、苏金源、董玉瑛：《东北历代疆域史》，吉林人民出版社，1981，第 248 页。
④ 李治亭：《论清代"大一统"与边疆民族问题》，中华文史网，2012 年 6 月 20 日。
⑤ 陈鹏：《清太宗统一黑龙江流域初探》，《满族研究》2004 年第 4 期。

以来，蒙天眷佑，自东北海滨，迄西北海滨，其间使犬、使鹿之邦，及产黑狐、黑貂之地，不事耕种，渔猎为生之俗，厄鲁特部落，以至斡难河源，远迩诸国，在在臣服。"① 清太宗在入关前通过不断地招抚和征讨，"基本上完成了对黑龙江流域的统一，把分散的不相统属的东北边疆诸民族集合在后金（清）的旗帜之下，吸收了各少数民族大批加入满族共同体，凝成了一个统一的整体，并最终确定了有清一代在东北的疆域，为以后东北各族人民抗击沙俄的野蛮侵略准备了政治和物质条件。"② 清顺治元年（公元 1644 年）入关以后，先后在东北地区设置盛京（奉天）、宁古塔（吉林）、瑷珲（黑龙江）三将军，统辖东北全境。康熙二十八年（公元 1689 年），中俄《尼布楚条约》签订，东北边疆的北部边界得以明确。由此可见，东北边疆本土民族不仅对东北疆域的形成、发展及奠定贡献卓著，而且对中国统一多民族国家的形成及辽阔疆域的奠定更是居功至伟。

2. 东北边疆与中原地区呈现出移民对流的特点，较早地促进了东北边疆与中原内地的一体化进程

由中原地区向东北边疆的移民。早在战国时期，由于燕国北逐东胡，辟地东北南部地区，设郡筑长城，就已导致燕民开始大量涌入东北之地。③ 秦汉时期，对东北的统一和开发，"使中原先进的封建生产技术与文化，不断地向东北传入。战国后中原人民大批的有组织的或自动的向东北迁徙，促进了当时东北地区封建的政治、经济、文化的发展，加强了中原人民与东北各族人民的联系，这是当时东北疆域发展和巩固的重要前提。"④ 魏晋南北朝时期，由于中原长期处于战乱、割据状态，为了躲避战乱，成千上万的汉族士族和北方流民纷纷进入东北地区（主要是辽西和辽东），很多汉族士大夫还受到了前燕政权建立者慕容鲜卑的招引和重用。正是在众多汉族士族的协助下，慕容鲜卑部才最终完成了统一东北的大业，创造了第一次由东北少数民族政权问鼎中原的历史。同时，

---

① 《太宗文皇帝实录》（《清实录》第二册）卷 61，中华书局，1985，第 829 页。

② 陈鹏：《清太宗统一黑龙江流域初探》，《满族研究》2004 年第 4 期。

③ 李治亭主编《东北通史》，中州古籍出版社，2003，第 46 页。

④ 张博泉、苏金源、董玉瑛：《东北历代疆域史》，吉林人民出版社，1981，第 27 页。

由于这一时期慕容氏政权对汉族士族和儒学的重视，"儒学的传播使汉文化迅速渗透到辽西地区的各民族生活中，也影响着东北地区的其他民族，加速了东北各民族融合的步伐。"① 唐末五代时期，中原藩镇割据，战乱频仍，民不聊生，"幽、涿之人多亡入契丹。"② 又据《契丹国志》载："唐末藩镇骄横，互相并吞邻藩，燕人军士多亡归契丹，契丹日益强大。"③ 契丹建辽后，因各种途径自愿或被迫（俘）④ 进入辽境的汉人平民，带来了先进的农业和手工业生产技术，使辽朝出现了"擅桑麻枣栗之饶，兼玉帛子女之富"。⑤ 汉人成了辽代契丹人统治下各民族中人数最多，分布最广，生产方式最先进的传播者，开发东北边疆社会经济的主力军；也是辽政权能够成为与五代、北宋相并立达200余年稳固大国的最大功臣。⑥ 金代，由于统治者推行"移民实内"政策，大批被俘的汉人被迫迁移上京和岭东，汉人进一步发展到了松花江以北和张广才岭以东地区。大批汉人迁移东北，不仅为开发东北增添了劳动力，而且还带去了中原先进的生产技术和文化，同时，金国统治者还教育和组织女真人向汉人学习农业和手工业技术，发展生产，共同推动东北地区的经济与文化发展。⑦ 有明一代，因各种原因获罪而被流徙进入东北者大约有二三十万之众，流人成为东北汉人的重要组成部分，特别是辽东地区汉人已占居民人口中的7/10，女真族及其他少数民族仅居人口的3/10。流人中很

---

① 李治亭主编《东北通史》，中州古籍出版社，2003，第147页。
② （宋）欧阳修等撰《新五代史》卷72《四夷附录第一》，中华书局点校本，1974，第886页。
③ （宋）叶隆礼撰，贾敬颜、林荣贵点校《契丹国志·太祖大圣皇帝》第1卷，上海古籍出版社，1985，第2页。
④ 阿保机和耶律德光在与中原割据势力征战期间，曾俘获大批汉人，有时甚至整个州县被强迫迁到东北，到东北后仍然以原籍的州县名称进行建置，辽因新迁汉人及汉人与其他民族杂居而设置的郡县达50多个，范围十分广泛，但主要还是分布在松花江以南各地。
⑤ （宋）苏辙：《栾城后集》卷11《历代论五·燕蓟》（钦定四库全书集部），http：//www. cadal. zju. cn/book/06056087/1/search@ query = 栾城后集，type = all，tag = ，publisher = （电子版）。
⑥ 李治亭主编《东北通史》，中州古籍出版社，2003，第228页；纪楠楠：《略论辽朝民族政策的区域性特征》，《东北师大学报》（哲学社会科学版）2011年第4期。
⑦ 张博泉、苏金源、董玉瑛：《东北历代疆域史》，吉林人民出版社，1981年，第189页；张向凌：《关于黑龙江历史的几个问题》，《学习与探索》2001年第4期。

多人具有较高的文化素质，他们进入东北后的生产活动和文化活动，促进了东北地区的经济与文化发展，也为东北地区的民族融合与边疆巩固做出了重要贡献。① 清代（公元 1840 年前），因获罪流徙、因政府招垦、因灾荒觅食等各种原因进入东北的汉人，其数量之多、范围之广都超过了历史上任何朝代，尽管自顺治元年（公元 1644 年）清军入关至道光二十年（公元 1840 年）鸦片战争爆发，近 200 年间清政府对移民东北的政策在封禁与开禁之间摇摆不定，但自关内涌进东北求生的移（流）民却是一浪高过一浪，难以阻遏，特别是遇到灾荒之际，"民人多有携眷出关者"。② 正如张博泉等《东北历代疆域史》所言："从顺治末年，以汉族为主的流人，开始发遣到吉林、黑龙江地区。汉族民人，自顺治时开始迁入东北，至康熙停止辽东招民开垦后，又突破重重封锁继续迁入，当时以居奉天地区为最多。嘉庆、道光时期，吉林、黑龙江两省各城镇，都有汉族民人居住；吉林境内许多地方的土地，已为汉族民人所垦辟。"③显而易见，这些汉族移民（包括流人）的到来，为开发东北、繁荣经济、巩固边疆以及为鸦片战争以后更大规模移民的到来（特别是吉林与黑龙江）提供依托和基础④，都起到了积极的作用。

由东北边疆向中原地区的移民。其中表现较为突出者有，魏晋南北朝时期，曹操统一三郡乌桓，大批乌桓人被迁入中原，与当地汉人民杂居和融合⑤；慕容鲜卑——前燕政权的南下中原。五代辽宋夏金元时期，契丹族——辽政权南下占据燕云十六州；女真族——金政权作为统治民族南下中原与南宋对峙在秦岭淮河一线，为了加强对中原的统治，又从东北抽调大量女真猛安谋克进驻中原；蒙古族——元政权，先从东北西进蒙古草原及其以西，再挥师南下，亡夏灭金，臣服吐蕃诸部，征服大

① 黄松筠：《论明代辽东流人文化》，《辽宁师范大学学报》（社会科学版）1998 年第 6 期；李兴盛：《明代东北流人及其诗歌创作概述》，《文化学刊》2010 年第 6 期；李治亭主编《东北通史》，中州古籍出版社，2003，第 394~397 页。
② 王树楠等纂《奉天通志》卷 36，东北文史丛书编辑委员会点校出版，1983。
③ 张博泉、苏金源、董玉瑛：《东北历代疆域史》，吉林人民出版社，1981，第 283 页；
④ 张士尊：《清代东北移民与社会变迁：1644~1911》，东北师范大学博士学位论文，2003。
⑤ 张博泉、苏金源、董玉瑛：《东北历代疆域史》，吉林人民出版社，1981，第 66 页。

理，攻灭南宋，完成空前的大一统。满族（女真）——清（后金）政权，从东北走来，南下中原，统一边疆，领有全国，建立起空前稳固的大一统王朝，奠定了中国历史疆域的版图等。这些都构成了历史时期东北民族移民中原的典型代表。此外，曲守成、孟古托力在其《古代东北民族南下西进规律性运动考论》一文中对古代东北民族南下中原的"移民"行为还进行了高度的概况和规律性的总结，指出："中国古代东北民族的迁徙遵循着南下西进这一规律，其中南下是主要的。其中南下西进的原因主要是：畜牧经济的脆弱性；人口繁衍增多；政治斗争失利者求安全；中原物质精神文明的吸引；中原皇朝的招迁和强迁；大一统思想的推动。古代东北民族的南下西进是向心力和中华一体的表现，这一规律性运动加速了古代东北民族自身的发展，促进了民族融合。"① 从六大方面总结了历史上东北民族南下（移民）中原的规律性动因。李鸿宾教授在其《逐鹿中原：东北诸族南向拓展的秘密》一文中，则从其他视角分析总结了东北诸族南下中原的原因："中原文明对东北政治体而言的强烈吸收力和影响力，在于东亚政治的整体结构。东北内陆自身实力超出区域限度的发展与中原王朝结构性伸缩的拉力，构成了东北诸族势力挺向中原的内外动因。"②

纵观东北边疆与中原内地两千余年的移民对流史，总的大趋势是东北少数民族人口不断南下，中原汉族人口不断北上，从而形成了历史上中原内地和东北边疆各民族文化双向流动的壮观景象，这种民族史上长期持续不断的大搬迁、大融合，不仅形成了各族人民在相互交往中彼此影响、共同发展的局面，而且还较早地促进了东北边疆与中原内地的一体化进程，共同推动了东北社会经济与文化的发展乃至全国大一统历史疆域的奠定。东北边疆与中原地区呈现出移民对流的特点，较早地促进了东北边疆与中原内地的一体化进程，也是东北历史疆域形成中不同于其他边疆地区的一大特色。

---

① 曲守成、孟古托力：《古代东北民族南下西进规律性运动考论》，《学习与探索》2000 年第 2 期。
② 李鸿宾：《逐鹿中原：东北诸族南向拓展的秘密》，《中国社会科学报》2015 年 1 月 28 日。

（二）北部边疆

与云南边疆相比，北部边疆①在中国历史疆域形成中具有的鲜明特点，主要表现为：一是和亲；二是互市；三是北方少数民族政权的贡献；四是盟旗制；五是宗教（藏传佛教）势力的影响。

1. 和亲

和亲又称和戎、和藩（番），是我国古代处理民族关系的一项重要举措，早在先秦时期就已有之。但作为中原与边疆相联结的历史模式，却是从汉代才开始的，主要是指"汉族封建王朝与少数民族首领，以及少数民族首领之间具有一定政治目的的联姻"②。自汉代至清代的两千余年中，各种各样的和亲记载可谓史不绝书，作为中原王朝处理或协调与边疆蛮夷政权之间关系的和亲分别在汉代、隋唐和清代形成了高潮，其中匈奴和汉、清代的满蒙联姻构成了历史时期（北部）边疆与中原联结模式的典范，在北部边疆融入中国历史疆域的过程中发挥了重要作用。

西汉初期，百废待兴，国力孱弱，匈奴势大，"兵强，控弦三十万"③，借以精锐骑兵时常在西汉边境上进行大规模的掠夺和侵扰，严重破坏了北方汉族人民的生命财产及社会生产力的恢复与发展。汉高祖刘邦为了效仿秦王朝北击匈奴之例，使其"不敢南下而牧马"④，公元前200年，刘邦便亲率大军30余万出击匈奴，但却中了冒顿单于的诱敌之计，被围于平城的白登山，史称"白登之围"。"白登之围"后，汉高祖刘邦问计于谋臣刘敬，刘敬分析了敌强我弱的形势后，向汉高祖献"和亲"之计："天下初定，士卒罢于兵，未可以武服也。冒顿杀父代立，妻群母，以力为威，未可以仁义说也。独可以计久远子孙为臣耳，然恐陛下不能为。"又曰："陛下诚能以適长公主妻之，厚奉遗之，彼知汉女送厚，蛮夷必慕以为阏氏，生子必为太子，代单于。何者？贪汉重币。陛下以岁时汉所余彼所鲜数问遗，因使辩士风喻以礼节。冒顿在，固为子

---

① 历史上的北部边疆（疆域）主要包括内外蒙古草原，有时河北、山西和陕西北部也是北疆的重要组成部分，本书中所涉及的北部边疆主要是以历史上的蒙古地区为例进行探讨。

② 芮传明：《古代"和亲"利弊论》，《史林》1997年第2期。

③ （汉）司马迁：《史记·刘敬传》卷99，中华书局点校本，1962，第2719页。

④ （汉）司马迁：《史记·秦始皇本纪第六》卷6，中华书局点校本，1962，第280页。

婿；死，则外孙为单于。岂尝闻外孙敢与大父抗礼哉？并可无战以渐臣
也。"① 对此，刘邦表示认同，因吕后制止，"上竟不能遣长公主，而取家
人子名为长公主，妻单于。使刘敬往结和亲约"②。"岁奉匈奴絮缯酒米食
物各有数，约为昆弟以和亲，冒顿乃少止。"③ 刘邦去世后，尽管匈奴南
下入侵的活动并没有停止，但和亲政策还是得到了惠帝、吕后、文帝、
景帝的相继执行，"尊而不违"，这也为汉王朝的休养生息、增强国力赢
得了时间。汉武帝时期，经过汉初 60 余年的休养生息，国势日渐强盛，
已具备了与匈奴抗衡的实力。汉武帝鉴于以往和亲并未能有效制止匈奴
的寇边，于是决定对匈奴采取了以军事打击代替和亲的策略，取得了显
著成效。匈奴经过西汉王朝元朔二年（公元前 127 年）、元狩二年（公元
前 121 年）和元狩四年（公元前 119 年）3 次大规模的军事打击后，损失
惨重，汉匈力量对比出现了剧烈变化，匈奴远离汉区，以至"漠南无王
庭"。受此严重打击后，匈奴的人口增殖和畜群蕃息皆大受影响，于是便
用赵信计，遣使、息战求和亲，希望汉王朝仍像以前那样向匈奴称臣纳
贡，匈奴兵不南侵。但此时，汉王朝却向对方提出了"为外臣，朝请于
边""以单于太子为质于汉"的要求，单于认为此议与"旧约"相违背，
未予允诺，双方为此僵持了数十年。匈奴后又经昭宣时期邻国及汉的多
次攻击，属国解体，内部五单于并立，内乱不已。呼韩邪单于为生存计，
乃决计归汉。宣帝甘露元年（公元前 53 年），呼韩邪遣子入质，甘露三
年又亲自到长安入朝宣帝，"汉宠际殊礼，位在诸侯王上，赞谒称臣而不
名"④。汉元帝建昭三年（公元前 36 年），西域副校尉陈汤等率西域诸国
兵和汉人屯田兵攻杀了远逃康居骄悍的郅支单于，使得与他对立的呼韩
邪单于既喜又惧，喜的是与自己竞争多年的对头已灭，惧的是自己会成
为汉王朝下一个要消灭的目标。鉴于此，呼韩邪单于便上书汉元帝说：
"常愿谒见天子，诚以郅支在西方，恐其与乌孙俱来击臣，以故未得至

---

① （汉）司马迁：《史记·刘敬传》卷 99，中华书局点校本，1962，第 2719 页。
② （汉）司马迁：《史记·刘敬传》卷 99，中华书局点校本，1962，第 2719 页。
③ （汉）司马迁：《史记·匈奴列传》卷 110，中华书局点校本，1962，第 2895 页。
④ （汉）班固：《汉书·匈奴传第六十四下》卷 94 下，中华书局点校本，1962，第 3798
页。

汉。今郅支已伏诛，愿入朝见。"① 汉元帝竟宁元年（公元前33年），入长安，"单于自言愿婿汉氏以自亲。元帝以后宫良家子王嫱字昭君赐单于。单于欢喜，上书愿保塞上谷以西至敦煌，传之无穷，请罢边备塞吏卒，以休天子人民。"② 于此可见，从汉初高祖的主动求和亲、称臣、纳贡、厚财物，到汉武帝时期匈奴受打击后的主动求和亲，再到宣帝时期呼韩邪单于的入朝"称臣"，再到元帝时期，呼韩邪单于的再次入朝，并上书汉元帝，"愿保塞上谷以西至敦煌，传之无穷，请罢边备塞吏卒，以休天子人民"，尽管这一建议没有得到西汉王朝的采纳，但从元帝"赐"宫女王昭君于呼韩邪单于，呼韩邪单于欣喜，封昭君为"宁胡阏氏"的称号等行为，足以说明匈奴已从昔日的敌手变成了西汉王朝的藩屏（臣）。"北边自宣帝以来，数世不见烟火之警，人民炽盛，牛马布野""边城晏闭""三世无犬吠之警，黎庶亡干戈之役"。③ 可见，汉朝以"和亲"方式收羁縻之效，不仅为大汉王朝的繁荣与崛起赢得了时间，改变了汉匈之间的攻守格局，实现了变"敌国"为"藩臣"的夙愿，而且还为中原与边疆之间经济文化的交流，民族的融合，边疆的稳定起到了积极的作用。

十六国和南北朝时期，匈奴、鲜卑、羯、氐、羌"五胡乱华"，中国北方成了民族大会演的舞台、大冲突的战场、大融合的熔炉。各少数民族政权之间的和亲是这一时期和亲的显著特点，入主中原的少数民族鲜卑族政权（如北魏、西魏、东魏、北周等）与北部边疆诸少数民族（如柔然、突厥）的和亲构成了这一时期和亲的主角。

隋唐时期，经历过十六国、北朝时期大分裂、大动荡，少数民族入主中原的强大冲击之后，统治者"贵华夏贱夷狄"的心理已被洗刷得非常淡薄。隋朝是从少数民族主宰的北朝（北周）中建立起来的，唐朝的皇室也曾与北朝的少数民族通婚，特别是唐朝开国之初的3位君王唐高祖李渊、唐太宗李世民和唐高宗李治都有着浓郁的鲜卑族血统。因此，

① （汉）班固：《汉书·匈奴传第六十四下》卷94下，中华书局点校本，1962，第3803页。
② （汉）班固：《汉书·匈奴传第六十四下》卷94下，中华书局点校本，1962，第3803页。
③ （汉）班固：《汉书·匈奴传第六十四下》卷94下，中华书局点校本，1962，第3826、3832～3833页。

隋唐两朝在面临周边少数民族政权的威胁时，运用的"和亲"策略比汉朝时更为频繁而娴熟，涉及的民族政权及地域更为多样而广泛。仅就北疆而言，隋朝和突厥，唐朝与突厥、回鹘最具代表性。隋朝和初唐时期与突厥的和亲是在国势比突厥强大时的柔远之策，"都是为了在边疆朝廷中培育对中原朝廷的亲近心里，并且使边疆朝廷保持对中原朝廷的领属关系。"① 唐朝与回鹘的和亲主要是在"安史之乱"后"内忧外患"（内有藩镇割据、外有吐蕃侵扰）的情况下进行的，回鹘军队助唐平叛，共抗吐蕃，唐王朝为酬谢回鹘助唐平叛、抵御吐蕃之功，"和亲"成为维系和深化彼此亲睦及同盟关系的最佳策略。譬如，乾元元年（公元758年），回鹘向唐请婚，肃宗遂以亲生幼女封为"宁国公主"许嫁，而"宁国公主作为'天子真女'而远嫁外夷，在中原王朝和亲以来，似乎尚属首例，这足以说明唐政权此时是多么迫切地有求于回纥。"②

清王朝时期，以结援为目的的满蒙联姻，即清朝的满族统治者集团与蒙古王公之间长期持续的大规模通婚活动，"作为有清一代奉行不替的基本国策，这种联姻活动已经远远超出单纯的家族间通婚的含义，而成为清代边疆民族统治政策中不可缺少的部分。"③ 清王朝统治者从蒙古王公中选择后妃，又把公主"下嫁"给蒙古王公。另外，清王朝宗室大臣（亲王、贝勒、贝子等）与蒙古王公女子通婚者也十分普遍，蒙古王公上自亲王、郡王下至台吉、塔木囊等各阶层也都有很多人与满洲宗室女通婚。通过满洲贵族与蒙古王公之间长时间、多层次、大规模的双向联姻，清朝统治集团与蒙古王公从最上层到中下层，都建立起了广泛普遍的血缘亲属关系。④ 这种亲上加亲、世代相袭、血缘形同一体的关系是以往任何朝代民族间姻亲无法比拟的，充分表明了清高宗乾隆皇帝巡幸塞外科尔沁时所赋诗云："塞牧虽称远，姻盟向最亲。"⑤ "这一持久而亲密的双向姻亲关系，一方面使一个强大的蒙古民族永远为己所用，不再是一个

---

① 马大正主编《中国边疆经略史》，中州古籍出版社，2000，第466页。
② 芮传明：《古代"和亲"利弊论》，《史林》1997年第2期。
③ 马大正主编《中国边疆经略史》，中州古籍出版社，2000，第475~476页。
④ 马大正主编《中国边疆经略史》，中州古籍出版社，2000，第487页。
⑤ （清）张穆：《蒙古游牧记》卷1，商务印书馆发行，1939，第2页。

离心力量，而是内向凝聚的力量；另一方面，满蒙联姻，夯实了多民族统一的基础，只要蒙古安定，'大一统'就不会破裂，清朝的统治就会巩固。所以，直至清亡，不离不弃，真正做到了与清朝共终始。"① 正如恩格斯所言："对于骑士或男爵，以及对于王公本身，结婚是一种政治的行为，是一种借新的联姻来扩大自己势力的机会；起决定作用的是家世的利益，而决不是个人的意愿。"② 所谓"家世的利益"，即是这个统治民族的"国家"利益。事实证明：满蒙联姻不仅直接促成了满蒙两个民族的融合，加强了清朝中央政权和北疆地区蒙古王公之间的联系，以及经济与文化各方面的广泛交流。③ 而且，终清之世，蒙古王公都成为清王朝统治国家和人民的坚定盟友（或得力助手），对清朝统一多民族国家历史疆域的奠定及巩固都起到了积极的作用，收到了不可估量的效果。

2. 互市

互市指历史上中原王朝与周边各族间及中国与外国之间的贸易往来。基于边疆地区在地理环境、生产方式、经济类型等方面与中原地区的差异，自汉代始至清代终，边疆与中原双方人民以生产和生活物资为基础的经济交往的互市，就逐步演绎成为中原王朝控驭周边少数民族（特别是北部边疆与西部西藏诸族）的一项治边策略。其中，尤以两汉、隋唐、明代中原与北部边疆的经贸互市和唐宋元明清时期中原与西部边疆（西藏）的茶马互市最为典型。这在一定程度上也成为联结中原与边疆地区的一把利器，密切了彼此间经济、文化与人员的交流，加深了民族感情，促进了民族融合，持续深化了边疆与中原地区间相互依存、密不可分的关系，为中国历史疆域的最终奠定也起到了积极的作用。

仅就北疆而言，互市作为控制和抚绥边疆诸族、增进中原凝聚力、培养边疆诸族向心力、深化边疆与中原地区的融合为一等方面的作用还是十分突出的。例如，西汉时期，与匈奴和亲相配套的另一项治边措施就是开放关市，允许汉匈两族人民通关互市，寄希望于通过互市达到最

---

① 李治亭：《论清代边疆问题与国家"大一统"》，《云南师范大学学报》（哲学社会科学版）2011 年第 1 期。

② 《马克思恩格斯选集》第 4 卷，人民出版社，1972，第 74 页。

③ 赵云田主编《北疆通史》，中州古籍出版社，2003，第 489 页。

终消弭匈奴之目的，其中汉文帝时贾谊所提的"五饵"之策："车服以坏其目，饮食以坏其口，音声以坏其耳，宫室以坏其腹，荣宠以坏其心。"[①]即是表征。东汉时期，互市的规模进一步扩大，互市的对象广泛涉及北匈奴、乌桓、鲜卑等。南北朝时期，柔然就曾以战争相威胁，逼迫北魏王朝开关互市。唐王朝时期，唐在北疆与突厥的互市，特别是"安史之乱"之后与回鹘的绢马互市所起的作用，就如同与回鹘在和亲方面一样不可忽视，对唐王朝安内抚边，特别是对北部边疆的兴盛与稳固产生了重大影响。明王朝时期，"鼓励北方各族、各部入贡以及开设马市，有经济和政治两重目的：一是为了取得北方各族的马匹、狩猎品和各种土产，二是迫使北部各族各部政治上顺从自己，即优抚入贡者，使之得到贡市之利，又以断绝通贡、关闭马市制裁敌对的部落"[②]。除了鼓励北疆各族积极"通贡"以外，明王朝还在明蒙之间开了互市（以马市为中心），特别是明朝后期隆庆五年（公元 1571 年），俺答汗与明朝达成通贡、互市协议后，以马市为中心的互市贸易开始进入了极盛时期。"通贡、互市促进了蒙、汉各族生产的发展，改善了各族的生活，增进了各族之间的友好往来，反过来又密切了蒙古和中原之间的政治关系，促进了我国统一多民族国家的发展。"[③] 这些都为清王朝最终臣服蒙古、安定北疆奠定了坚实的基础。

3. 北方少数民族政权的贡献

北方少数民族政权的贡献，主要表现为：第一，契丹族辽朝在北部边疆地区实施的政区双轨制。第二，女真族金朝在北部边疆地区的行政建置，如同辽朝时期一样重视政区部族制的推行，"然其分别蕃汉人，且不变家政"[④]，"亡辽不忘旧俗"[⑤] 的战略施政。[⑥] 第三，蒙古族元朝和满族清朝作为我国历史上两大少数民族建立的疆域最为辽阔的大一统王

---

① 赵云田主编《北疆通史》，中州古籍出版社，2003，第 69 页。
② 马大正主编《中国边疆经略史》，中州古籍出版社，2000，第 226 页。
③ 赵云田主编《北疆通史》，中州古籍出版社，2003，第 450 页。
④ （金）刘祁撰《归潜志·辩亡》卷 12，中华书局崔文印点校，1983，第 137 页。
⑤ （元）脱脱等撰《金史·移剌子敬传》卷 89，中华书局点校本，1975，第 1989 页。
⑥ 马大正主编《中国边疆经略史》，中州古籍出版社，2000，第 168～169 页。

朝，蒙古族和满族对北部边疆的缔造和贡献是居功至伟的。犹如伍雄武的《中华民族的形成与凝聚新论》所言："在中华民族发展史上，元朝的统一和疆域的确定，以及新的国家政治制度创立，有重大的意义。一方面，自此以后再没有南北朝和五代十国那样的分裂、战乱了。另一方面，它为中华民族多元一体关系的发展，提供了政治的保证。正是在这个统一的国家范围内，汉族的主体地位进一步发展，蒙古、藏、维吾尔诸民族的内聚力进一步增强，而信奉伊斯兰教的少数民族，尤其是回族才得以孕育、形成。因此，元代在中华民族发展史中占有显著的地位……在帝国主义入侵前夕，清朝作为一个少数民族政权，也是中国最后一个封建王朝，它完成了国家的统一，基本明确了边疆地区的归属，为中华民族的巩固和凝聚提供了不可缺少的政治条件和生存空间。我们不能由于它后期的腐朽软弱、辱国丧权，而否定其前期所作出的重大历史贡献。"[1]

4. 盟旗制

清代盟旗制是在理藩院和军府制建置下在蒙古地区实施的基层政权组织，也是军事组织和社会组织。该制度又渊源于努尔哈赤时期创建的八旗制度，以及蒙古族原有的鄂托克、爱马克社会组织。[2] 旗不仅是清王朝行政体制中在蒙古地区的基本军事、行政单位，同时也是清朝皇帝赐给旗内各级蒙古封建主的世袭领地。"旗是经过编制佐领，安置属民，分给牧地，划定旗界，任命札萨克形成的。札萨克由清廷任命，以蒙古王公、台吉中忠顺有功者为之。札萨克管辖旗内的属民和土地，职位世袭。札萨克的职责是按照清廷所授予的权限，负责处理旗内行政、司法、赋税、徭役、牧场以及旗内官吏的任免等事务。""若干旗会盟一处，召集人称为盟长。盟长由参加会盟的各旗札萨克中选任。初期，盟长的权力有限，一般只是协助理藩院或军府长官处理有关军政事务。后来盟长权力增大，由单纯的军事意义上的会盟转变为集军政于一体的行

---

① 伍雄武：《中华民族的形成与凝聚新论》，云南人民出版社，2000，第132~139页。
② 赵云田主编《北疆通史》，中州古籍出版社，2003，第521页。

政建置。"① 清实行的盟旗制，以部落为旗，若干旗结为一盟。"在严密的组织下，依法治理，即每旗各有游牧的疆界，不得私越，更不准侵夺，否则，即以法处理。一个在广阔草原横行多少个世纪而剽悍的民族，却被清朝给驯服了，从此，安定下来，不再为患北方，成为清朝的一支可靠的政治与军事力量。"② "盟旗制度是清前期'因俗而治'、'分而治之'治边政策的产物，也是蒙古各部归附清朝的政治基础，这一制度的建立对于我国广阔的北部边疆地区保持长期的平静和稳定发挥过重要作用。"③

5. 宗教（藏传佛教）势力的影响

早在清王朝入关之前，16 世纪 70 年代至 17 世纪初，黄教就已先后传到蒙古各地区，确立了藏传佛教之一格鲁派黄教在蒙古族民众中的精神统治地位。尽管清王朝统治者本来不信黄教，但鉴于"黄教的传播和达赖的影响，对清朝说来具有相当程度的危险性，因为达赖的驻地拉萨，是黄教世界的神权中心，它对蒙藏民族的号召力，足以与全国的政治中心北京抗衡。一旦黄教寺院领主集团与蒙古封建主的分裂势力相结合，就会造成灾难性的后果，它会干扰清朝统一北疆的进程，动摇清朝对蒙古各部的统治，大漠南北、甘、青、川、藏，天山南北都将因之动荡不安，清朝'合内外之心，成巩固之业'的宏愿，将会化成泡影。"④ 为了巩固其统治，统治者又必须懂得控制、保护、利用黄教，使其成为有效驾驭蒙藏两大民族的统治工具。清王朝"兴黄教安蒙古"的政策，正是基于其对历史的思考和现实的需要，也是适应其因俗而治的需要。清朝统治者通过尊崇、扶植黄教的政策，主要是为了实现收蒙古人心，达到安定、巩固北疆目的。⑤ 正如乾隆皇帝所言，"本朝之维持黄教，原因众

---

① 成崇德：《康乾盛世的疆域与边疆民族》，载郭成康等《康乾盛世历史报告》，中国言实出版社，2002。
② 李治亭：《论清代"大一统"与边疆民族问题》，中华文史网，2012 年 6 月 20 日。
③ 苏德：《试论晚清边疆、内地一体化政策》，《中国边疆史地研究》2001 年第 3 期。
④ 袁森坡：《康雍乾经营与开发北疆》，中国社会科学出版社，1991，第 317 页。
⑤ 王景泽：《清朝的黄教政策与蒙古社会》，《东北师大学报》（哲学社会科学版）2002 年第 1 期。

蒙古素所皈依，用示尊崇为从宜从俗之计"①；"兴黄教，即所以安众蒙古，故不可不保护之。"② 嘉庆皇帝也曾指出："因众蒙古崇奉喇嘛，最信黄教，因而加以保护，用示怀柔。"③ 又如清礼亲王昭梿所言："国家宠幸黄僧，并非崇奉其教以祈福祥也。只以蒙古诸部敬信黄教已久，故以神道设教，藉仗其徒，使其诚心归附以障藩篱，正王制所谓'易其政不易其俗'之道也。"④ 无不道出了清王朝统治者在蒙古地区尊崇藏传佛教的真实用意。

清王朝早在关外时期，为了与明王朝争夺蒙古族支持，就已开始在蒙古地区推崇藏传佛教。譬如，"为了稳定内蒙古各部的统治秩序，崇德三年（公元 1638 年），皇太极在盛京西郊三里外建成了实胜寺。不久，又遣人前往西藏，延请达赖喇嘛。皇太极推崇利用藏传佛教，奠定了清朝利用藏传佛教的基础。"⑤

此外，清王朝入关后，在与准噶尔部蒙古争夺对蒙藏地区控制权的过程中，也深刻地认识到，格鲁派黄教因蒙古族的普遍信仰已成为联结蒙、藏两族关系的重要纽带。"自 17 世纪末开始，准噶尔部往往利用藏传佛教的影响，联络蒙古部众与清朝对抗。清王朝统治者也看到，佛教势力巨大的历史客观事实使其无法加以禁止，只有采取针锋相对的政策，即扶持藏传佛教中的黄教派集团，削除边疆地区出现割据势力，达到统一边疆的目的。"⑥ 基于此，康熙帝便先后在外蒙古和内蒙古确立了两大活佛系统，康熙三十二年（公元 1693 年）册封哲布尊丹巴为"大喇嘛"，掌漠北喀尔喀蒙古藏传佛教事务；康熙五十年（公元 1711 年）又册封章嘉胡土克图为"大国师"，总领内蒙古藏传佛教事务。这一册封使得蒙藏

---

① 《清实录》第 27 册（《清高宗实录》卷 1427），中华书局，1986，第 82 页。

② 《〈喇嘛说〉碑文》，载袁森坡《康雍乾经营与开发北疆》，中国社会科学出版社，1991，第 316 页。

③ 《普陀宗乘之庙瞻礼纪事诗》，载张羽新《清代前期西部边政史论》，黑龙江教育出版社，1995，第 45 页。

④ （清）昭梿：《啸亭杂录》卷 10《章嘉喇嘛》，中华书局何英芳点校，1980，第 361 页。

⑤ 赵云田主编《北疆通史》，中州古籍出版社，2003，第 481 页。

⑥ 成崇德：《康乾盛世的疆域与边疆民族》，载郭成康等《康乾盛世历史报告》，中国言实出版社，2002。

地区藏传佛教成为四大部分：达赖喇嘛主前藏，班禅主后藏，哲布尊丹巴主外蒙古（喀尔喀蒙古），章嘉胡土克图主内蒙古，四大活佛既有崇高的地位，又各有领地，互不统属，形成藏传佛教大喇嘛分主教权的局面。① 此举既彰显了清王朝尊崇、扶植黄教在内外蒙古发展的政策，稳定了北疆，又达到了对藏传佛教"分而治之""众建以分其势"的目的。后来的事实也充分地证明了这一点。哲布尊丹巴活佛系统的形成，为清朝加强对外蒙古的统治发挥了重要的作用；章嘉胡土克图活佛系统的形成，不仅为清朝稳定内蒙古地区的封建统治秩序发挥了重要作用，而且还对内迁的西蒙古各部后来归附清朝，稳定青海地区的形势，起到了一定的作用。②

（三）西北边疆

与云南边疆相比，西北边疆③在中国历史疆域形成中具有的鲜明特点，主要表现为：一是屯田（垦）戍边；二是伯克制度。

1. 屯田（垦）戍边

屯田，又称屯垦，是我国特有的一种农业生产组织方式，它通过集体耕作进行大田农业劳动。④ 至于屯田在我国历史上始于何时，尽管目前学界多有不同之论，但自从汉代始，屯田戍边就已成为我国历史上中原（央）王朝经营西域、开发西域、治理西域、巩固边疆"守边备塞"的一种千古之策，并为以后经略西域的历朝各代所奉行不替。因此，从这个意义上来讲，我们可以说"屯田戍边"就成为我国疆域形成过程中联结中原与西北边疆的典型模式，尽管该政策在其他边疆地区形成过程中也发挥过重要作用。

"与历代王朝对包括今新疆在内的西域进行有效统治的历史相比，历代王朝在这一地区的屯垦戍边历史则要长一些，因为在西汉王朝于公元

---

① 成崇德：《康乾盛世的疆域与边疆民族》，载郭成康等《康乾盛世历史报告》，中国言实出版社，2002。

② 赵云田主编《北疆通史》，中州古籍出版社，2003，第481~489页。

③ 历史上的西北边疆（疆域）又称西域，主要包括今天的新疆及其毗邻的中亚部分地区。

④ 郭松义、张泽咸：《中国屯垦史》，台北文津出版社，1997，序言。

前60年西域都护府管辖西域之前屯垦戍边就已经开始了。"① 西汉武帝时期，为了彻底解除来自北方匈奴势力的威胁，实现其先隔绝胡羌、"断匈奴右臂"② 再到"广地万里，重九译，致殊俗，威德遍于四海"的雄心③，汉武帝决定改变汉初以来"无为而治"的政策，以武力讨伐匈奴。于是，随着汉匈之间武力对抗的持续加剧，平定河西、安定西域、经略西北边疆成为汉王朝能否彻底解决匈奴问题的胜负手。鉴于古代交通不便，西域距离中原路途遥远，运输不便，战事一起，"道远多乏食；且士卒不患战，患饥"④ 等原因，汉武帝在攻击匈奴和经略西北边疆的过程中便开始实施了"以战养战，屯田戍边"的边疆经略措施。譬如，贰师将军李广利伐大宛之后在西域的屯田："自贰师将军伐大宛之后，西域震惧，多遣使来贡献，汉使西域者益得职。于是自敦煌西至盐泽，往往起亭，而轮台、渠犁皆有田卒数百人，置使者校尉领护，以给使外国者。"⑤ 宣帝神爵二年（公元前60年），西域都护府设立，为西域地方最高军政长官，此外还兼领西域屯田事务；元帝初元元年（公元前48年），汉朝在西域设戊己校尉，为车师屯田地区的最高长官，受制于西域都护府。⑥ 这两大机构在西域相继设立，大大加快了西汉时期兵屯的发展，为西汉统一西域和开发西域做出了重要贡献。东汉时期的西域屯田与国家西北边疆安全关系是历代中央王朝的典型时期，"东汉西域屯田'三废'与'三置'的历程表明，西域地区与中原政权稳定息息相关。西域的屯田与西北边疆的安全关系尤为重要，凡重视西域，屯田趋于繁盛，西域安定，丝路畅通，促进边疆与中原交流，西北边疆安全得到保障；若忽视西域，屯田逐渐废弃，诸国趁机混战，北匈奴重占西域，抢掠河西，边疆动乱，丝路受阻，经济受挫，西北边疆安全屡受威胁。"⑦ 充分表征了两汉时期

① 《马大正文集》，上海辞书出版社，2005，第462页。
② （汉）班固：《汉书·西域传》卷96下，中华书局点校本，1962，第3928页。
③ （汉）班固：《汉书·张骞传》卷61，中华书局点校本，1962，第2690页。
④ （汉）司马迁：《史记·大宛列传》卷123，中华书局点校本，1962，第3175页。
⑤ （汉）班固：《汉书·西域传》卷96上，中华书局点校本，1962，第3873页。
⑥ 马国荣：《论西域都护府》，《新疆社科论坛》1991年第2期。
⑦ 于沙沙、张安福：《东汉西域屯田"三废三置"与西北边疆安全研究》，《中共伊犁州党校学报》2011年第1期。

的西域屯田不仅具有重要的经济意义，无疑更是当时政治军事措施的重要组成部分，而且比单纯的政治军事措施更具长远意义。"无论是繁荣丝路贸易，促进中西经济文化的交流，还是维护祖国统一，防止外敌入侵，两汉的西域屯田都为后世提供了多方面的借鉴意义。"① 正如曹操在《置屯田令》中所言："夫定国之术，在于强兵足食，秦人以急农兼天下，孝武以屯田定西域，此先代之良式也。"② 此足以可见，两汉帝国对匈奴的胜利，并不纯粹出自军事上的胜利，汉帝国对西域与河西走廊农业地区的控制，实施的屯田戍边战略，构成了胜利的决定性因素——对西域农业绿洲的控制远不只给汉地远征军提供补给，同时也阻断了匈奴人（游牧人群）从河西走廊和西域地区获取农作物的机会，加速了匈奴经济社会的瓦解。③ 对此，日本学者杉山正明在其《游牧民的世界史》一书中也表达了类似的认识："汉帝国停止对匈奴进贡、开始挑起全面对决时，对于匈奴帝国来说拥有塔里木盆地绿洲都市的意义反而变得更加重大。但是，当初汉朝判断对于匈奴本土的直接攻击无法取得太大的战果，于是改变作战计划而从祁连山方向开始朝塔里木盆地进攻的结果，导致匈奴在绿洲都市的支配体制松动崩解。"④ 汉王朝派军队攻取河西走廊，屯田戍守西域，在战略上取得了显著效果。

唐朝所面临的西、北边疆威胁局面十分复杂，先后有突厥和吐蕃的进犯，大食对西北边疆也时有侵扰。但相较汉代而言，唐代统治者对西域战略地位重要性的认识则更为深刻："西域动，自然威临南羌，南羌乐祸，必以封豕助虐，蛇豕交连，则河西危，河西危，则不得救矣。"⑤ 守长安必须守河西，守河西必须镇西域。基于这样的认识，唐朝从统治西域伊始，就采取有计划、有组织的屯田戍边之策。"先是东疆设置郡县进行管理、接着设置安西大都护府管理，而安西大都护府和北庭大都护

---

① 张德芳：《从悬泉汉简看两汉西域屯田及其意义》，《敦煌研究》2001 年第 3 期。

② （晋）陈寿：《三国志》卷 1《魏书武帝纪》，中华书局，1962，第 14 页。

③ 张经纬：《嵌入历史深处的人类学——评巴菲尔德〈危险的边疆：游牧帝国与中国〉》，《中国图书评论》2012 年第 5 期。

④ 〔日〕杉山正明：《游牧民的世界史》，黄美蓉译，中华工商联合出版社，2014，第 100页。

⑤ 王溥：《唐会要》（全三册）上册卷 73，中华书局，1955，第 1328～1329 页。

府分辖天山南北进行屯垦管理的时期是唐代在西域屯垦绩效最为明显的时期。"① 关于唐代在西域屯田区的分布规模，《唐六典·屯田郎中》有着详细的记载："安西二十屯，疏勒七屯，焉耆七屯，北庭二十屯，伊吾一屯，天山一屯。"（一屯是 50 顷，各屯合计为 2800 顷）。"唐朝在西域的统治如果从公元 630 年开始计算，至 8 世纪末西域为吐蕃占领，前后长达 160 多年，其屯田时间之长、规模之大、分布地点之广都是前代无法比拟的。唐王朝统一西域后在西域的基层军事建置是军、镇、城、守捉、戍、堡，分别驻有不同数量的兵马，这些驻军在戍守的同时，为了解决军队和来往使者、商旅的供应也大规模地从事屯田开发、放牧等。"② 唐代在西域的屯田以安西四镇为重点，安西、北庭所管理的军州屯田与遍及西域的烽铺屯田，构成了完整的兵屯体系，戍卒亦农亦战，可进可退，推动了西域经济的开发。西域的屯田士兵，完全统一了今天的新疆南北，并使唐朝中前期的版图延至整个中亚地区。③ 更为难能可贵的是，在"安史之乱"后，中央政府衰落，陇右、河西大部被吐蕃占领的情况下，成为孤悬塞外"飞地"的西域（四镇、北庭、西州）屯田士兵仍能坚守近 30 年之久，抵御了吐蕃与葛罗禄等外敌的侵犯。此外，唐代积极有效的屯田戍边活动，还使"西域的农业经济得到了迅速发展，手工业水平进一步提高，商业贸易繁荣昌盛，使西域由汉代以来单纯的军事防御地区变为经济相对发达的区域，从而有效保障了唐朝西北边疆安全和西域社会稳定，共同促进了大唐盛世局面的出现"④。

　　清朝统治者对于新疆"屯田戍边"极为重视，认为"屯田为安边便民，足食足兵之良法。"⑤ 清代在新疆的屯田，根据其功能或目的的不

---

① 王春辉：《新疆历代屯垦管理制度发展的动力机制研究》，《伊犁师范学院学报》（社会科学版）2010 年第 2 期。

② 《马大正文集》，上海辞书出版社，2005，第 463 页。

③ 张安福、英宝军：《历代新疆兵屯发展及其对兵团的时代借鉴》，《石河子大学学报》2010 年第 3 期；王春辉：《历代屯垦制度及发展对新疆兵团管理的启示》，《新疆农垦经济》2009 年第 7 期。

④ 张安福：《唐代西域经济开发研究》，《中国农史》2010 年第 1 期。

⑤ 《清实录》第 36 册（《宣宗实录》卷 224），中华书局影印本，1986，第 347 页。

同，大致可以分作三个阶段来看：第一阶段，公元 1715～1759 年，因清王朝与准噶尔的关系时战时和，清王朝的势力仅仅达到了新疆的东部，基于满足军事需要的屯田也仅限于哈密、吐鲁番和巴里坤等地，受双方关系的影响屯田也时屯时撤。第二阶段，公元 1759～1860 年，屯田因戍守的需要而兴起，并逐渐发展到军屯、民屯、犯屯、回屯、旗屯等多种类型的屯田政策，这一时期的新疆屯田获得飞速发展，取得了显著成效。第三阶段，公元 1860 年后为屯田的复兴阶段，在内外因素作用的交织下，清王朝在新疆的统治体系曾一度被摧毁，但在左宗棠收复新疆及新疆建省后，屯田再度兴起，并进一步巩固了新疆各民族自汉代就建立起来的血肉联系。[1] 清代多种形式的屯田，不仅满足了驻守新疆官兵的军粮需求，稳定了移民屯垦的队伍，奠定我国西北边疆的历史疆域，而且由于新疆屯垦绩效的显著，还较为成功地抵御了外来侵略，平定了内部分裂势力，使新疆稳定地成为中国不可分割的组成部分。[2]

纵观汉、唐、清三代为代表的西域（新疆）屯垦史，充分表明："屯垦兴，则边境宁，西域兴；屯垦衰，则西域乱，外患内忧，民不聊生。"西域（新疆）屯田绩效与经略西域（新疆）的成功与否息息相关："举凡在西域实施稳固统治者，其在西域的屯田也都卓有成效；反之，举凡西域屯田成效显著者，其在西域的统治也多牢固，二者相辅相成，联系密切，互成因果。"[3] 自汉至清代的两千余年中，"屯田戍边"已成为我国疆域形成过程中联结中原与西北边疆的典型模式。

2. 伯克制度

"伯克"一词，为突厥语音译，"最早见于公元 8 世纪突厥文的碑文中，意为'王''首领''头目''统治者''官吏'以及'老爷''先生'，古代汉文献中译做'字阔''字可''别乞''别吉'等。古代维吾尔族中，'伯克'这一称号一直被沿用，成为世袭地方官吏或头人们

---

① 《马大正文集》，上海辞书出版社，2005，第 464 页。

② 张安福：《关于设置〈中国屯垦经济史〉课程的分析》，《兵团教育学院学报》2010 年第 2 期。

③ 马大正：《新疆历史研究中的几个问题》，《西域研究》2006 年第 2 期。

的通称，至明末，在新疆及中亚定居的民族中，'伯克'一词成为对官吏的泛称"①。又据《钦定西域同文志》记载："伯克，回语，官长之称，后凡言伯克者做此。按回部伯克，旧自阿奇木以下，小大咸有专职。入版图后，其名不易，而以秩为差，自三品至七品不等"②。《西域图志》记载："按回部官职大小旧有等差，伯克其统名也。我皇上抚定西陲，设官置辅，仍其旧名，而宠以天朝之品秩，自三品以下至七品不等。回人中有从戎效力及输诚内附者，量材以授，而数之多寡，则因乎地之大小、事之繁简，或有添设裁减。则办事大臣随时奏请，未有定额，其准爵诏禄之制，以授地为差。"③ 于此可见，18 世纪，清朝政府统一新疆回部以后，在原来伯克职名的基础上，"宠以天朝之品秩"，对这项官制进行改革，使其成为适应南疆维吾尔族聚居地区的政治制度——伯克制度。

清王朝在统一新疆之初，"其基本构想是保持原来与厄鲁特蒙古、回部的藩属朝贡关系，对准噶尔部采取分散安置措施。由于清朝的这一善后构想，既与阿睦尔撒纳企图控制整个卫拉特蒙古的野心相左，又与大小和卓试图恢复其在天山南路统治的愿望不合，所以在平定准噶尔的当年又爆发了阿睦尔撒纳和大小和卓的叛乱活动。清朝在统一之初的善后设想遂化为泡影，被迫进一步调整对新疆的各项政策"④。鉴于此，清王朝为了加强在西北边疆地区的统治与军事防卫，乾隆二十六年（公元 1761 元），乾隆帝谕示军机大臣："理藩院专理蒙古事务，尚可兼办回部。著将理藩院五司内派出一司，专办回部事务。"乾隆二十七年（公元 1762 年），又在伊犁河北岸的惠远城设置了"总管伊犁等处将军"（后改为"总统伊犁等处将军"），作为统辖新疆的最高军政长官。由此，清政府在新疆形成了以军府为核心，理藩院系统为辅助，包括州县制、伯克制和札萨克制在内的军事行政管理体制。其中，在南

---

① 张晓彤：《伯克制度：清前期中原官制与新疆地方特色的完美结合（上）》，《中国民族报》2012 年 8 月 24 日。

② 《钦定西域同文志》卷 12，http://www.cadal.zju.edu.cn/book/06078139（电子版）。

③ 《四库全书史部·钦定皇舆西域图志》卷 30，http://www.cadal.zju.edu.cn/book/06044034/1/search@query=西域图志, type=all, tag=, publisher=（电子版）。

④ 闫宗淼：《清朝回疆民族政策——伯克制度研究》，石河子大学硕士学位论文，2010。

（回）疆维吾尔族聚居区继续沿用伯克制度，并对其进行了一系列改革，各级伯克在各驻扎大臣的监督下，管理当地的行政、司法、赋税、治安等各项民政事务，成为清朝地方基层行政官制中的一个组成部分。①

清朝统一新疆回部之前，这些伯克受地区的汗或国家的最高元首辖领，统一之后，封建割据汗不再存在，伯克们便统归清政府任免，成为清朝统治维吾尔地方的工具。② 清王朝统一新疆回部之后，对伯克制度实施的一系列改革主要体现在：废除伯克世袭制度，将伯克改为流官；伯克的任免、任期与资格由参赞大臣和驻扎大臣提名呈报；制定伯克回避制度；明确规定伯克的品级与养廉；确定伯克的入觐制度；实施政教分离，禁止宗教（伊斯兰教阿訇）干政，即从事伊斯兰教的教职人员不得干预政务，从政人员也不得同时兼任任何教职；以《回疆则例》《大清律例》等法律的形式，既明确了回部地方与中央的隶属关系，中央对回疆政务拥有最终裁决权和监督权，保护了维吾尔族伊斯兰教信仰，但又控制阿訇，使其不得干预政务等。对回部伯克制度实施的一系列改制措施，充分体现了清王朝在"大一统"中央集权统治之下实施的"因俗而治""分而治之"的治边理念。

改制后的伯克制度"官仍各存其名，各司其职，添裁升降，定以品级，奏请赏给顶翎，各按地方大小、繁简，酌给养廉，禁其横征，颁给钤记，专其职守，今已俨如中国官员等威秩然矣"③，成为中原官制与新疆地方特色相融汇的较为完整的制度，在充分利用民族地区的现有秩序和习俗的基础上，逐步地把中央的利益和观念渗透其中，扩大了清政府在回疆的统治基础，维护并巩固了清政府在回疆的统治秩序，加强了清政府的中央集权，不仅在清政府统一天山南北之初就发挥了极其重要的作用，而且也是清王朝将回疆纳入中央版图之后的100多年里，虽几经动

---

① 张晓彤：《伯克制度：清前期中原官制与新疆地方特色的完美结合（上）》，《中国民族报》2012年8月24日；成崇德：《康乾盛世的疆域与边疆民族》，载郭成康等《康乾盛世历史报告》，中国言实出版社，2002。

② 刘志霄：《维吾尔族简史》，民族出版社，1985，第177页。

③ 《回疆志》卷4，据清乾隆间抄本影印，台湾成文出版社印行，1968，第137～138页。

乱，回疆仍在版图之中的重要原因。① 尽管随着社会的发展和国内外时局的变化，伯克制度的弊端和局限性越发凸显，逐步被新疆建省后的州县制所取代，但我们仍不能否认伯克制度在清代回疆设置之初，对中国西北历史疆域的奠定所起的积极作用。

（四）西部边疆

与云南边疆相比，西部边疆②在中国历史疆域形成中具有鲜明的特点，主要表现为：一是茶马互市；二是宗教（藏传佛教）因素。

1. 茶马互市——历史上联结中原内地与西部（西藏）边疆的纽带

"茶马互市"，肇始于唐、兴起于宋、鼎盛于明、衰落或终结于清，是我国西部历史上汉、藏民族间一种传统的以茶易马或以马换茶为核心内容的贸易往来。它是贯穿于汉、藏关系发生及发展过程中的重大历史事件，也是千余年来中原王朝"安边治藏"政策的有效手段。"茶马互市"政策的有效实施，不仅扩大了汉藏人民之间的政治、经济与文化交往，加深了汉藏民族间的感情，拓展了中原与青藏高原的交通线，促进了交通沿线城镇的兴起及商贸的繁荣，而且还为西藏文明的东向发展、国家的统一、民族的团结、西部边疆历史疆域的最终奠定发挥了极为重要的作用。

茶马互市兴起的原因究其本质而言，应是起于中原与西藏间地理环境的差异导致的生产方式和生产结构（类型）的不同，突出表现为游牧经济与农耕经济的差异，藏人对中原茶叶的强烈需求，"倚之为性命"。基于此，历代中原王朝处于安边治藏政策的实施或对藏区战马的需求，就使得"茶马互市"成为联结汉、藏民族间一条无形的经济纽带，且包含着重要的政治、军事和文化价值。

公元 7 世纪，随着松赞干布统一青藏高原，吐蕃王朝的异军突起，之后，吐蕃王朝选择了持续的东向发展，成为与唐王朝并立争锋的一人雄主。鉴于此，唐王朝除了用武力反击吐蕃之外，还采取"和亲"

---

① 张晓彤：《伯克制度：清前期中原官制与新疆地方特色的完美结合（上）》，《中国民族报》2012 年 8 月 24 日；闫宗淼：《清朝回疆民族政策——伯克制度研究》，石河子大学硕士学位论文，2010。

② 历史上的西部边疆（疆域）包括了今西藏地区及历史时期藏族活动的周边部分地区。

和（茶马）"互市"作为羁縻"安边治藏"之策。贞观十五年（公元641年）和景龙四年（公元710年），应吐蕃方面的请求，唐朝先后以文成公主和金城公主入藏和亲，随之，"茶亦自文成公主入藏土地也"。① 此后，茶很快成为西藏"高贵的大德尊者全都饮用"② 的饮品并逐渐成为广大藏民"宁可三日无粮，不可一日无茶"的命根。唐玄宗开元年间，"吐蕃又请交马于赤岭，互市于甘松岭。宰相裴光庭曰：'甘松中国阻，不如许赤岭。'乃听以赤岭为界，表以大碑，刻约其上"③。赤岭即今青海湖东岸之日月山，汉藏之间的互市主要是以中原的缯绢、布帛、茶、铁器等物换取藏方的牛、羊、马产等物，但茶、马已构成双方互市交易中的主要物产。因此，这也可以称为汉藏间茶马互市肇始的缘起。唐代的茶马贸易还处于形成与开拓阶段，没有形成一种固定的制度。

两宋时期，汉藏间茶马互市有了空前的发展，考其原因有以下五点：第一，饮茶习俗在藏区已从上层的达官贵人普及到了整个民间，茶叶已开始成为整个高原藏区人民日常生活中须臾不可或缺之物；第二，相较于唐代，中原内地的植茶地区大为增加，茶叶产量也有了很大提高；第三，两宋政权自立国之初，就面临着北方强敌辽、金、西夏等游牧政权的侵扰，对军用物资战马的需求量十分庞大，北方塞外马匹在敌方控制之下难以获得，只能依赖于藏区；第四，战争的频繁，军费开支巨大，导致两宋政府财政困难，迫切需要通过茶马互市的"茶税"来弥补军费开支；第五，宋政府禁止铜铁钱币出口的政策，北宋立国之初买马主要是用帛绢、金银、钱币和茶叶支付，但用大量的钱币买马会造成铜钱外流，带来钱荒和财政更大的困难，更为严重的是外流钱币会被销毁用来制造兵器，威胁西部边境的安全。④

---

① 《西藏政教史鉴》（附录），转引于《中国古代茶马互市的重要意义》，http：//wenku.baidu.com/view/ae1f0015a21614791711282d.html。

② 达仓宗巴·班觉桑布：《汉藏史集》，陈庆英译，西藏人民出版社，1986，第143～145页。

③ （宋）欧阳修、宋祁：《新唐书·吐蕃传》卷216上，中华书局点校本，1975，第6085页。

④ 朴永焕：《汉藏茶马贸易对明清时代汉藏关系发展的影响》，四川大学博士学位论文，2003。

因此，茶马互市便在双方各取所需、互为急需的情势下开始兴盛。宋朝政府在认真比较了以钱、绢、茶易马得失之后，做出了以茶易马的决策，还专门设立了茶马司"掌榷茶之利，以佐邦用；凡市马于四夷，率以茶易之"。从此，成为定制，历代相沿，使唐代开始的茶马互市贸易更具特色。① 茶马互市政策确立之后，北宋时期曾在今晋、陕、甘、川等地广开马市，到南宋时，茶马互市的机构相对固定为四川五场和甘肃三场8个地方。两宋王朝通过茶马互市与西番和睦共处，共同抵御外敌，茶马贸易已成为"国之要政"，不仅满足了赵宋王朝对战马的需要，巨额"茶税"还为朝廷提供了一笔不菲的军费之需，更为重要的是它已上升为具有战略意义的治边政策。

元朝是以蒙古族入主中原建立起的多民族大一统国家，因本身就是马背上的民族，有北疆蒙古草原的强大根基，再加以西藏、青海和甘肃等广大边疆游牧区都属于元朝版图，马源十分充足。因此，有元一代官方的茶马互市几乎处于停顿状态，已失去意义。由于藏族始终对茶叶的需求，元政府仍然重视茶叶向藏区的销售，重视茶税的征收。此外，元朝为了加强对藏区的治理，还十分重视对汉藏互市贸易沿线道路的开辟，驿站的设置及管理。从此，"'茶马古道'既是经贸之道、文化之道，又是国防之道，治藏、安藏之道。'茶马古道'的战略意义更加突出"②。

明代，是汉藏茶马贸易的鼎盛时期，明王朝把汉藏茶马互市视为治藏政策的重要组成部分，它与明王朝在藏军政机构的建立、多封众建、尚用僧徒等治藏政策交互为用，共同组成了明王朝治藏政策的制度体系。"建立军事行政机构是治藏政策的根本，多封众建，尚用僧徒是核心，茶马互市则是关键""朝贡和茶马互市又内化为一种自觉的力量，成为维系和加强政治隶属关系最重要的纽带和途径。"③

明王朝如此重视"茶马互市"的原因大致不外乎以下几点：第一，仍然是藏人特殊的饮食结构决定了其对内地茶叶的需求及依赖较之前更

---

① 况腊生：《古代茶马贸易制度》，《理论界》2008年第4期。

② 格勒：《从"茶马互市"到"茶马古道"》，《人民日报·海外版》2003年2月26日。

③ 敏政：《从明代汉藏间的茶马互市看明代的治藏政策》，《青海民族研究》2011年第2期。

有过之而无不及，"番人嗜乳酪，不得茶，则困以病"①，"番人须茶最急，一日无茶则病且死"②；第二，有明一代始终面临着北元残余及蒙古诸部的威胁，屯重兵于长城一线，修辽东边墙，与蒙古势力冲突不断，后期又与东北马背民族后金政权战争频繁，战马急需从藏区获取；第三，明代因国力有限，重兵屯驻九边，对藏区主要是以怀柔羁縻之策治之，茶马互市正好适应了这一时局的需要。因此，明王朝对茶马之政极为重视，视其为"军国要务""西鄙重事"，并逐步制定了一系列缜密的制度，建立了庞大而完善的管理系统，在茶叶的征课、贮积、搬运、互市等方面都进行了组织管理，垄断茶市，以确保"以茶治边"政策的有效运行。③"凡中茶有引由，出茶地方有税，贮放有茶仓，巡茶有御史，分理有茶马司、茶课司、验茶有批验所。"④ 茶叶自生产到销售，从稽查到管理，其制度无不齐备，有效保障大量茶叶控制在明王朝政府手中。正如《明史》所载："唐、宋以来，行以茶易马法，用制羌、戎，而明制尤密。"⑤ 此外，明政府还在茶马互市国家垄断的基础上，实行了"差发马赋"制度。所谓"差发马"，即金牌差马，实际就是朝廷颁发给藏族部落纳马酬茶的一种铜质牌状凭证。⑥ 另外，还有"朝贡形式"的茶马互市，茶叶成为明朝牵制、笼络藏区僧俗首领的主要物品，也是僧俗首领朝贡的主要目的之一，他们不仅因朝贡而获得大量茶叶，其返藏途中更是大量"市买私茶等货，以此缘（沿）途多用船车，人力运送，连年累月，络绎道路"⑦，可见当时茶叶输藏之盛况。总之，明代的"茶马互市"制度是有效统治藏区的关键，具有政治、经济、军事、文化等多重功能，

① （清）张廷玉：《明史》卷80（志第五十六食货四茶法），中华书局点校本，1974，第1947页。
② （清）谷应泰：《明史纪事本末》（全四册）卷60，中华书局，1977，第930页。
③ 郭孟良：《论明代的"以茶治边"政策》，《洛阳工学院学报》（社会科学版）2000年第4期。
④ （明）申时行等修：《大明会典》卷37，http：//www.cadal.zju.cn/book/02088049/1/search@query＝％20明会典，type＝all，tag＝，publisher＝（电子版）。
⑤ （清）张廷玉：《明史》卷80（志第五十六食货四茶法），中华书局点校本，1974，第1947页。
⑥ 敏政：《从明代汉藏间的茶马互市看明代的治藏政策》，《青海民族研究》2011年第2期。
⑦ 《明英宗实录》卷177，中央研究院历史语言研究所校印，第3408页。

起到了巩固和加强对藏区统治的目的，取得了良好效果。

清代，是茶马互市逐渐退出历史舞台或终结的时期。其发展历程大致经历了3个阶段：第一阶段，清军入关之初（公元1644年）至康熙七年（公元1668年），因国内动荡，大规模战争频繁，导致战马短缺，为适应这一时局的需要，清政府积极推行茶马互市，茶马贸易较为兴盛；第二阶段，康熙七年（公元1668年）至雍正十三年（公元1735年），清政府不仅控制了满、蒙民族马匹来源，而且还建立了众多马场，军马和御马问题得到了解决，茶马互市时罢时废，逐步走向衰落；第三阶段，乾隆元年（公元1736年）至道光二十年（公元1840年），为茶马贸易停罢之后，清政府裁汰茶马司，处理积滞陈茶，从而使茶马贸易永不复兴的时期。①尽管乾隆以后茶马互市的制度被废除了，茶马贸易的机构被裁汰了，却代之出现了"边茶贸易"（内地销往藏区的专供茶）制度，清廷放弃了对藏区茶叶供应的限制，使茶叶大量输入藏区，带动了汉藏贸易的全面发展，主要表现为：藏区人民需要内地商品的种类日渐增多，譬如对丝绸、布料、铁器以及生产生活资料等商品的需求也开始增加；而内地对藏区的皮革、黄金以及虫草、贝母等珍贵药材也有更大需求。"茶马古道"沿线的民间贸易则变得更加繁荣。②

综上而言，千余年来，因茶和马两种产品引发的互市交换，成为联结（西藏）边疆与中原逐步融为一体的无形纽带，这在古今中外整个人类历史上都是独树一帜的。这使我们不得不赞叹古圣先贤们在治国安邦、缔造我们伟大祖国历史疆域过程中的卓越智慧："茶之为物，西戎、吐蕃，古今皆仰食之，以腥肉之食，非茶不消，青稞之热，非茶不解，是山林草木之叶，而关国家大经。"③明代云南人杨一清在主政陕甘时曾说："且金城以西，绵延数千里，以马为科差，以茶为酬价，使之远夷臣民，不敢背叛。如不得茶，则病且死，以是羁縻之，实贤于数万甲兵，此制

① 朴永焕：《汉藏茶马贸易对明清时代汉藏关系发展的影响》，四川大学博士学位论文，2003；况腊生：《古代茶马贸易制度》，《理论界》2008年第4期。

② 格勒：《从"茶马互市"到"茶马古道"》，《人民日报·海外版》2003年2月26日。

③ （明）谈修：《滴露漫录》，载王明达主编《茶马古道论文选》（珠玛英追《迪庆马帮概述》），云南人民出版社，2012，第210页。

西番以控北夷之上策也。"① 正是由于茶的远征和渗透，使茶叶成为无形的"茶长城"，在传统王朝政权那里，茶成为巩固边疆之道；在更深意义上，我们可以说，正是因为茶，让不同信仰和不同民族之间慢慢形成了一个想象的共同体，为中国的"大一统"奠定了文化基础。②

2. 宗教（藏传佛教）因素

公元 7 世纪，一代雄主松赞干布逐步完成了对青藏高原诸部的统一，建立了吐蕃王朝，结束了这一广大地区长期以来缓慢发展的状态与分立的局面，进入了一个全新的快速发展时期。之后，吐蕃王朝开始将扩张的目光投向四邻地区，但这种扩张明显呈现出强烈的东向特点。在与唐王朝的强强对话中，其势力范围向东方得以大幅拓展，使其与中原之间在政治、经济、文化等诸多方面发生了广泛的联系与交融。与此同时，唐王朝应吐蕃之请，运用了和亲与（茶马）互市两大羁縻手段，让这样的联系更加富有生命力。特别是肇始于唐代，藏、汉两地间的"茶马贸易也日渐成为连结中原与藏区的重要经济纽带，并加速了西藏文明向中原的倾斜。西藏与中原这种历史悠久且日益密切的政治、经济、文化联系，构成了 13 世纪西藏成为我们祖国领土不可分割的一部分的深层基础"③。

"10 世纪以后，藏传佛教在整个青藏高原地区获得了广泛的传播和发展，这使得青藏高原地区各部族居民在文化心理素质和语言上（宗教的传播总是以语言为媒介的）逐渐趋于一致，并最终导致了藏族整体文明在青藏高原地域的形成，而这一进程无疑为 13 世纪藏族文明作为一个有机整体归属于中原文明体系，并与中原王朝发生整体性的政治隶属关系奠定了基础。"④ 1235 年，当蒙古王子阔端率领西路大军由陕甘南下四川

---

① 周重林：《茶马古道当前研究的三个重要问题》，载王明达主编《茶马古道论文选》，云南人民出版社，2012，第 290 页。

② 周重林：《茶马古道当前研究的三个重要问题》，载王明达主编《茶马古道论文选》，云南人民出版社，2012，第 291 页。

③ 石硕：《西藏文明的东向发展——13 世纪西藏与中原政治关系形成的必然性》，《中国社会科学》1994 年第 6 期。

④ 石硕：《西藏文明的东向发展——13 世纪西藏与中原政治关系形成的必然性》，《中国社会科学》1994 年第 6 期。

攻宋时，就已深刻认识到了西藏地区政治、宗教的特殊性以及战略地位的重要性，为了保障蒙古军南下四川时的侧翼安全，阔端决定把西藏地区纳入蒙古汗国的统治。1247 年，西藏宗教领袖萨班与驻扎在凉州的蒙古王子阔端正式协议西藏的归顺条件。此后，元朝在中央机构中设有帝师和总制院（后改为宣政院）等官员和机构，直接管理西藏地区军政事务，正式将西藏地方纳入中央行政管辖之下。自此，西藏结束地方割据，正式成为中央王朝管辖的一个行政区域。① 由此，在元朝治理西藏的过程中，西藏与元朝皇室之间建立了以"宗教关系"为基础的深刻的利益联系。元朝通过扶持和依靠西藏教派势力来对西藏进行统治。确切地讲，有元一代，在元政府的支持下，从萨迦派遴选的"帝师"被西藏各教派势力视为在元朝的总代表，萨迦派势力成为元朝在西藏的代理人，通过对他们的有效操纵和控制来具体实施对西藏的统治和管理。"这一模式客观上使得元朝对西藏的统治更加容易，同时也更为有效，从而大大强化了元朝对西藏的统治。而另一方面，西藏以萨迦派为首的各教派势力也通过他们与元朝统治集团建立的特殊宗教关系而逐渐在元朝宫廷中获得了巨大的权力和利益。"②

明朝建立后，继承了元朝在藏区的行政管辖权，虽然取消了在元朝宫廷中以西藏宗教领袖为"帝师"的制度，放弃了元朝在西藏地方治理上只倚重萨迦派势力作为自己代理人的做法，但明王朝考虑到藏区教派林立、喇嘛盛行的情况，在运用其他手段（建立军政机构、朝贡和赏赐、茶马互市等）之外，仍然沿袭了元朝尊崇西藏宗教领袖的做法，实施了"多封众建、尚用僧徒"的政策。譬如，"明朝先后在西藏各教派领袖中分封了三大法王、五大教王，基本上囊括了当时西藏的各主要教派。对于这些宗教领袖，明朝除在政治上分封和崇高地位外，还相应地在经济上给予巨大的赏赐"③明王朝这种宠之以名号，予之以厚利，推崇和扶持藏传佛教的政策，为藏区的稳定、整个明王朝的统治的稳固以及促进汉藏经济与文化交流等方面都发挥了十分重要的作用。

① 恰白·次旦平措、诺章·吴坚和平措次仁：《西藏通史》，西藏古籍出版社，1996。
② 石硕：《蒙古在连结西藏与中原政治关系中的作用》，《西藏研究》1993 年第 4 期。
③ 石硕：《蒙古在连结西藏与中原政治关系中的作用》，《西藏研究》1993 年第 4 期。

明末清初之际，随着藏传佛教又一大教派格鲁派（又称黄教）的兴起并向蒙古地区的快速传播与普及，使得"崇（兴）黄教、安蒙古、控（定）西藏"成为有清一代"治藏安边"的不二法门。格鲁派兴起过程中的两次转折点都与外部蒙古势力的介入产生了密不可分的联系，其标志是：1578 年，三世达赖喇嘛索南嘉措与蒙古土默特部俺答汗会晤于青海湖边的仰华寺后，格鲁派实力大振并向蒙古地区迅速传播；1642 年，蒙古和硕特部首领固始汗率部南下进入西藏，形成了和硕特部蒙古和藏传佛教格鲁派联合统治西藏的局面，格鲁派在藏传佛教各教派中已处于绝对的优势地位，并已成为影响蒙古各部的重要力量。有鉴于此，清王朝前几代皇帝向来都对西藏给予特殊关照。清朝要控制天下，必得蒙古各部支持，得蒙古必先得佛教（格鲁派），得佛教（格鲁派）必要得西藏。[1] 譬如，清前期，准噶尔部往往利用藏传佛教与清朝对抗，清朝统治者也针锋相对，利用藏传佛教的影响，消除割据势力，达到安定西藏统一边疆的目的。[2] 其中尤以准噶尔侵藏最为典型，1717 年，准噶尔打着为"第巴之死"复仇的名义入侵西藏，试图从和硕特拉藏汗手中争夺对西藏的统治权，以实现其控西藏黄教，号令众蒙古的狼子野心，对此，清王朝则以黄教保护者的身份，适时"驱准保藏"，派兵护送六世达赖的转世灵童格桑嘉措入藏，赢得了蒙藏僧俗各界的拥护，从此，更加深了清朝与黄教上层的良性互动。[3] 之后，青海和硕特首领罗卜藏丹津变乱，清政府趁机废除了和硕特部的地方政权，将青海置于"西宁办事大臣"的管辖之下，在西藏实行了四噶伦联合掌政的制度，但此制度仅仅实行了 6年就因内讧而爆发了卫藏战争。鉴于此，雍正五年（公元 1727 年）设置了驻藏大臣，其目的是将藏政大权纳入驻藏大臣的直接监督之下，强化对西藏的施政。雍正六年（公元 1728 年），清廷借平定卫藏战争之机，下令将理塘和巴塘等地划归四川，将中甸和阿墩子等地划归云南，从而明确了西藏地方的辖区范围。逐步树立驻藏大臣监督、协助下的郡王掌

---

① 李秀梅：《清朝统一准噶尔史实研究》，中央民族大学博士学位论文，2006。
② 闫宗岭：《清朝回疆民族政策——伯克制度研究》，石河子大学硕士学位论文，2010。
③ 马啸：《17 至 18 世纪清政府与藏蒙地区政治互动模式研究》，西北师范大学博士学位论文，2008。

政制度，即郡王颇罗鼐在驻藏大臣监督下总理西藏一切政务。但这一制度在颇罗鼐死后，因其子珠尔墨特执政时期发生叛乱而被废除，促使了清政府在西藏地方行政体制的又一次变革，乾隆十六年（公元1751年），清廷拟定并颁行了《钦定西藏善后章程》13条，"废除在西藏封授郡王的制度，规定西藏政务由噶厦管理，噶厦设噶伦四名，三俗一僧，地位平等，全部归达赖喇嘛和驻藏大臣统辖。清廷为使西藏僧俗上层贵族互相牵制，设立了由全部僧官主管的译仓，并明文规定噶厦的一切公文；政令必须经过译仓的审核钤印方能生效。由于达赖喇嘛在平定珠尔墨特叛乱中有功，所以清廷正式授予达赖七世管理西藏行政事务的权力，从而建立了政教合一的西藏噶厦地方政府。此外，清廷还确立了在西藏长期驻兵的定制"①。这次改革既照顾了西藏地方特点，又正式确立了西藏"政教合一"体制，使西藏世俗贵族的权力受到了削弱，标志着清政府对西藏行政体制的设置日趋完善。② 1792年清军入藏击败廓尔喀入侵之后，清政府鉴于西藏社会系统涣散无力，弊端颇多，强敌临境，根本无法抵御等原因，决定大力整顿西藏吏治。乾隆五十八年（公元1793年）颁布实施了《藏内善后章程》29条，标志着清廷治理西藏的各项制度已臻于完备，西藏作为中国不可分割的领土，在政治上和法律上得到了极大的加强和肯定。③

　　综上看来，无论是蒙元在臣服西藏、建立政治隶属关系的过程中，还是明朝继承管辖、羁縻治之的过程中，抑或是清朝实施从间接管理到直接管理的过程中，三朝的统治者对藏传佛教的推崇、扶持和利用都是无处不在，这也充分说明三朝治藏政策的高明之处。由此可见，宗教（藏传佛教）因素已成为中国西部历史疆域形成过程中无法回避的问题。因俗而治，因势利导，制定并实施正确的宗教政策也是元明清三代治藏安边取得成功的关键。

---

① 成崇德：《康乾盛世的疆域与边疆民族》，载郭成康等《康乾盛世历史报告》，中国言实出版社，2002。
② 陈柏萍：《从驻藏大臣的设置看清朝前期对西藏的施政》，《青海民族学院学报》2004年第2期。
③ 成崇德：《康乾盛世的疆域与边疆民族》，载郭成康等《康乾盛世历史报告》，中国言实出版社，2002。

第二节　云南疆域（边疆）在形成和发展中的特点、地位及其对中华民族的重要性

前面的章节内容对云南疆域形成和发展问题进行了探讨，对东北、北方、西北、西部各边疆地区在历史疆域形成过程中不同于云南边疆地区的鲜明（典型）特点进行概要的总结介绍。鉴于此，为了使我们能从更为全面的视角认识到云南边疆（疆域）的重要性，本节内容将在总结中国历史疆域形成原因的基础上重点分析认识云南边疆在中国历史疆域形成和发展中的特点、地位及其对中华民族的重要性。

一　中国历史疆域形成的原因

在世界历史上，曾出过许多疆域十分辽阔的大帝国，如希腊的马其顿亚历山大帝国（公元前 4 世纪）、罗马帝国（公元前 30 年 ~ 公元 476 年）、阿拉伯帝国等，其疆域都曾一度横跨欧亚非三大洲，盛极一时，却没有一个能够作为一个统一的国家共同体持续而恒久地延续下来。究其原因，这是十分值得我们深思的一个问题。相比较而言，中国作为一个统一多民族的国家，其历史疆域的渊源、形成、发展和奠定，是经历了数千年的时间，是经过了一个漫长而曲折的发展过程后大致定型的，其形成的轨迹和模式，在世界各国疆域形成发展史上都是独树一帜的，有着自身发展和演变的诸多特点。考其原因大致不外乎以下几点。

第一，地理环境区域的多样性和整体内向的统一性。中国文明的起源及辽阔疆域的形成、发展和奠定是与自身所具有的地理环境息息相关的。地理环境区域的多样性主要体现为：以黄河和长江中下游流域为中心的中原农耕区域；三面为山水环绕，山林、草原和平原三者兼而有之的东北渔猎耕牧区；以北方蒙古高原为主的草原游牧区；以绿洲和草原为主的西北农牧区；以青藏高原为主的西部游牧区；以西南云贵高原为主的泛农耕区；东面和东南面的大海构成了中国历史疆域形成的天然屏障。中国地理环境整体内向的统一性主要表现为：东北三省，西有兴安

岭与蒙古草原相隔，东边有浩瀚的太平洋，北边东西向横列着外兴安岭，把中国的东北与千里冰封的东西伯利亚划分为两个区域。在这三面为山海隔出的地域内，西部是与蒙古草原相邻的游牧区、东北部是居于山林的渔猎区、两者的中间及其南部地区是平原农耕区，"东北与华北大平原之间，沿着渤海之滨，有一条狭长的走廊，由长城东端的山海关控扼其间。几千年来，起源于东北的民族，有的西向越过兴安岭，进入蒙古草原，如鲜卑、室韦；但更多的则是相沿着这条走廊南下，向温暖富庶和更为辽阔肥沃的中原发展"①。北方蒙古高原，其北边是东西向绵延数千公里的山脉，山脉以北就是古代人迹罕至、人类难以生存的西伯利亚。这一特殊的地理环境是导致古代北方草原民族一浪高似一浪地南下中原的重要原因。西北的西域地区，其主体部分主要是由一系列的崇山峻岭和难以逾越的荒漠戈壁，构成了天然的屏障：北方的唐努山与阿尔泰山，西边的葱岭和帕米尔高原，南边的巍巍喀喇昆仑山阻挡了与青藏高原的交通，南北西三面环山的地理环境，使得这一区域呈现出东向开放的特点，可经东北方向进入蒙古草原，向东南方向可经河西走廊直达甘青地区和富庶的关中平原。西部的青藏高原，其南部、西部和西北部地区分别有喜马拉雅山脉和喀喇昆仑山脉形成巨大地形屏障，造成了西藏文明向南亚和中亚地区发展的困难，相反，西藏东部方向的地形及交通条件则较为开放和便利，这就构成了西藏文明大规模东向中原发展的地缘因素。西南云贵高原的云南地区，受横断山脉江河峡谷和热带丛林瘴疠阻挡以及中原文明的吸引，这一地区的发展也呈现出强烈的东北向——日趋的中原化色彩。中国边疆地区四周的天然阻隔，整体内向型的地理环境，构成了我国古代各民族外向交流与发展的天然障碍，使得各边疆民族形成了向内发展的强大动力。

第二，经济基础，即中原地区以农业文明为中心的物质文化中心地位的较早确立（中原农耕文明较周边地区发达）。这一地位的确立早在先秦时期就已奠定，在秦汉以后基于地理环境、生产方式与生产结构（类型）差异基础上的中原农耕与边疆地区的游牧和渔猎分野变得更为

---

① 杨圣敏主编《中国民族志》，中央民族大学出版社，2003，第13页。

清晰。与各边疆地区相比，中原农耕文明成熟最早、最为稳定，物产也最为丰富，财富也较易积累。由于边疆地区游牧经济的脆弱性①以及生产结构（类型）的单一性与落后性，这就构成了自古以来我国各边疆与中原之间密切而又互相依存的经济联系。又由于双方（官方和民间）在物资经贸交流中，边疆地区往往是有求于中原地区者多，这就使得中原地区往往能够占据主动权，甚至很多中原王朝往往将之作为控驭边疆少数民族的治边之策，取得了很好的效果。这种基于相互需求基础上的经贸交流就像一条无形的纽带，把中原农耕区的汉族与游牧区和渔猎区的边疆少数民族紧密地联系在一起，形成了中国历史上占主导地位的各民族优势互补、相互依存的民族关系。几千年来，这对中国历史疆域的最终形成，不仅具有重要的经济意义，更带有深厚的政治功能。

第三，思想文化基础和多元一体政治制度（主要包含中央集权和羁縻制度等）的作用。中原地区以礼仪制度为中心精神文明中心地位的较早确立，早在先秦时期"天下观""夷夏观""服事观""朝贡制""宗法制"等思想以及儒家文化在中原地区就已形成。在这些思想文化影响的基础上，秦王朝率先完成了统一，并创建了一系列体现中央集权制的王朝治理体系，汉承秦制之后，通过独尊儒术，使帝国的政治体系获得了制度体系和价值体系的有机统一，此后，这套制度体系不断完善，沿袭至清末。②"中央王朝的权威及其集权体制的确立是中华民族国家整体之能维系的核心因素，离开了这个核心，其他的因素所发挥的作用就不可能持久，全民族的统一局面也不能存在下去。"③这套帝国政治体系凭借

---

① "游牧财富无法有效地加以集中或贮存。牲畜们不得不逐水草而居，需要经常加以照料，但这些牲畜还是不时死亡。一位统治者即使养育了大量牲畜，对财富的积累也是毫无保障的，这些财富可能会在一夜之间被疫病、暴风雪或者偷窃一扫而光。"〔美〕巴菲尔德：《危险的边疆——游牧帝国与中国》，袁剑译，江苏人民出版社，2011，第56～57页。

② 〔美〕S. N. 艾森斯塔得：《帝国的政治体系》，阎步克译，贵州人民出版社，1992，第13页。

③ 李鸿宾：《唐朝中央集权与民族关系——以北方区域为线索》，民族出版社，2003，第218～219页。

其所蕴含的文明力量的优势，自始至终保持着以汉文化为核心，聚合多元少数民族的"中华民族多元一体格局"。① 另外，自秦汉以后的两千余年，以"因俗而治"为核心的羁縻制度（包括朝贡制度、藩属体系等）与中央集权制度的有机结合，使得中华各民族既能够独立地发展自己的民族经济与文化，又能方便地互相交流与学习，并逐渐走向团聚与统一。② 又如于逢春在其《构筑中国疆域的文明板块类型及其统合模式序说》一文中所言："中国各个时期的较强大的王朝，如唐、元、清等统治一个幅员辽阔的帝国的能力，确实依赖于国家在意识形态方面具有能够为人们普遍接受的论理。否则，如果国家只是力求用军事手段延长自己的统治寿命的话，就会在强制性资源和控制手段方面引起难以收拾的问题，从而造成国家的瓦解。因为唐、元、清即使在全盛期，相对于其1300多万平方公里以上的陆疆而言，其不足百万的军队，面对前近代极端落后的交通条件与以人力畜力为动力的交通工具，显得那么微不足道。唐、元、清时期的国家有能力根据各地的社会特点，改变策略和人员配备，以促进统合和控制。"③

第四，汉民族（主体民族）的主导作用。中国多元一体的中华民族和统一多民族国家历史疆域的形成是由中国各民族共同缔造的，甚至在某些时期边疆少数民族的贡献更为突出。但我们根据几千年中国历史发展的轨迹进行如实考察时，我们仍然不得不承认汉民族在这一伟大的历史进程中所起的主导作用。早在先秦时期，作为汉民族先民的华夏族就已在中国各民族中确立了文明的中心地位，在完成中原地区的统一中发挥了主导作用。在秦汉以后，汉族作为中国的主体民族，占据着地理环境最为优越的中原地区，不仅人口众多，物产丰富，还拥有先进的生产方式，比较发达的经济基础，较高的文化水平，强有力的政治制度。即便汉族被其他民族征服后，仍是如此。譬如，在中

---

① 费孝通：《中华民族的多元一体格局》，《北京大学学报》（哲学社会科学版）1989 年第 4 期。

② 杨圣敏主编《中国民族志》，中央民族大学出版社，2003，第 27 页。

③ 于逢春：《构筑中国疆域的文明板块类型及其统合模式序说》，《中国边疆史地研究》2006 年第 3 期。

国历史上，相继征服过汉族地区的有鲜卑族—北魏、契丹族—辽、女真族—金、蒙古族—元和满族—清等，"他们在进入中原以前，都处于比中原的汉族较低的发展阶段，因此当他们进入中原以后，不仅未能改变汉族原有的生产方式和文化，反而逐渐被汉族文化所同化"①。充分说明了"一条永恒的历史规律"："野蛮的征服者总是被他们所征服的民族的较高文明所征服"②。对此，我国著名史学家翦伯赞先生认为："我以为即使在鲜卑人、契丹人、女真人统治半个中国的时期，在蒙古人、满洲人统治整个中国的时期，汉人仍然在中国史上起着主导作用。"③ 此外，费孝通还从汉族与周围少数民族交融、交往、互动的角度描述了汉族在中华民族形成的过程中所起的主导作用："距今三千年前，在黄河中游出现了一个若干民族集团汇聚和逐步融合的核心，被称为华夏，它像滚雪球一般地越滚越大，把周围的异族吸收进了这个核心。它在拥有黄河和长江中下游的东亚平原之后，被其他民族称为汉族。汉族继续不断吸收其他民族的成分日益壮大，而且渗入其他民族的聚居区，构成起着凝聚和联系作用的网络，奠定了以这疆域内部多民族联合成的不可分割的统一体的基础，形成为一个自在的民族实体，经过民族自觉而称为中华民族。"④ 无不彰显了汉民族（主体民族）在中国多元一体中华民族和统一多民族国家历史疆域形成中的主导作用。

第五，周边环境，即周边地区始终没有产生一个能够与中国文明并驾齐驱的政治实体。譬如，中国西（云）南周边的东南亚地区，早期的东南亚地区，由于炎热多雨、植被丰富、自然条件良好，获取生活资料较为容易，"温"本来就不成问题，要饱也不难。然而这样的环境严重束缚了当地社会生产力的发展，使得古代东南亚社会发展缓慢，"如文字的发明或应用、城市和国家的出现、各国主体民族的形成和发展，

---

① 杨圣敏主编《中国民族志》，中央民族大学出版社，2003，第32页。
② 《马克思恩格斯选集》第2卷，人民出版社，1972，第70页。
③ 翦伯赞：《翦伯赞历史论文选集》，人民出版社，1980，第114页。
④ 费孝通：《中华民族的多元一体格局》，《北京大学学报》（哲学社会科学版）1989年第4期。

在东南亚都要远远落后于世界上许多国家和地区"。再加上东南亚地理上的"破碎性"（地形、地貌复杂，海洋、山脉、河流的切割，显得较为零碎），使得东南亚的历史上"就从来没有出现过统治整个地区的帝国或王国，甚至没有出现过统治全部海岛地区或半岛地区的王国。由于缺乏一个核心地带，古代东南亚没有形成一个文化中心，其文化发展从整个地区看不是中心辐射式的，也不是扩张型的"①。又如，和我们邻近的印度，虽然也是一个具有悠久历史文化的大国，但"印度这样一个文明古国，在历史上就没有出现过长期的连续的统治全国的中央集权的中央王朝。在印度长约 2300 年的封建社会（公元前 542 年~公元 1757年）里，没有一个单一的封建国家在整个次大陆行使过它的权力"②。与我们西北边疆邻近的中亚地区，历史上只有在唐朝时期才遇到过强大的对手，而且还是远道而来的阿拉伯帝国，虽然公元 751 年唐朝在与阿拉伯帝国争夺中亚控制权的"怛逻斯之战"中输给了对手，但此时阿拉伯帝国东向攻唐的力量也已达到了强弩之末。至于北疆和东北边疆北部邻近的西伯利亚地区，不仅气候严寒、人烟稀少、人迹罕至，而且从未形成过有影响力的政权，直到 17 世纪随着沙俄的东侵，才与中国的大清王朝迎头相撞，但很快就被清王朝的力量所阻挡，通过康熙二十八年（公元 1689 年）中俄《尼布楚条约》和雍正五年（公元 1727 年）中俄《布连斯奇条约》与《恰克图条约》相继签订，俄国人南侵的步伐被终止，中国北部（包括东北）的历史疆域得以奠定。再加上中国古代长期以来以中原帝国为核心与东亚、东南亚、中亚等周边国家和地区构筑起的朝贡、藩属体系，也为几千年来中国历史疆域的形成、发展和奠定创造了良好的外部环境。可见，中国古代的周边地缘战略十分优越。

总而言之，中国历史疆域的形成既有自身地理环境（强大的内驱力）及周边地缘环境（优越性）的因素，也有多元一体政治制度的建构作用，还有一个强大经济基础的统合作用，更有一个主体民族和深厚思想文化基因的黏合作用。自秦汉至清代的两千余年间，这些因子共同推动了中

---

① 贺圣达：《东南亚文化史研究三题》，《云南社会科学》1996 年第 3 期。
② 林荃：《云南土司制度的历史特点及分期》，《云南民族学院学报》1993 年第 1 期。

国大一统历史疆域的形成和多元一体中华民族格局的奠定。使得中国历史疆域的形成、发展及奠定在整个人类文明史上都深深打上了"独具特色"的东方烙印。也许这些因子正是解答历史上中华帝国为什么会不同于世界其他大帝国能够作为一个统一的国家共同体持续而恒久地延续下来的原因吧！

二　云南疆域在中国疆域形成和发展中的特点

自秦汉至清代（公元 1840 年前）的两千余年间，云南疆域（边疆）形成和发展以及最终奠定，大致经历了秦王朝经营"西南夷"昙花一现时期，两汉的初步形成时期，魏晋南北朝的疆域内缩期，唐宋（南诏大理国）地方民族政权的充分发展时期，蒙元的拓展时期，明代的大致定型时期，清代的最终奠定时期等 7 个阶段。云南疆域作为中国历史疆域不可分割的一部分，在其形成和发展过程中由于受历朝各代政治格局、治边治策、民族关系、移民因素、文教政策及自身地缘环境的影响，一方面展现出了与东北疆域、北部疆域、西北疆域、西部疆域形成发展中相同的一面，同时又表现出了自身鲜明的特点。

云南疆域与其他边疆地区历史疆域形成和发展中的相同点主要表现为：

第一，中央（原）王朝及汉民族（华夏族）的主导作用。

第二，在先秦时期"天下观"影响下，自秦汉以后逐步形成及完善的"大一统"思想（理论），是促使中国各边疆地区历史疆域形成及奠定的有力武器。

第三，在先秦时期"夷夏观"和"服事观"影响下形成的以"因俗而治"为内涵的"羁縻思想"（包括朝贡体制、藩属体制等）是指导秦汉以后中国各边疆地区历史疆域形成及奠定的又一理论武器。

第四，各边疆地区的地理环境尽管各不相同，但在整体上又表现出惊人的一致性，即内向中原发展的统一性和周边地区地缘环境的优越性（周边地区始终没有产生一个能够与中国文明并驾齐驱的政治实体）。

第五，各民族共创中华，尽管各边疆民族在中国历史疆域形成中对各边疆地区形成和发展的贡献大小不一，但毫无疑问，他们都是各自地区疆域形成及奠定的有力促进者，甚至有些边疆民族在统一本地区后入主中原，成为中国历史疆域形成的领导者。

云南疆域与其他边疆地区历史疆域形成和发展中的不同点主要表现为：

第一，移民特点的不同。东北边疆地区在历史上与中原地区形成的边内移民对流，即东北边疆少数民族主动西进南下中原和汉族主动或被动移民（包括因罪流放的汉人）东北的互动，是推动东北疆域形成和发展的一大特点。蒙古草原的北疆地区，其移民特点历史上主要表现为草原民族一浪高似一浪的南下中原，然后被中原汉民族所融合，因地理环境和生产方式的差异，两千余年来汉族移民北上蒙古草原的力量仅仅停留在长城北部农牧分界线沿边一带，难以深入草原内部地区，只有到近代以后才有所扩大。西北边疆的西域地区，其移民特点历史上主要表现为自汉代始以汉族屯田（垦）戍边方式进驻西域（新疆）者最为典型。西部边疆的西藏地区，其移民特点历史上主要体现为西藏文明的东向发展，汉藏民族在分界线附近的相互交融。和其他边疆相较而言，西南边疆的云南地区，历史上入滇移民的类型和模式体现了自身的鲜明特点，主要表现为中原内地移民（主要是汉族）单线式进入云南为主：汉晋时期以"奸豪""镇将官吏"和兵士为主，唐宋时期的移民主要是以征战被俘的士兵和被掳掠的技工为主；蒙元时期移民主要以路、府、州、县治所周边的军民屯田为主；明代以军民卫所形式存在的外来移民构成了这一时期移民的主体，人口众多，分布范围广泛，是汉族移民入滇的一个重要转折点，不仅第一次改变了云南夷多汉少的民族结构，而且还第一次历史性地改变了民族融合的方向（由之前的"汉人夷化"为主变为"夷人汉化"为主）；清代的入滇移民主要是以军事戍守和自然流徙为主。此外，历史上其他类型的移民入滇也时常有之。两千余年间，中原移民入滇，对云南疆域的形成、发展和奠定都发挥了重要作用，产生了深远影响。

第二，地方民族政权作用的差异。唐宋时期，云南地方民族政权的崛起，南诏大理国相继对云南500余年的统治与整合，为蒙元时期云南行省创建奠定了基础，作用十分重大。东北和北部边疆地区的某些民族政权在其崛起的过程中不仅能够率先完成对本地区的统一和整合，而且还能够快速地形成南下入主中原甚至完成大一统的强大力量，进而使得作为其根据地的北部和东北边疆顺理成章地成为中国历史疆域不可分割的一部分。西部（西藏）疆域在其形成和发展过程中，不仅地方民族政权吐蕃王朝的崛起及其东向发展发挥了重要作用，而且蒙古族也扮演了较为重要的纽带和桥梁作用，特别是元代和清代。因此，各边疆民族政权在中国历史疆域形成和发展中所展现出来的不同特点及深层次原因是十分值得深入研究、认真思考和系统总结的。

第三，制度层面（治边治策）的特点。两千余年间，中央（原）王朝在以"因俗而治"为内涵"羁縻"思想的影响下，对云南边疆的治理上主要实施了汉晋时期的边郡制、隋唐（前期）时期的羁縻府州制、元明清时期行省主导下的土官土司制。这些治边制度在历史上某一个时期对云南疆域的形成、发展和奠定都发挥了积极作用。另外，清代（公元1840年以前）的边疆政策是集历代智慧之大成，把"因俗而治"的羁縻政策运用得十分娴熟，取得了较好的统治效果。如东北的八旗制，北部边疆蒙古草原的盟旗制，西北回疆地区的伯克制，西藏地区的政教合一制，西南边疆地区的土司制，这些制度之间既有相同点（一定程度的自治性）又各具特色（区域民族性），共同构成了维护边疆地区稳定的制度"长城"。

第四，重文德、兴教化，移风易俗。自汉代以来儒学和汉文化在云南相沿不辍的传播对云南疆域的形成、发展及奠定发挥着无可替代的作用。与其他边疆地区相比，这一点对西南边疆的云南而言，显得尤为突出。

第五，官方经贸互市作用的大小。由于云南地理环境的复杂性，气候的多样性，山地与坝区二元结构的互补性，使得云南农耕与游牧之间相互需要的关系，往往可以通过内部的优长互补得以解决。不像历史上其他边疆地区与中原内地之间对互市贸易的需求那么强烈。只有在宋代面临北方强敌、战马需求受阻的情况下出现过云南与中原之间比较正规的官方互市，如绍兴三年（公元1133年），南宋朝廷决定在邕州（驻今南宁）设置买马提举司，作为向大理国购买战马进行双方互市交易的场所。但互市特点体现较为明显的边疆地区主要是北部蒙古草原地区与中原内地之间互通有无的互市贸易和青藏高原藏民族与中原内地的茶马互市。游牧经济由于生态的脆弱性及结构的单一性，往往需要从中原农耕区获得大量的生产生活资料来弥补自己的不足。这就需要通过互市来解决，一旦和平的互市无法满足时，往往又会发动军事冲突，以战争的方式来冒险实现。这也是造成古代中国北方多边患，历代中原王朝"重北轻南"防御战略的重要历史原因。西部西藏地区自唐以后，由于藏民产生了对茶叶的极度依赖，中原王朝特别是宋明时期产生对战马的急需，基于双方的相互急需，茶马互市往往成为沟通西藏与中原、汉族与藏族之间一条无形的经济纽带，并包含着深刻的政治、军事和文化价值。

第六，和亲作用的不同。在中国历史上，两千余年来，和亲作为中原王朝处理或协调与边疆蛮夷政权之间相互关系的一种历史模式，分别在汉代、隋唐和清代形成了高潮，但基本上都是在北方（包括东北、西北）民族政权与中原王朝之间，唐代西部边疆吐蕃政权与唐王朝的和亲也较有代表性。但从两千余年的边疆与中原的和亲史来看，就是唯独云南疆域形成与发展中不见其影响。历史上和云南地方政权发生和亲关系的事件仅有 1 起，是五代十国时期，"南汉刘龑以增城县主嫁大长和国骠信郑旻，这是边疆汉族朝廷与边疆少数民族朝廷之间的和亲，也是南方绝无仅有的一起和亲实例，但影响很小。"①

第七，宗教因素影响的有无。宗教因素的影响主要体现为元明清时期的西部藏区和明末清代的蒙古族集聚区，兴黄教、安蒙古、定西藏是清王朝治藏安边之道的一大策略。制定正确的宗教（藏传佛教）政策，对于清王朝最终完成统一西部边疆、西北边疆和北部边疆具有十分重要的作用。相较而言，历史上云南地区显然没有受到"如此之大"宗教势力的影响，因此在其疆域形成和发展过程中宗教因素的影响是没有的。

第八，云南地区在西南地位战略的重要性。云南疆域在形成和发展过程中对中原王朝战略地位的重要性就如同西北地区对中原王朝战略地位的重要性一样重要。历史上云南边疆地区是中国西南战略的制高点，就如同河西走廊—西域一线是西北地区的战略制高点一样。因此，大气象、大格局、大气魄的历代王朝往往都十分重视云南的地缘战略地位，这也是云南疆域在中国疆域形成和发展中的一大特点。

第九，云南交通线路的开辟与疆域形成互为动因。早在先秦时期作

---

① 马大正主编《中国边疆经略史》，中州古籍出版社，2000，第 467 页。

为云南民间的对外通道——蜀身毒道（古西南丝绸之路）就已有之。秦王朝时五尺道的开辟首次将滇东北地区纳入了中原王朝西南疆域。两汉王朝，随着西南夷道的修筑和开通，云南西部和南部疆域的格局得以初步奠定。唐宋时期及以后，随着云南内外交线的修缮和新辟，特别是元明清时期取得的巨大成就，使得以昆明为中心的网状交通格局得以形成，云南疆域得以最终奠定并日趋巩固。相反，云南疆域的形成、发展与稳固反过来也大大促进了云南交通线路的新辟、完善以及交通格局的深刻变革。

第十，云南行政中心的历史变迁对疆域形成的作用。历史上云南行政中心经历过 3 次变迁，每一次变迁都对云南疆域的盈缩与整合产生了重要影响。除了三国至唐中叶期间，云南行政中心东移滇东（今曲靖地区）对云南西南部边疆巩固产生了不利影响外，但每次对云南不同区域的发展都起到了积极的推动作用，特别是元明清时期云南行政中心重返条件最为优越的滇中滇池（今昆明）地区，"比较先进的滇中地区和农耕文化比较发达的汉族，成为全省各地和各民族的凝聚核心，这一核心以其较高的经济文化优势向边疆各族辐射，将边疆地区牢牢地凝结在中国的版图之内，将边疆各民族紧紧地凝聚在中华民族之中"①。

三　云南疆域（边疆）在中国疆域形成和发展中的地位及其对中华民族的重要性

云南地处中国的西南边陲，虽离中原核心区较为险远，但由于独特的地缘区位优势，较早地引起了中央（原）王朝的重视。两汉时期，中原王朝对云南的经营是和对整个"西南夷"的经营联系在一起的，因为通过西南夷地区即可通往西域，又可到达南越，所以对西南夷的控制直接关系着对南越、交趾和西域的经营。众所周知，西汉王朝初期，匈奴势力强大，控制了河西走廊及西域的广大地区，汉武帝即位以后，为了打击匈奴势力，从根本上解除来自北方的威胁，便很快实施了开河西"隔绝胡羌"、张骞"凿空"西域，"断匈奴右臂"的战略，联合西域诸

---

① 郭家骥：《地理环境与民族关系》，《贵州民族研究》2008 年第 2 期。

国打击匈奴成为西汉王朝的一项长期战略。元狩元年（公元前122年），"博望侯张骞使大夏来，言居大夏时见蜀布、邛竹杖，使问所从来，曰'从东南身毒国，可数千里，得蜀贾人市'。或闻邛西可二千里有身毒国。骞因盛言大夏在汉西南，慕中国，患匈奴隔其道，诚通蜀，身毒国道便近，有利无害。於是天子乃令王然于、柏始昌、吕越人等，使间出西夷西，指求身毒国"①。为了避开由匈奴控制的河西走廊地区，开辟（或打通）一条经西南夷至西域的安全便捷之道（即蜀身毒道）作为联系西域的交通线，成为汉武帝复事经营西南夷的一个重要因素。另外，汉武帝时期，为了要实现打通由蜀地经牂牁江（今贵州西部的北盘江）至南越国都城番禺（今广州）的用兵通道"南夷道"，击破叛服不常的南越国，统一南部边疆的目的，控制并经营西南夷地区成为其实现这一目标的必备条件。东汉王朝在西汉王朝对"西南夷"地区经营的基础上，更进一步向益州郡的西部和西南部的边境推进。永平十二年（公元69年），永昌郡的设置，初步奠定了今天云南西部和西南部的边疆格局。

三国时期，云南战略地位的重要性主要是通过蜀汉"南抚夷越"②，"然后可以固巴、蜀，固巴、蜀然后可以图关中"③来体现的，充分说明了云南作为蜀汉后方基地屏蔽益州（今四川）的重要性。

唐王朝时期，云南战略地位的重要性主要是通过唐与吐蕃对南诏地区争夺的过程中得以体现的：就吐蕃而言，"吐蕃挥师南下，联络唐朝西南边疆诸部族，对唐朝形成半包围之势，以便在可能的时候，进攻唐朝"④；就唐朝而言，招抚南诏，"断吐蕃右臂""北和回纥，南通云南，西结大食、天竺，如此，则吐蕃自困"⑤。南诏政权的向背不仅事关唐朝西南边疆的安全与稳定，而且还关乎其整个西部（包括西南、西北）边

① （汉）司马迁：《史记·西南夷列传》卷116，中华书局点校本，1962，第2995~2996页。
② （晋）陈寿：《三国志》卷35，中华书局点校本，1962，第913页。
③ （清）顾祖禹：《读史方舆纪要·陕西方舆纪要序》，中华书局贺次君、施和金点校，2005，第2450页。
④ 朱丽双：《8世纪前后吐蕃势力入西洱河地区问题研究》，《中国藏学》2003年第3期。
⑤ （宋）司马光：《资治通鉴》第233卷（唐纪四十九·德宗神武圣文皇帝八），中华书局点校本，1956，第7502页。

疆被动战略格局的扭转。

宋元时期，两宋统治者因错误地总结了唐朝灭亡的教训，认为："唐亡于黄巢，而祸基于桂林。"① 结果"宋挥玉斧"，划大渡河为界，导致了两宋王朝自东北至西南中国地缘战略制高点的尽失。在蒙元统治者"斡腹之谋"的夹击下，"自是蒙古纵横于宋之西南，而宋之天下如捧漏卮矣"②"惟有终之于蹈海而已，亦势所必致也"③。两宋王朝错误总结历史经验、轻视云南的战略地位，最终自酿苦果，惨遭蒙元势力的斡腹夹击，使自己陷入覆亡于海上的悲惨境地。"滇于中国，以其地之险远，可资攻守，人之慓悍，可集事功，故元帝重之，因成大业"④。

明清时期，云南在稳定西南边疆方面，战略地位的重要性更为彰显。"蒙元势力绕道西南统一中国后，包括元朝在内的其后各王朝，开始清醒地意识到，一旦云南失守，经济发达的中原地区就会处于游牧民族的弧形包围圈之内。而云南的地理位置正好处于弧形包围圈的'软肋'上，最容易被从青藏高原南下的游牧民族所突破。即使在西部边疆实施步步为营的设防，一旦云南陷落，所有的设防就会功亏一篑。因而若不死守云南，不仅会耗费国家大量的资财和兵力，而且这样的被动设防极不可靠，一旦防线被突破，发达的中原地区就会直接面临战火的威胁。于是死守云南，修补内陆边防的'软肋'，成了元、明、清三朝内陆边防的一贯战略决策。明廷也正因此而必须收复云南，收复之后又必须死守云南。"⑤ 此外，明朝重视对滇西北纳西族木氏土司的支持力度，重视云南入湖广道、云南至泸州道沿线的守卫，遍置卫所，屯以重兵，使贵州独立建省等，表明明王朝对云南战略地位的重要性有着清醒的认识，给予

---

① 意为唐朝虽因黄巢起义而覆亡，但缘由是为防御南诏派驻桂林的戍兵发生的兵变引起的。(宋) 欧阳修等：《新唐书·南蛮传》卷222，中华书局点校本，1975，第6295页。

② (清) 顾祖禹：《读史方舆纪要·云南二》卷114，中华书局贺次君、施和金点校，2005，第5061页。

③ (清) 倪蜕：《滇云历年传》，云南大学出版社李埏点校，1992，第184页。

④ (民国) 夏光南：《元代云南史地丛考》，中华书局，1935，第61页。

⑤ 马国君、李红香：《论王阳明对黔桂土司地区的治理与边疆稳定》，《广西民族研究》2012年第4期。

了高度重视。清代（公元 1840 年前）云南地缘战略重要性主要表现为：平定西南吴三桂之乱，应对青藏高原上蒙藏联合势力的南下，云南历史疆域得以最终奠定。

近代以来，随着国内外时局的变化，云南对中华民族的重要性显得越发重要。对内而言，1915 年的护国运动，蔡锷凭借云南一隅，始能再造共和，对中华民族功莫大焉。对外而言，晚清民国时期，随着英法势力相继占有缅甸和越南，逐步形成了对中国云南的夹击与渗透之势，云南的战略地位变得益为重要，特别是抗战时期，已事关中华民族的生死存亡。如民国时期学人对西（云）南边疆战略地位重要性的认识：滇边问题，绝非局部问题，而是关系全国，地处形胜的片马、江心坡被侵占，使得滇省无险可守，英人可以实现缅印与滇、康连为一气，奠定了进一步侵略川、滇、康的基地，进而威胁整个西南，甚至可以从扬子江上游渐次推进威胁整个长江流域。所以，片马形势险峻，江心坡、野人山居高临下，恩梅开江扼长江咽喉，与川、康、滇、黔诸省成辅车相依的关系，实为无形的西南长城。① 云南为珠江发源地，且位居长江上流经过的地方，全省大部分介于长江与珠江流域间，实为国防上西康与西藏的连锁点，中国西南的门户。"珠江上流之南北盘江交错于东南部，分道而入贵州广西。全省内山脉连绵，平原殊少。因河山交错，形成非常天险，且由高地俯瞰中原之样处。"② 华企云在《云南问题》一书中认为，"云南在本部十八省中，面积虽系次大之省，而形势之重要，则要为任何各省所不及"，云南据各省上游，有倒契天下之势。由云南入川，则据长江上游，过贵州至黄平、沅江，以达湖南，则可左右北方。若东走广西，沿西江而下，则又可据珠江流域。证诸史乘，亦不乏其例。③ 正如刘维坦所言："中国如瓜，云南其瓜蒂也；瓜蒂滥，则全瓜滥矣。"云南在国防

---

① 蒋星德：《岌岌可危的滇边问题与救济方案》，《东方杂志》1929 年 26 卷第 8 号；刘曼仙：《滇缅界务之史的考察及其应付方法》，《东方杂志》1934 年 31 卷第 9 号；陈泽溥：《片马与江心坡志要》，《东方杂志》1934 年 31 卷第 24 号；李培天：《滇缅界务与西南国防》，南京提拔书店，1934；王龙章：《片马问题》，《史地学报》1923 年 2 卷第 3 号；赵祥发：《片马问题研究》，《史地学报》1923 年 2 卷第 4 号。

② 邱怀瑾：《法帝国主义在云南》，《边事研究》1935 年 3 卷第 1 期。

③ 华企云：《云南问题》，大东书局 1931。

上十分重要。① 抗战爆发以来，滇缅公路的成功修筑及贯通，1941 年，随着日军南进政策的实施，很快占领了越南、泰国、缅甸等东南亚诸国，于 1942 年 5 月实现了进占滇西边地，对中国形成合围之势，云南地区由抗战的后方变为国防的前哨，其稳定与否关系到了中华民族的生死存亡。滇缅公路的修筑、驼峰航线的开辟、成千上万民众扶老携幼的参与、"滇西抗战"的胜利等，无不彰显云南对中华民族战略地位的重要性及其卓越贡献。

新中国成立以来，中国政府实行和平、睦邻友好政策，在和平共处五项原则的基础上，本着尊重历史、照顾现实、友好协商、互谅互让、面向未来的精神，先后与缅甸、老挝签订了边界条约，一定程度上确保了中国西南边疆的安全与稳定。改革开放以来，云南实行了沿边开放政策，边境贸易和民族经济有了较大发展，极大地巩固了云南边防、促进了边疆社会的稳定与民族团结。② 随着经济的全球化，21 世纪初西部大开发战略的实施，（2009 年以来）"我国面向西南开放的重要桥头堡"战略的快速推进，（2013 年以来）"一带一路"国家战略的顺利实施，云南边疆的战略地位又开始进一步凸显。站在新世纪十字路口的云南必将为"中国梦"的实现做出更大的贡献。

本章内容在对中国各边疆地区参与中国历史疆域形成发展中所表现出来的异同情况进行了概要的分析与总结，认为渊源于先秦时期的"大一统"思想和因俗而治的"羁縻"思想是指导秦汉及以后中国历史疆域形成的两大治边思想与理论。在其指导下，自秦汉以后的两千余年，以"因俗而治"为核心的羁縻制度（包括朝贡制度、藩属体系等）与中央集权制度的有机结合，使得中华各民族既能够独立地发展自己的民族经济与文化，又能方便地互相交流与学习，并逐渐走向团聚与统一。③ 此外，

---

① 吴勃冈：《滇缅划界问题研究》，《边事研究》1935 年 2 卷第 1 期，第 76 页；华企云：《滇缅界务问题之实况》，《边事研究》2 卷第 1 期，第 13 页；崔中石：《滇边野人山地之江心坡》，《边事研究》2 卷第 1 期，第 40 页；江铎：《英国远东政策及其经营滇缅边境之实况》，《边事研究》2 卷第 1 期，第 63~74 页。

② 王声跃主编《云南地理》，云南民族出版社，2002，第 7 页。

③ 杨圣敏主编《中国民族志》，中央民族大学出版社，2003，第 27 页。

还从微观层面概要分析总结了其他边疆地区在中国历史疆域形成中有别于云南边疆的鲜明特点,认为东北边疆地区具有的鲜明特点主要表现为:第一,东北本土民族的贡献较为突出,如历史时期鲜卑、契丹、女真、蒙古、满族等;第二,东北边疆与中原地区呈现出移民对流的特点,较早地促进了东北边疆与中原内地的一体化进程。北部边疆地区具有的鲜明特点主要表现为:一是和亲;二是互市;三是北方少数民族政权的贡献;四是清代蒙古地区的盟旗制;五是宗教(藏传佛教)势力的影响。西北部边疆地区具有的鲜明特点主要表现为:一是历代的屯田(垦)戍边政策;二是清代回疆的伯克制度。西部边疆地区具有的鲜明特点主要表现为:一是茶马互市;二是宗教(藏传佛教)因素。

为了使我们能从更为全面的视角认识到云南边疆(疆域)的重要性,本章内容还在总结中国历史疆域形成原因的基础上,重点分析认识了云南边疆在中国历史疆域形成和发展中的特点、地位及其对中华民族的重要性。观点认为中国历史疆域形成的整体原因可主要概括为五个方面:一是地理环境区域的多样性和整体内向的统一性;二是经济基础,即中原农耕文明的先进性与各边疆地区经济结构的互补性;三是思想文化基础和多元一体政治制度(主要包含中央集权、羁縻制度等)的作用;四是汉民族(主体民族)的主导作用;五是周边环境,即周边地区始终没有产生一个能够与中国文明并驾齐驱的政治实体。云南疆域在中国疆域形成和发展中的特点与其他边疆地区形成和发展中的相同点主要表现为:中央(原)王朝及汉民族(华夏族)的主导作用,大一统思想,羁縻思想,地理环境具有整体内向中原发展的统一性和周边地区地缘环境的优越性,边疆各民族对本地区疆域形成发展的贡献等5个方面。云南疆域与其他边疆地区历史疆域形成和发展中的不同点主要表现为:一是移民特点和类型的差异;二是地方民族政权作用的大小不一;三是制度层面(治边治策)的特点;四是重文德、兴教化,移风易俗方面;五是官方经贸互市作用的不同;六是和亲作用的不同;七是宗教因素影响的有无;八是云南地区在中国西南地位战略的重要性;九是云南交通线路的开辟与云南疆域形成的互为动因;十是云南行政中心的历史变迁对疆域形成的作用。云南疆域(边疆)在中国疆域形成和发展中的地位及其对中华民族的重要性主要体现为：云南疆域在形成和发展过程中对中原王朝战略地位的重要性就同西北地区对中原王朝战略地位一样重要。历史上云南边疆地区是中国西南战略的制高点，就如同河西走廊—西域一线是西北地区的战略制高点一样。云南的安危得失不仅事关西南，而且攸关全国的大局，对中华民族的重要性极其重要。因此，凡是大气象、大格局、大气魄的历代中原王朝往往都十分重视云南的地缘战略地位，这也是云南疆域在中国疆域形成和发展中的一大特点。

结 语

一

云南虽地处祖国的西南边陲，但却是较早纳入中央王朝统一体系中的地区之一。云南由于自身所处的独特地缘环境和所具有的民族特色，在其历史的发展过程中又呈现出异于中原及其他边疆地区的独特模式，这也成为今天每一个搞云南区域史和地方史研究的学者所不可回避的问题。其中历史上云南行政中心的确立及变迁，就是云南疆域形成和发展模式上的一大特色。历史时期云南行政中心（自西汉至今两千多年间）历经了一个轮回（滇池地区→滇东曲靖地区→滇西洱海地区→重回滇池地区）3 次转变，其发展模式显然与历史上中国其他区域有所不同。透过云南行政中心历史变迁的轨迹，我们不难发现其背后隐藏的规律性动因。那就是：

第一，良好的地理环境和便利的交通条件，是影响云南行政中心转移的规律性因素之一。云南整体上是以高原山地为主，属青藏高原的南延部分，坝区不足总面积的 1/15，且气候类型复杂多样。从滇西北迪庆高原到滇东南红河出境处的河口县 840 公里的直线距离上，竟穿越了相当于我国从黑龙江北部到海南岛数千公里气候变化的 7 个气候带，同时海拔高度也从滇西北梅里雪山主峰卡瓦格博的 6740 米陡降到红河出境处河口县的 76.4 米，相对高差竟达 6663.6 米，实为举世罕见。另外，由于云南高山峡谷的众多，地势高差的巨大，气候垂直变化的特点也异常明显，"一山分四季，十里不同天""山麓鲜花怒放，山顶雪花飘扬"正是云南立体气候的真实写照。

云南北部总体上以高山峡谷的山地为主，尤其是滇西北的横断山纵谷区，这里地势切割剧烈，是典型的高海拔与高纬度相结合的高寒山区，气候寒冷，长冬无夏，谷深山高，沟壑纵横，这些特点严重制约了早期人类的生产、生活及交通状况。云南南部总体上是以山势海拔渐低，河谷开阔的热带、亚热带地理环境为主，是典型的低纬度与低海拔相结合的高温、高热与多雨的季风气候。这里由于受高温、高热与多雨的季风气候影响，夏季往往是暴雨连连，致使道路泥泞、瘴疠肆虐，这也在一定程度上制约了古代人民的生产、生活并给交通带来了极大的不便。云南的中部总体上是以高原为主，海拔一般多在 1500～2200 米，但自东向西又多为山势较缓的山地丘陵与山间盆地相间而行，尤其是中部地带的高原盆地，气候温和，四季如春，是早期人类居住、耕作、开辟道路、以启山林的理想场所。因此，从历史时期相继确定云南行政中心的 3 个地区（滇池地区、滇东曲靖地区、滇西洱海地区）来看，它们都居于云南中部的高原盆地，都是不同历史时期云南地理环境和交通条件较为优越的地区。为什么上述时期云南行政中心不迁移到其他地区呢？是因为其他地区不具备支撑行政中心良好运作的基本条件。

第二，不同历史时期汉族移民迁入的场所往往是自然条件较为优越的平坝地区、郡县治所及交通沿线的周围地带，而汉族移民迁徙数量的多少以及对局部地区经济与文化发展的促进作用，也是影响行政中心转移的规律性因素之一。如两汉以来中原大量汉族移民聚居滇东导致滇东大姓崛起，是影响三国初期行政中心东移曲靖地区的因素之一。

第三，不同历史时期局部区域经济发展的不平衡性，也是影响行政中心迁移的规律性因素。历史时期云南行政中心发生了 3 次转移，与此同时，云南经济中心也相继发生了 3 次转移。其间有的是行政中心转移促使了经济中心的转移，也有的是经济因素的发展拉动了行政中心的转移。因此，可以说行政中心的所在地，往往也是经济中心的所在地。元明清以来行政中心的不再转移，充分说明昆明滇池地区的经济在全省已取得了绝对优势的地位，云南区域经济发展的不平衡性已得到进一步整合。

第四，不同历史时期中原王朝的治策，也是影响边疆行政中心转移的规律性因素。无论是两汉时设益州郡于滇池县（今晋宁县），还是三国初期迁"庲降都督"于建宁郡之味县（今曲靖），或是唐初扶持南诏抗衡吐蕃的策略，元初为了适应王朝政治、经济中心东移的需要迁省治于中庆城（今昆明）。中原王朝的这些治策，在不同的历史时期都是影响行政中心转移的重要因素。

第五，不同历史时期的民族变迁，也是影响行政中心转移的规律性因素。无论是西汉设置益州郡于滇人①聚居区，还是三国初期迁"庲降都督"于滇东夷化大姓所在地，或是南诏政权崛起定都于洱海乌蛮、白蛮聚落区，或是元明清以来省治稳固于汉族集居区的昆明城，都充分地反映了不同时期云南民族的变迁和发展的不平衡，这也是制约影响云南行政中心转移的重要因素。不同历史时期经济文化发展较快的民族所在地，往往是行政中心确立及转移的选择地。

综上所述，笔者认为不同历史时期云南行政中心的变迁，不是上述某一个规律性因素作用的结果，而是由诸多相关因素优化组合后共同推动的结果，是历史的合力决定了历史进程的方向。

二

不同历史时期，云南行政中心确立及转移后所产生的区域影响是复杂多样的，但笔者认为有规律性的影响，大致可归纳为三类。

第一，每一次云南行政中心的确立及转移，都推动了一个新区域经济的快速发展。如西汉设益州郡治于滇池县后，滇池地区就很快实现了生产工具由青铜向铁器的过渡，奴隶制经济获得高度发展后被封建领主制所取代，滇池地区的经济首次得到整合。三国初期行政中心东移滇东

---

① 目前学术界对滇国的主体民族的族属问题争论不一，在此，笔者不妨以"滇人"概括之。

以后，曲靖地区的经济便很快地超越了滇池地区而成为新的经济中心，这一时期滇东大姓的封建领主制获得了迅速发展，同时也使得滇东区域经济得到进一步的整合。唐中叶以后，行政中心在滇西洱海的崛起与巩固，也同样加速了本地区域经济的发展，并取代滇东曲靖地区成为新的经济中心达 500 年之久，且对洱海区域经济的整合做出了重要的贡献。在元初迁省治于中庆城之后，在地方统治者的精心治理下，滇池地区在时隔千余年之后，又重新成为云南的经济中心。后来又随着明清王朝的深入经营，滇池地区的经济在上述 3 次局部区域经济整合的基础上，实现了在较高层次上对云南整个辖域内经济更重要的整合，昆明地区经济的核心地位已经稳固确立，并延续至今。

第二，每一次云南行政中心的确立及转移，都促进了一种新文化的繁荣发展。从西汉到三国初期的 300 余年，滇池地区首次作为中央王朝的地方行政中心，得益于滇国时的基础和封建统治者的重视，光辉灿烂的"滇文化"得以繁荣发展。从三国初期到唐中叶的 500 余年间，滇东曲靖地区继滇池地区后成为云南新的行政中心，这一时期随着滇东大姓的兼并而起的爨氏，最后成为云南地区的真正主宰者，在此基础上夷汉交融的"爨文化"得以崛起并繁荣发展。从唐中叶到元初南诏、大理国割据结束的 500 余年间，洱海地区作为新的行政中心，对富有特色的"南诏大理文化"的崛起与繁荣产生了深远的影响。在元初至今的 700 余年间，昆明作为云南的行政中心，对"汉文化"在云南的快速传播和繁荣发展产生了重要的影响。从文化的影响力范围来看，前 3 种是较小区域性的文化，其影响主要限于行政中心的周围地区，辐射范围不广，对边远地区涉及不多，而元明清以来汉文化的影响力，则是遍及整个云南地区。

第三，每一次行政中心的确立及转移，都对云南疆域的盈缩与整合产生了重要影响。如两汉时期，在益州郡的基础上对西南边疆的进一步开拓与经营，才最终在永平十二年迫使哀牢夷内附，并于其地设永昌郡，初步奠定了今天云南西部和南部疆域的格局。但在三国初期至唐中叶这段时间，由于行政中心东移曲靖地区，再加上大姓之间的争夺、兼并激烈，致使南朝刘宋时滇西永昌郡脱离封建王朝的控制，对西南边疆的巩固产生了不利的影响。从唐中叶到元初这一段时间，由于南诏政权崛起于滇西且行政中心又在洱海地区，因此南诏政权特别重视对西部边疆的开拓与巩固，这一时期南诏政权不仅收回了南朝刘宋时脱离的永昌郡，而且还使西部边疆大为拓展。元明清时期是云南行省边疆格局基本奠定时期，虽然由于种种原因明清时云南的辖域比元代时有较大收缩，但明清时期却是云南疆域格局牢固形成时期。经过元明清600余年的积极经营，晚清时期云南疆域已经成为以昆明为行政中心，各边疆地区与内地紧密相连，成为祖国疆域牢不可破之一部分，面对近代以来殖民者的入侵，边疆各族人民的奋起抵抗、宁死不屈，显然，云南各民族对中华民族的认同，已成为祖国边防坚不可摧的钢铁长城。

上述三点即每一次行政中心确立及转移后所产生的影响，充分表明经济基础决定上层建筑，上层建筑反作用于经济基础，经济基础与上层建筑之间是相互促进、相互依存的关系。此外，除了每一次行政中心确立及转移后所产生的带有规律性的影响外，每次行政中心变迁后所产生的不同影响更是复杂多样。

三

自秦汉以来的两千多年间，云南这块古老、秀美而神奇的土地历经了沧桑巨变，从"化外之地"到"羁縻而治"再到"流官而治"，从"夷多汉少""汉民夷化"到"汉多夷少""夷民汉化"，这一过程也正是中国西南部疆域由初步形成到发展完善与逐步巩固的过程；同时这一过程，也是云南行政中心4次确立3次相继转移的过程。透过历史发展中云南行政中心变迁的这条线索，审视历史时期云南经济、文化及各方面社会格局的变化，给我们留下了深刻的启示。

第一，从云南两千多年的历史发展轨迹来看，每次行政中心的变迁都促进了一个区域经济的崛起、文化的繁荣与交通的改善，但元明清以来滇池地区昆明的崛起，则明显地超越了前3次行政中心对周围区域经济、文化与交通的促进；与前3次影响仅限于行政中心周围不太大的地区相比，这次昆明作为政治、经济与文化的中心，显然影响力遍及整个云南地区。因此，在构建社会主义和谐社会的进程中，我们应充分发挥昆明地区作为政治、经济、文化与交通中心的优势地位，不断加强对边疆民族地区的辐射作用，给予边疆欠发达民族地区以经济、技术和文化等方面的大力支持，使他们不断提高自身发展的能力与水平，逐步缩小与靠内地区发展的差距，实现经济的平衡发展。历史已经显示，对边疆地区的开发力度越大，边疆与靠内地区经济差距越小，边疆就与内地联系越发紧密，边疆就会固若金汤。因此，实现云南社会的和谐发展，昆明地区对支持边疆地区的发展负有极其重要的责任。

第二，历史时期随着云南行政中心的确立及转移，相继影响了4种文化的繁荣发展，除了今天较为普及的汉文化外，前3种历史时期的区域文化（"滇"文化、"爨"文化、"南诏大理"文化）对我们今天来说都是弥足珍贵的历史文化，为我们认识云南先人们卓越的创造智慧提供了极为重要的素材。因此，我们应充分重视云南历史文化的发扬、传承与保护，这对于促进云南区域经济、文化及旅游产业的和谐发展是大有裨益的。

第三，清代中央王朝对云南边疆地区实行过大规模的改土归流，希望以此来加强对边疆地区的控制和开发力度，推进汉文化的传播。这种以武力为后盾具有强制性特征的举措，确实为清代汉族移民向边疆的推进、汉文化在边疆的传播打开了安全便利之门，却极大地伤害了民族之间的感情，给云南民族关系的和谐发展蒙上了一层阴影。在构建社会主义和谐社会的今天，我们更应重视对边疆民族地区的开发与民族文化多样性保护之间的协调，在使边疆民族地区经济、文化、科学、技术繁荣进步的同时，民族文化的多样性也能得到不断的传承、发扬与保护。这对于拥有"一山居五族，十里不同俗"的多民族文化的云南来说意义更为重大。

第四，历史时期云南行政中心的确立及转移，对交通格局的发展与完善产生了重要影响。除了三国初期到唐中叶滇东地区作为行政中心无明显建树外，其他3次行政中心的确立都对云南交通格局的发展与完善做出了贡献，尤其是元明清以来滇池地区重新成为行政中心，对以滇池地区为中心的交通格局的发展更是影响深远。完善的交通已成为联结边疆地区与昆明以及云南和内地之间紧密的纽带。元明清以来以昆明为中心交通网络格局的构建与强化，大大增强了昆明作为政治、经济与文化中心对周边地区的辐射能力。这也是近代以来云南边疆民族地区向心力不断增强的原因之一。在构建社会主义和谐社会的今天，我们更应该在前人的基础上更加重视边疆地区现代交通的发展与完善，为边疆地区经贸的繁荣昌盛，为云南各地区人才和物资的交流提供更为便捷广阔的平台。

以上四点为历史时期云南行政中心变迁及影响给予我们的带有规律性的主要经验和启示。

四

（一）纵观两千余年云南疆域形成、发展及奠定的历史，我们基本上可以得出这样的认识：

战国时期（公元前 339～前 329 年）庄蹻入滇（公元前 316 年），秦并巴蜀（公元前 308 年）进而攻取楚国商於之地，置黔中郡，切断了庄蹻及其士兵与楚国的联系，不得已，庄蹻只能变服、从其俗、"王滇"，以长之。庄蹻王滇是云南地区首次与内地诸侯国发生关系，楚国的先进文化和生产技术对滇池地区经济发展和社会进步产生了影响。这一点可以从晋宁石寨山出土的青铜工具形制明显地具有楚国风格中得到印证。[①]

秦始皇时，出现了中央王朝经营西南夷的先声——"开道、设郡、置吏"，设官置吏和发展交通成为秦王朝经营今滇东北地区的两大措施，有利于川滇两地区经济的发展和文化的交流。可惜只是昙花一现。

两汉时期，特别是西汉武帝时期，从张骞一次西域见闻录的汇报，到"使者还，因盛言滇大国，足事亲附"[②]，打通被昆明人阻断已久的"蜀身毒道"，拓展经牂牁江（今贵州西部）至南越国都城番禺（今广州）的用兵通道"南夷道"，第一次拉开了中原王朝大规模经营西南夷的

---

① 《尤中文集》第 1 卷，云南大学出版社，2009，第 15～16 页。

② （清）顾祖禹：《读史方舆纪要·云南二》卷 114，中华书局贺次君、施和金点校，2005，第 5061 页。

序幕。东汉永平十二年（公元 69 年），"哀牢夷"的内属，永昌郡的设置，云南西南部疆域的格局得以初步奠定。

三国至唐中叶，受中原王朝和云南内部政治势力格局的变化，云南行政中心东移至滇东今曲靖地区，夷化爨氏大姓势力开始在云南崛起，并逐步形成了"独步南境，卓尔不群"的局面。受这一时期政治格局的影响，云南滇东今曲靖地区政治、经济与文化得到了较快发展，而滇西永昌郡的脱离则对云南西南部疆域的巩固产生了不利影响。

唐中叶至元初，随着唐宋王朝对云南边疆经略的失误，云南地方民族政权开始走上了据地自雄的时期。这一时期，南诏、大理国以滇西洱海地区为中心，相继对云南长达 500 余年的统治与整合不仅大大拓展了云南的疆域规模，而且还有力地改变了前一个时期（三国两晋南北朝时期）统治者重滇东轻滇西、滇西南的发展格局，使云南内部各地区的发展变得更为平衡。这都为蒙元统治者在更高层次上统一云南、建立行省奠定了根基，云南本土（土著）民族在其疆域形成、发展及其奠定的过程中也做出了自己应有的贡献。

元明清时期，云南独特的地缘战略受到了三朝统治者的高度重视。随着云南行省的建立及其土官土司制度在广大边疆民族地区的推行，汉族移民的持续入滇，军事屯戍、卫所的广泛设置，汛、塘制度向边远山区的持续深入，土官土司制度的进一步健全以及改土归流的持续推进，云南作为中国历史疆域不可分割的一部分的地位开始变得越发巩固。"中国西南边疆的最后定型，也是从蒙古平定大理后才形成的"①，大致定型于明清（公元 1840 年前）时期。

总之，纵观云南两千余年的变迁史，我们可以看出，云南具有的特殊地缘环境，历朝各代对云南的治边治策，云南内外交通线路的相继开辟与完善，南诏、大理地方民族政权对云南地区的统治与整合，不同时期大规模汉族移民的持续入滇以及云南行政中心的几次历史变迁等诸多因素都对云南历史疆域的形成、发展与奠定产生了重大影响。

---

① 何耀华总主编《云南通史》第 3 卷，中国社会科学出版社，2011，第 351 页。

（二）从秦汉至清代（公元1840年前）的两千余年间，云南边疆在中国历史疆域形成发展中与其他边疆地区存在的异同之处。

相同之处主要表现为：一是中央（原）王朝和汉民族的主导作用；二是"大一统"理论（思想）指导上的相同性；三是"羁縻"理念上的一致性（秦汉以后，中原王朝基本上都主张对各边疆地区要"因俗而治"）；四是各边疆地区地缘环境在整体上的一致性，即内向中原发展的统一性和周边地区地缘环境的优越性（周边地区始终没有产生一个能够与中国文明并驾齐驱的政治实体）。

不同之处主要表现为：

第一，移民特点的不同。东北边疆与中原地区呈现出的是移民对流的特点。北部边疆呈现出的是草原民族南下中原，然后被汉族融合，汉族北上蒙古草原的力量仅仅停留在长城北部农牧分界线沿边一带。西北边疆地区呈现出的是自汉代始以汉族屯田（垦）戍边方式入驻西域（新疆）者为主的特点。西部边疆地区呈现出的是汉藏民族分界线附近的汉藏民族的交融。云南边疆地区呈现出的是中原内地各类移民（主要是汉族）单线式持续性进入云南为主。明代中后期，云南的汉族移民不仅从数量上第一次超过云南的本土民族，成为云南的主体民族，而且还第一次历史性地改变了云南民族的融合方向。两千余年间，中原汉族移民的持续入滇，对云南的统一、社会的和谐和疆域的巩固都产生了深远影响。在其他（特别是北部、西北、西部）边疆地区在明清时期还从未出现过汉族移民在整体人口规模和数量上超过本土民族的情况。清代前期，为了加强新疆南疆维吾尔族地区的稳定，清政府采取的民族隔离政策，严重制约了内地汉族移民进入新疆南疆的进程，虽然该政策短期内避免了因民族、宗教差异而带来的民族间矛盾和冲突，但却在强化地区稳定的同时忽略了新疆南部地区经济与文化的发展，为近代以来新疆南疆地区的骚乱埋下了祸根。[1]清代前期，清政府对西藏采取的以牺牲社会发展为代价而追求社会稳定的保守封闭政策，严重制约了汉族移民的

---

① 古力孜拉·克孜尔别克、王恩春：《清代新疆移民屯垦政策探析》，《黑龙江民族丛刊》2012年第3期。

入藏，显然这也是导致近代以来西藏动乱多发的一大原因。甚至直到今天，新疆和西藏两地的汉族人口还未超过本土民族的数量，这一教训十分值得汲取。

第二，各边疆地方民族政权作用的不同。"民族因素极大地影响着当代世界许多国家的各种社会关系和政治关系，制约着经济的发展和社会的进步。同样，民族因素也极大地影响着历史上许多国家的形成和疆域的范围。中国古代民族的格局和民族关系与中国疆域的形成密切相关。"①尽管各边疆地方民族政权都对本地区疆域的形成发展及奠定发挥了重要作用，但其具体特点和作用也各不相同。如唐宋时期，云南以乌蛮、白蛮为中心相继建立起的南诏、大理国为云南疆域的形成、发展及奠定发挥了重要作用。北方辽、金政权的相继崛起，不仅先后完成了对本地区疆域的统一，而且还能够相继入主中原，坐拥半壁江山，有力地促进了整个北部边疆与中原内地的统一（融合）。相较而言，云南地方民族政权在完成对本地区统一后，从未有过入主中原的想法和实践。西部（藏）疆域在其形成发展过程中，不仅吐蕃王朝的崛起及其东向发展发挥了重要作用，而且蒙古政权也为其起到了较为重要的桥梁和纽带作用，如元代对西藏地区的统辖和清代对西藏地区由间接施治到直接施治过渡中蒙古政权的联结作用。

第三，具体制度层面（治边治策）施治的不同。如两汉时期，中原王朝对云南边疆民族地区实施的"边郡制"或"初郡制"，其他边疆地区实施的属国制，护乌桓校尉、护羌校尉、西域都护等特设机构。又如，元明清时期在西南边疆地区广泛实施的"土官土司"制，在西藏地区实施的"政教合一"制，在北方边疆地区实施的万户府、千户所、百户所以及清代的八旗制、盟旗制、回疆的伯克制。这些制度都是在中央直接管理下与地方"因俗而治"的有机结合，都最大限度地适应了各边疆地区民族的特点，在不同历史时期都对各自边疆地区疆域的形成、发展及奠定发挥了重要的作用。尽管有些边政制度在近代以后随着社会的发展

---

① 成崇德：《论清朝疆域形成与历代疆域的关系》，《中国边疆史地研究》2005 年第 1 期。

和国内外时局的变化，其弊端和历史的局限性越发突出，但我们仍然不能否认它在历史时期对中国各边疆地区疆域的形成、发展及奠定所发挥的重要作用。

第四，重文德、兴教化，移风易俗。与其他边疆地区相比，这一点对云南疆域的形成、发展和奠定作用显得尤为突出。如明清时期，云南的汉族人口和汉文化就已占据了主导地位。而东北和蒙古地区汉族人口和汉文化的大发展只是到近代以后才形成的，新疆和西藏至今仍是本地民族人口和文化占据优势。

第五，官方经贸互市作用的不同。唐宋以后，西藏与内地的茶马互市非常典型，北部边疆与中原的经贸互市也十分突出。云南与中原内地尽管民间贸易自先秦时期就已有之，且川流不息，但官方互市却不甚突出。

第六，和亲作用的不同。和亲作为中原与边疆相联结的一种历史模式，在北部边疆地区表现得尤为突出；唐代西部边疆吐蕃政权与唐王朝的和亲，文成公主、金城公主的相继入藏也较有代表性。五代十国时期，南汉和云南的大长和国的和亲事件发生过一次，也是历史上南方绝无仅有的一次和亲，且属于边疆汉族朝廷和边疆少数民族之间的一种和亲，影响极小。①

第七，宗教因素作用的有无。主要体现为元明清时期西部的藏区和明末清代的蒙古族聚居区。兴黄教、安蒙古、定西藏，在清王朝治藏安边中表现得尤为突出。由于地理环境和气候的多样性，云南自古以来就是一个多民族、多文化、多宗教的聚居区，很难形成一种宗教独大的局面。所以，宗教因素在云南疆域形成和发展过程中的作用是没有的。

总之，自从秦始皇统一中国，中原（心）与边缘、内地与边疆二元结构形成始，历朝各代中央王朝（包括入主中原的少数民族政权）在先秦时期"天下观"的影响下，都面临着一个如何将中原核心区与地域辽阔的广大边疆地区统合为一的问题，也可以说是如何实现中原与边疆民族地区的"大一统"问题，或者可以说历朝各代中央（原）王朝如何处

① 马大正主编《中国边疆经略史》，中州古籍出版社，2000，第467页。

理好边疆（民族）问题才能实现真正的大一统？为此，历朝各代的统治者在先秦时期"天下观""夷夏观""服事观"的影响下，都纷纷不遗余力地制定了许多治理各自边疆的理论与政策，其中既有相同的一面，也有各自的特点。此外，在中国历史疆域的形成、发展和奠定中，各边疆地区民族的积极参与与认同，也构成了中国疆域形成和发展史上的一大特色。本书对云南边疆与其他各边疆民族地区在中国疆域形成发展中的特点和不同之处进行的探讨，不仅深化了我们对中国历史疆域形成发展相关理论与实践问题复杂性的认识，而且更有助于我们对云南疆域在中国疆域形成发展中的特点、地位和重要性的认识，意义十分重大。

（三）纵观两千余年云南疆域形成、发展及奠定的历史，我们可以深刻地认识到，历史上云南对中华民族的重要性是十分突出的，并不是某些封建士大夫认为的"罢敝中国以奉无用之地"。①

早在先秦时期，云南就以作为联系中外民间交流的通道（古西南丝绸之路）而发挥了重要作用。"汉武开滇"是封建国家开发和经营云南的第一个高潮，彰显了云南对整个西南以及域外地区战略地位的重要性。诸葛亮南征与"七擒七纵"策略的运用，彰显了蜀汉平定南中，然后可以固巴蜀，然后可以图关中；唐、宋时期，南诏、大理国与唐、宋王朝的"和""战"，都鲜明地道出了云南屏蔽四川以及对于全国形势的重要性。蒙元时期，忽必烈"元跨革囊""斡腹之举"战略的完成，更是表征了云南对全国而言战略地位的重大。元明清时期，中央（原）王朝对云南边疆地区全方位的深入施治，无不彰显王朝国家时期云南边疆对全国形势战略的重要性。

就中国各边疆对中原地区所处的地缘战略而言，云南边疆虽然不像整个北部（包括东北）边疆那样时常会有游猎民族对中原王朝施加芒刺在背的威胁，对峙胶着在长城以北农牧分界线附近，甚至进而入主中原，坐拥半壁江山或建立大一统王朝，而是有点像中国西北河西走廊—西域（新疆）一线对中原王朝战略地位的重要性一样。因为，在中国历史上北方游牧民族与中原王朝相互争雄的情况下，对双方而言，谁能有效地占

---

① （汉）班固：《汉书·公孙弘传》卷58，中华书局点校本，1962，第2619页。

有河西走廊—西域一线战略的制高点，谁就能掌控整个战略的主动权，所以，西域自汉代始就成为北方草原民族与中原王朝双方的必争之地。守长安必须守河西，守河西必须镇西域，几乎成为历代大一统中原王朝的共识。正如左宗棠所言："中国强盛之时，无不掩有西北。"即历史上"凡得西域者，国必强，凡失西域者，国必弱"①。

同样，从中国历史上的地缘战略和历史经验来看，云南边疆就处在中国西南地缘战略的制高点上，历代中原王朝只有完全占有云南，方可确保四川及整个西南地区的无忧，进而保障大一统格局的完整。否则，云南不保，四川受到威胁，整个西南就会震动，甚至还有灭国的危险。譬如，唐朝时期，天宝战争之后，南诏叛唐，开启了南诏与唐长达一百多年战和不定的关系，南诏统治者几次出兵攻掠"西川、邕管、黔州、播州、安南都护府等地，掠夺劫杀之残酷"②，使得唐王朝整个西南地区深受其害，引得天下骚动。《新唐书·南蛮传》载："有国者知戒西北之虞，而不知患生于无备。汉亡于董卓，而兵兆于冀州；唐亡于黄巢，而祸基于桂林。"这是北宋时期，统治者总结唐朝灭亡教训时的认识，显然已经从中认识到了西南地位的重要性，但却对大理国采取了错误的经略之道，"宋挥玉斧"标志着两宋王朝在中国地缘战略上失去了自北方至西北再到西南所有地缘战略上的最后一个制高点，其后，蒙元势力正是利用了云南在西南地缘战略制高点上的优势，对南宋成功实施了斡腹夹击之举，灭亡了南宋。此足以说明，历史上凡有云南者，国必强，凡失云南者，国必弱。历史上云南边疆对全国形势战略的重要性是绝对不能低估的。

此外，云南疆域（边疆）在中国疆域形成和发展中的地位及其对中华民族的重要性，从时间段上言之，不仅体现在中国（云南）疆域形成、发展和奠定的历史时期（公元1840年前），而且更重要的是体现在近代以来，直至今天；从内容上而言，其重要性不仅只是体现在历史上中华民族内部各政权之间对云南的领属（占有）关系上，而且更重要的是还

---

① 方曙光：《新疆在构建丝绸之路经济带中的地位和作用》，东方财富网，2013 年 11 月 15 日。

② 《尤中文集》第 1 卷，云南大学出版社，2009，第 158 页。

体现在近代以来云南在国际关系格局中对中华民族地缘战略的重要性。譬如：近代以来，面对英法以缅、越为基地对中国西南的夹击，云南"保藩固圉"的重要性就十分突出；民国抗战时期，国府西迁重庆，云南作为抗战后方（特别是"滇缅公路"和"驼峰航线"的能源运输保障）与前沿（滇西抗战）的独特地位，对全国抗战的胜利，发挥了至关重要的作用。又如民国学人华企云在其《云南问题》一书《自序》中所言："云南据各省之上游，有倒挈天下之势。由云南入川，则据长江之上游，过贵州至黄平、沅江，以达湖南，则可左右北方。若夫东走广西，沿西江而下，则又可据珠江流域。刘维坦云：'中国如瓜形，而云南则其瓜蒂也；瓜蒂滥，则全瓜滥矣。'"① 形象而又鲜明地道出了云南战略地位的重要性，再次说明云南的安危得失不仅事关西南，而且攸关全国的大局。在当今中国，云南作为外接东南亚、南亚和印度洋，内联我国西南和中东部腹地桥梁与枢纽的地位，随着经济的全球化，21 世纪初西部大开发战略的实施，（2009 年以来）"我国面向西南开放的重要桥头堡"战略的快速推进，（2013 年以来）"一带一路"国家战略的顺利实施，云南边疆的战略地位又开始进一步凸显。站在新世纪十字路口的云南必将为"中国梦"的实现做出更大的贡献。

---

① 　华企云：《云南问题》，大东书局，1931。

|主|要|参|考|文|献|

一　历史文献资料

1. （汉）司马迁：《史记》，中华书局点校本，1962。

2. （汉）班固：《汉书》，中华书局点校本，1962。

3. （南朝·宋）范晔：《后汉书》，中华书局点校本，1973。

4. （晋）陈寿：《三国志》，中华书局点校本，1962。

5. （唐）房玄龄等：《晋书》，中华书局点校本，1974。

6. （唐）李延寿：《南史》，中华书局点校本，1975。

7. （梁）沈约：《宋书》，中华书局点校本，1974。

8. （梁）萧子显：《南齐书》，中华书局点校本，1972。

9. （唐）姚思廉：《梁书》中华书局点校本，1973。

10. （唐）魏徵等：《隋书》，中华书局点校本，1973。

11. （后晋）刘昫等：《旧唐书》，中华书局点校本，1997。

12. （宋）欧阳修、宋祁：《新唐书》，中华书局点校本，1975。

13. （宋）欧阳修等撰《新五代史》，中华书局点校本，1974。

14. （元）脱脱等：《宋史》，中华书局点校本，1985。

15. （元）脱脱等：《辽史》，中华书局点校本，1974。

16. （元）脱脱等：《金史》，中华书局点校本，1975。

17. （明）宋濂等：《元史》，中华书局点校本，1983。

18. （清）张廷玉等：《明史》，中华书局点校本，1974。

19. 赵尔巽等：《清史稿》，中华书局点校本，1977。

20. （晋）常璩撰《华阳国志》，巴蜀书社刘琳校注本，1984。

21. （唐）樊绰：《蛮书校注》，中华书局，1962。

22. （宋）司马光编著《资治通鉴》，中华书局，1956。

23. （明）刘文徵：《天启滇志》，云南教育出版社古永继点校本，1991。

24. （明）诸葛元声：《滇史》，德宏民族出版社刘亚朝校点本，1994。

25. （清）倪蜕辑《滇云历年传》，云南大学出版社李埏校点本，1992。

26. （清）顾祖禹：《读史方舆纪要》，中华书局贺次君、施和金点校本，2005。

27. （民国）《新纂云南通志》，云南人民出版社李春龙等点校，2007。

28. （民国）夏光南：《元代云南史地丛考》，中华书局，1935。

29. （民国）罗养儒：《云南掌故》，云南民族出版社王樵、施之原等点校，1996。

30. 方国瑜主编《云南史料丛刊》（卷 1～卷 13），云南大学出版社，1998～2001。

二　主要著作

1. 马大正：《马大正文集》，辞书出版社，2005。

2. 马大正主编《中国古代边疆政策研究》，中国社会科学出版社，1990。

3. 马大正主编《中国边疆经略史》，中州古籍出版社，2000。

4. 李治亭主编《东北通史》，中州古籍出版社，2003。

5. 赵云田主编《北疆通史》，中州古籍出版社，2003。

6. 余太山主编《西域通史》，中州古籍出版社，2003。

7. 陈庆英、高淑芬主编《西藏通史》，中州古籍出版社，2003。

8. 方铁主编《西南通史》，中州古籍出版社，2003。

9. 方铁：《边疆民族史探究》，中国文史出版社，2005。

10. 方铁：《边疆民族史新探》，知识产权出版社，2013。

11. 林超民主编《方国瑜文集》，云南教育出版社，1994。

12. 林超民、王跃勇：《南中大姓与爨氏家族研究》，民族出版社，2002。

13. 马曜：《云南简史》，云南人民出版社，1991。

14. 马曜:《马曜学术论著自选集》, 云南教育出版社, 1998。

15. 尤中:《尤中文集》第 1 卷, 云南大学出版社, 2009。

16. 尤中:《中国西南边疆变迁史》, 云南教育出版社, 1987。

17. 尤中:《云南地方沿革史》, 云南人民出版社, 1990。

18. 何耀华总主编《云南通史 (6 卷本)》, 中国社会科学出版社, 2011。

19. 陆韧:《云南对外交通史》, 云南民族出版社, 1997。

20. 陆韧:《变迁与交融——明代云南汉族移民研究》, 云南教育出版社, 2001。

21. 秦树才:《清代云南绿营兵研究——以汛塘为中心》, 云南教育出版社, 2004。

22. 杨永福:《中国西南边疆古代交通格局变迁研究——以滇川黔毗邻地区为中心》, 云南教育出版社, 2014。

23. 王文光等:《中国西南民族关系史》, 中国社会科学出版社, 2005。

24. 苍铭:《云南边地移民史》, 民族出版社, 2004。

25. 刘小兵:《滇文化史》, 云南人民出版社, 1991。

26. 吴晓亮:《洱海区域古代城市体系研究》, 云南大学出版社, 2004。

27. 段玉明:《大理国史》, 云南民族出版社, 2003。

28. 陈斌:《南诏国大理国内外关系》, 中国文联出版社, 2003。

29. 杨仲录、张福三、张楠:《南诏文化论》, 云南人民出版社, 1991。

30. 徐嘉瑞:《大理古代文化史》, 云南人民出版社, 2005。

32. 范建华:《爨文化论》, 云南大学出版社, 1991。

33. 〔美〕查尔斯·巴克斯:《南诏国与唐代的西南边疆》, 林超民译, 云南人民出版社, 1988。

34. 罗彩娟、徐杰舜、罗树杰:《中国西南边疆治理模式研究》, 黑龙江人民出版社, 2014。

35. 张刚、伍雄武:《云南民族关系的历史与经验》, 社会科学文献出版社, 2014。

36. 欧鹏渤:《滇云文化》, 辽宁教育出版社, 1998。

37. 韩儒林:《元朝史》, 人民出版社, 1986。

38. 李昆声:《云南考古学论集》, 云南人民出版社, 1998。

39. 汪宁生：《云南考古》，云南人民出版社，1992。

40. 张增祺：《中国西南民族考古》，云南人民出版社，1990。

41. 谢本书、李江：《昆明城市史》，云南大学出版社，2009。

42. 赵云田：《中国治边机构史》，中国藏学出版社，2002。

43. 成崇德：《康乾盛世的疆域与边疆民族》，《康乾盛世历史报告》，中国言实出版社，2002。

44. 林荣贵：《中国古代疆域史》（上中下3卷），黑龙江教育出版社，2007。

45. 李大龙：《汉唐藩属体制研究》，中国社会科学出版社，2006。

46. 徐杰舜、罗树杰、许立坤：《中国民族政策简史》，宁夏人民出版社，2011。

47. 杨圣敏：《中国民族志》，中央民族大学出版社，2003。

48. 龚荫：《中国历代民族政策概要》，民族出版社，2008。

49. 龚荫：《中国土司制度史》，四川人民出版社，2012。

50. 伍雄武：《中华民族的形成与凝聚新论》，云南人民出版社，2000。

51. 张博泉、苏金源、董玉瑛：《东北历代疆域史》，吉林人民出版社，1981。

52. 石硕：《西藏文明东向发展史》，四川人民出版社，1994。

53. 张泽咸、郭松义：《中国屯垦史》，文津出版社，1997。

54. 杨毓才：《云南各民族经济发展史》，云南民族出版社，1989。

55. 刘光智：《云南教育简史》，贵州人民出版社，1993。

56. 〔法〕沙海昂注《马可波罗行纪》，冯承钧译，中华书局，2004。

57. 李寿、苏培明：《云南历史人文地理》，云南大学出版社，1996。

58. 于希贤：《滇池地区历史地理》，云南人民出版社，1981。

59. 李晓杰：《疆域与政区》，江苏人民出版社，2011。

60. 李孝聪：《中国区域历史地理》，北京大学出版社，2005。

61. 侯甬坚：《历史地理学探索》，中国社会科学出版社，2004。

62. 谭其骧主编《中国历史地图集》，中国地图出版社，1982。

63. 陈桥驿：《中国历史名城》，中国青年出版社，2004。

64. 〔美〕巴菲尔德：《危险的边疆——游牧帝国与中国》，袁剑译，江苏人民出版社，2011。

65. 〔美〕拉铁摩尔：《中国的亚洲内陆边疆》，唐晓峰译，江苏人民出版社，2005。

66. 〔日〕杉山正明：《游牧民的世界史》，黄美蓉译，中华工商联合出版社，2014。

67. 〔法〕勒内·格鲁塞：《草原帝国》，黎荔等译，国际文化出版公司，2010。

68. 〔美〕斯塔夫里阿诺斯：《全球通史》，吴象婴等译，上海社会科学院出版社，1992。

69. 黑格尔：《历史哲学》，王造时译，上海书店出版社，2003。

70. 王正平：《史学理论与方法》，杭州大学出版社，1990。

71. 徐浩、侯建新：《当代西方史学流派》，中国人民大学出版社，1996。

72. 张广智：《西方史学史》，复旦大学出版社，2000。

三　主要参考论文

（一）期刊论文

1. 马大正：《边疆研究应有一个大发展》，《东北史地》2008年第4期。

2. 马大正：《中国疆域的形成与发展》，《中国边疆史地研究》2004年第3期。

3. 马大正：《新疆历史研究中的几个问题》，《西域研究》2006年第2期。

4. 方铁：《论赛典赤治滇》，《宁夏社会科学》1984年第3期。

5. 方铁：《清朝治理云南边疆民族地区的思想及举措》，《思想战线》2001年第1期。

6. 方铁：《应重视研究古代治理与开发边疆问题》，《中国边疆史地研究》2001年第1期。

7. 方铁：《蒙元经营西南边疆的统治思想及治策》，《中国边疆史地研究》2002年第1期。

8. 方铁、李维：《论中国古代治边思想的特点、演变和影响》，《中国边疆史地研究》2003年第1期。

9. 方铁：《从赛典赤对云南的治策看蒙元的民族统治政策》，《回族研究》

2004 年第 2 期。

10. 方铁：《中原王朝的夷夏观及其治边》，《社会科学战线》2009 年第 11 期。

11. 方铁：《论封建王朝治边的历史经验》，《云南师范大学学报》2010 年第 2 期。

12. 方铁：《中原王朝的治边方略》，《学术探索》2009 年第 4 期。

13. 方铁：《古代治理边疆理论与实践的研究构想》，《社会科学战线》2008 年第 2 期。

14. 方铁：《秦汉蜀晋南朝的治边方略与云南通道开发》，《云南师范大学学报》2007 年第 6 期。

15. 方铁：《论唐朝统治者的治边思想及对西南边疆的治策》，《云南民族学院学报》2001 年第 2 期。

16. 方铁：《论羁縻治策向土官土司制度的演变》，《中国边疆史地研究》2011 年第 2 期

17. 方铁：《土司制度及其对南方少数民族的影响》，《中南民族大学学报》2012 年第 1 期。

18. 方铁：《试论元代云南驿传的特点及其作用》，《内蒙古社会科学》1988 年第 3 期。

19. 方铁：《论南诏的民族政策》，《思想战线》2003 年第 3 期。

20. 方铁：《唐宋元明清的治边方略与云南通道变迁》，《中国边疆史地研究》2009 年第 1 期。

21. 谭其骧：《历史上的中国和中国历代疆域》，《中国边疆史地研究》1991 年第 1 期。

22. 费孝通：《中华民族的多元一体格局》，《北京大学学报》1989 年第 4 期。

23. 尤中：《清朝对西南民族地区的设治和经营》，《明清史》1993 年第 9 期。

24. 尤中：《蒙元对西部各民族地区的设治和经营》，《云南社会科学》2000 年第 2 期。

25. 林超民：《汉族移民与云南统一》，《云南民族大学学报》2005 年

第 3 期。

26. 林超民：《唐前期云南羁縻州县述略》，《云南社会科学》1986 年第 4 期。

27. 范建华：《云南民族历史与文化的变迁——关于云南政治文化中心五百年一迁移的思考》，《学术探索》2004 年第 7 期。

28. 支云华：《古代云南的第一个政治经济中心》，《云南日报》2002 年 5 月 22 日第 C03 版。

29. 高荣：《汉代对西南边疆的经营》，《中国边疆史地研究》2000 年第 1 期。

30. 杨永福、何廷明：《论元明时期的"入湖广道"与滇黔政治中心的变迁》，《贵州民族研究》2005 年第 5 期。

31. 陆韧：《明朝的国家疆域观及其明初在西南边疆的实践》，《云南师范大学学报》2010 年第 5 期。

32. 陆韧：《元代西南边疆与麓川势力兴起的地缘政治》，《中国边疆史地研究》2008 年第 3 期。

33. 秦树才：《绿营兵与清代的西南边疆》，《中国边疆史地研究》2004 年第 2 期。

34. 何平：《中国西南边疆的变迁与中缅佤族跨国境格局的形成》，《世界民族》2001 年第 5 期。

35. 何平：《中国西南边疆的变迁与缅甸掸族的由来》，《云南民族大学学报》2007 年第 3 期。

36. 贺圣达：《东南亚文化史研究三题》，《云南社会科学》1996 年第 3 期。

37. 曹小曙、朱竑：《历史时期昆明市城区拓展及结构演变研究》，《热带地理》2000 年第 3 期。

38. 乔飞：《明代移民与昆明城市的发展》，《史学月刊》2006 年第 12 期。

39. 刘清涛：《60 年来中国历史疆域问题研究》，《中国边疆史地研究》2009 年第 3 期。

40. 杨建新：《"中国"一词和中国疆域形成再探讨》，《中国边疆史地研究》2006 年第 2 期。

41. 于逢春：《构筑中国疆域的文明板块类型及其统合模式序说》，《中国边疆史地研究》2006 年第 3 期。

42. 李方：《试论唐朝的"中国"与"天下"》，《中国边疆史地研究》2007 年第 2 期。

43. 毕奥南：《历史语境中的王朝中国疆域概念辨析——以天下、四海、中国、疆域、版图为例》，《中国边疆史地研究》2006 年第 2 期。

44. 李大龙：《传统夷夏观与中国疆域形成——中疆域形成理论探讨之一》，《中国边疆史地研究》2004 年第 1 期。

45. 李大龙：《不同藩属体系的重组与王朝疆域的形成——以西汉时期为中心》，《中国边疆史地研究》2006 年第 1 期。

46. 李大龙：《"中国"与"天下"的重合：古代中国疆域形成的历史轨迹》，《中国边疆史地研究》2007 年第 3 期。

47. 李大龙：《关于藩属体制的几个理论问题——对中国古代疆域理论发展的理论阐释》，《学习与探索》2007 年第 4 期。

48. 韦东超：《朝贡体制和分封制对我国统一多民族国家形成的作用》，《光明日报》2007 年 8 月 17 日第 009 版。

49. 李云泉：《五服制与先秦朝贡制度的起源》，《山东师范大学学报》2004 年第 1 期。

50. 李云泉：《朝贡制度的理论渊源与时代特征》，《中国边疆史地研究》2006 年第 3 期。

51. 谢禹：《以德怀远的磅礴唐风——管窥唐朝政权与西南、南部民族间的封贡现象》，《重庆工商大学学报》2008 年第 5 期。

52. 贾丛江：《西汉属部朝贡制度》，《西域研究》2003 年第 4 期。

53. 管彦波：《论唐代内地与边疆的"互市"和"朝贡"贸易》，《黑龙江民族丛刊》2007 年第 4 期。

54. 黄木、吴克娅：《中国古代少数民族朝贡初探》，《青海民族研究》2001 年第 4 期。

55. 周竞红：《"因俗而治"型政区：中国历史上"一体"与"多元"的互动》，《中央民族大学学报》2006 年第 5 期。

56. 岳小国、陈红：《不被"整合"的向心力——民族走廊"国家化"研究》，《青海民族研究》2013 年第 2 期。

57. 徐丽黎、龚霄侠：《博弈、权变与路径：古代中国少数民族行政发展论》，《青海社会科学》2009 年第 6 期。

58. 彭建英：《中国传统羁縻政策略论》，《西北大学学报》2004 年第 1 期。

59. 宋卿：《渤海忽汗州都督府朝贡唐王朝述论》，《史学集刊》2006 年第 5 期。

60. 戴辉：《元初大理地区权力结构探析》，《徐州师范大学学报》2012 年第 1 期。

61. 沈乾芳：《明清时期彝族土司联姻对西南地区的影响》，《贵州民族研究》2011 年第 1 期。

62. 刘弘：《从云南的历史碑刻看儒家文化在边疆的传承与作用》，《中华文化论坛》1999 年第 3 期。

63. 邓立木：《云南边疆地区移民文化形成与特征初探》，《云南民族学院学报》2000 年第 3 期。

64. 李世愉：《清政府对云南的管理与控制》，《中国边疆史地研究》2000 年第 4 期。

65. 龚荫：《关于土司制度渊源发展研究的十个问题》，《青海民族研究》2013 年第 1 期。

66. 李根、张晓松：《羁縻制与少数民族政治行政制度》，《云南行政学院学报》2002 年第 1 期。

67. 李幹：《略述元代土司制度中的几个问题》，《民族研究》1984 年第 4 期。

68. 徐杰舜：《关于中国民族政策史的若干问题》，《黑龙江民族丛刊》1998 年第 2 期。

69. 史继忠：《略论土司制度的演变》，《贵州文史丛刊》1986 年第 4 期。

70. 林荃：《云南土司制度的历史特点及分期》，《云南民族学院学报》1993 年第 1 期。

71. 郭家骥：《地理环境与民族关系》，《贵州民族研究》2008 年第 2 期。

72. 韦文宣、严英俊：《羁縻制与土司制名异质同论略》，《广西民族研究》1991 年第 3 期。

73. 马国君、李红香：《论王阳明对黔桂土司地区的治理与边疆稳定》，《广西民族研究》2012 年第 4 期。

74. 杨宗亮：《元明清时期滇桂通道及其历史作用》，《中南民族学院学报》1999 年第 2 期。

75. 李清升：《赛典赤·赡思丁兴儒办学的历史功绩及其意义》，《云南民族学院学报》1999 年第 1 期。

76. 龙永行：《杰出的回族改革家赛典赤》，《云南师范大学学报》1987 年第 2 期。

77. 廖国强：《文庙与云南文化》，《云南社会科学》2006 年第 2 期。

78. 周芳：《元代云南宗王考析》，《云南民族大学学报》2010 年第 6 期。

79. 黄敏：《南诏〈德化碑〉文化初探》，《学术探索》1999 年第 4 期。

80. 尹记远：《秦汉魏晋南北朝时期云南民族政策述评》，《学术探索》2002 年第 5 期。

81. 郑维宽：《试论明清时期云南经济发展的区域差异及重心分布》，《曲靖师范学院学报》2006 年第 4 期。

82. 鲁刚、吴宗友：《略论昆明古城的历史沿革、文化特色及其底蕴》，《中国边疆史地研究》2004 年第 2 期。

83. 蓝勇：《明清时期云贵汉族移民的时间和地理特征》，《西南师范大学学报》1996 年第 2 期。

84. 蓝勇：《明清时期西南地区城镇分布的地理演变》，《中国历史地理论丛》1995 年第 1 期。

85. 古永继：《明代外来移民对云南文化发展的影响和推动》，《西南边疆民族研究》2010 年第 2 期。

86. 古永继：《明清时期云南的江西移民》，《思想战线》2011 年第 2 期。

87. 古永继：《元明清时期云南的外地移民》，《民族研究》2003 年第 2 期。

88. 古永继：《明清时期云南文人的地理分布及其思考》，《云南学术探索》1993 年第 2 期。

89. 古永继：《清代云南官学教育的发展及其特点》，《云南社会科学》

2003 年第 2 期。

90. 李晓斌：《清代云南汉族移民迁徙模式的转变及其对云南开发进程与文化交流的影响》，《贵州民族研究》2005 年第 3 期。

91. 吴兴南：《明清两代云南商业发展概述》，《云南学术探索》1996 年第 5 期。

92. 吴兴南：《清代前期的云南对外贸易》，《云南社会科学》1997 年第 2 期。

93. 方慧：《清代前期西南边疆地区农业生产的发展》，《中国边疆史地研究》1997 年第 2 期。

94. 方慧、徐中起：《清代前期西南边疆地区商品经济的发展》，《民族研究》1997 年第 2 期。

95. 惠富平：《明清时期西部经营与农业开发简论》，《古今农业》2003 年第 3 期。

96. 李世宇：《康雍乾时期民族政策与西南民族地区开发》，《贵州民族研究》1992 年第 1 期。

97. 苏德：《试论晚清边疆、内地一体化政策》，《中国边疆史地研究》2001 年第 3 期。

98. 黎小龙：《战国秦汉西南边疆思想的区域性特征初探》，《中国边疆史地研究》2004 年第 4 期。

99. 黎小龙：《论两汉王朝西南边疆开发中的"各以地比"之治理方略》，《西南师范大学学报》2001 年第 6 期。

100. 李桂芳：《论两汉王朝西南边疆开发中的人才策略》，《重庆三峡学院学报》2004 年第 1 期。

101. 李桂芳、黎小龙：《从"朱崖故事"和不弃益州看两汉王朝对西南边疆的开发治理》，《中华文化论坛》2003 年第 2 期。

102. 孙大江：《秦汉时期滇东北的经济开发》，《云南社会科学》1992 年第 5 期。

103. 刘雪河：《论两汉时期滇人的封建化问题》，《中国边疆史地研究》，2002 年第 3 期。

104. 朱丽双：《8 世纪前后吐蕃势力入西洱河地区问题研究》，《中国藏学》2003 年第 3 期。

105. 万永林、谷跃娟：《南诏的守土措施与中国西南疆域的稳定与发展》，《中国边疆史地研究》2008 年第 3 期。

106. 刘信君：《中国古代"羁縻"思想与东北边疆治理》，《中国社会科学院院报》2008 年 9 月 11 日第 006 版。

107. 高福顺：《关于中国古代东北疆域问题的几点认识——东北疆域发展的动态过程与阶段性特征》，《学习与探索》2007 年第 4 期。

108. 刁书仁：《论清朝对东北边疆各族的管理体制》，《史学集刊》2002 年第 4 期。

109. 李亚西：《浅析金代东北的行政建置》，《吉林师范大学学报》2003 年第 3 期。

110. 陈鹏：《清太宗统一黑龙江流域初探》，《满族研究》2004 年第 4 期。

111. 黄松筠：《论明代辽东流人文化》，《辽宁师范大学学报》1998 年第 6 期。

112. 曲守成、孟古托力：《古代东北民族南下西进规律性运动考论》，《学习与探索》2000 年第 2 期。

113. 张云：《西藏参与、认同中国"大一统"的历史及其启示》，《中国边疆史地研究》2006 年第 1 期。

114. 成崇德：《论清朝疆域形成与历代疆域的关系》，《中国边疆史地研究》2005 年第 1 期。

115. 刘正寅：《"大一统"思想与中国古代疆域的形成》，《中国边疆史地研究》2010 年第 2 期。

116. 李治亭：《论清代"大一统"与边疆民族问题》，中华文史网，2012 年 6 月 20 日。

117. 李治亭：《论清代边疆问题与国家"大一统"》，《云南师范大学学报》2011 年第 1 期。

118. 陈跃：《"因俗而治"与边疆内地一体化——中国古代王朝治边政策的双重变奏》，《云南师范大学学报》2012 年第 2 期。

119. 张双智：《清朝外藩体制内的朝觐年班与朝贡制度》，《清史研究》2010 年第 11 期。

120. 芮传明：《古代"和亲"利弊论》，《史林》1997 年第 2 期。

121. 王景泽：《清朝的黄教政策与蒙古社会》，《东北师大学报》2002 年第 1 期。

122. 马国荣：《论西域都护府》，《新疆社科论坛》1991 年第 2 期。

123. 张安福、英宝军：《历代新疆兵屯发展及其对兵团的时代借鉴》，《石河子大学学报》2010 年第 3 期。

124. 张安福：《唐代西域经济开发研究》，《中国农史》2010 年第 1 期。

125. 王春辉：《历代屯垦制度及发展对新疆兵团管理的启示》，《新疆农垦经济》2009 年第 7 期。

126. 张晓彤：《伯克制度：清前期中原官制与新疆地方特色的完美结合（上）》，《中国民族报》2012 年 8 月 24 日第 007 版。

127. 况腊生：《古代茶马贸易制度》，《理论界》2008 年第 4 期。

128. 格勒：《从"茶马互市"到"茶马古道"》，《人民日报·海外版》2003 年 2 月 26 日第 8 版。

129. 敏政：《从明代汉藏间的茶马互市看明代的治藏政策》，《青海民族研究》2011 年第 2 期。

130. 朱振宏：《西藏文明东向发展——13 世纪西藏与中原政治关系形成的必然性》，《史学史研究》2010 年第 4 期。

131. 石硕：《蒙古在连结西藏与中原政治关系中的作用》，《西藏研究》1993 年第 4 期。

132. 陈柏萍：《从驻藏大臣的设置看清朝前期对西藏的施政》，《青海民族学院学报》2004 年第 2 期。

（二）硕、博士学位论文

1. 石坚军：《忽必烈与云南》，云南师范大学硕士学位论文，2005。

2. 徐建军：《清代昆明城市发展研究》，四川大学硕士学位论文，2007。

3. 闫宗淼：《清朝回疆民族政策——伯克制度研究》，石河子大学硕士学位论文，2010。

4. 蒲晓：《清代云南义学研究》，云南大学硕士学位论文，2011。

5. 张士尊：《清代东北移民与社会变迁：1644～1911》，东北师范大学博士学位论文，2003。

6. 朴永焕：《汉藏茶马贸易对明清时代汉藏关系发展的影响》，四川大学博士学位论文，2003 年。

7. 王瑞平：《明清时期云南的人口迁移与儒学在云南的传播》，中央民族大学博士学位论文，2004。

8. 马啸：《17 至 18 世纪清政府与蒙藏地区政治互动模式研究》，西北师范大学博士学位论文，2008。

|后|　　|记|

　　本书是国家社科基金特别委托项目"西南边疆历史与现状综合研究项目"的系列成果之一；是专门、专志集中研究"云南行政中心的历史变迁及云南疆域形成问题"的创新之作。本书充分吸收了前人的相关研究成果，是第一次全面而系统地对这一问题所进行的研究。

　　20 世纪 80 年代以来，云南边疆的研究几乎与全国边疆研究的大趋势相同步，在云南边疆历史与现状问题研究的诸多领域取得了一系列令人瞩目的成就，产生了一大批有较大分量的创新性论著和突破性成果。其学术研究也经历了一个视野不断开阔、领域日益拓展、研究层次逐步深化的过程。从近 30 余年的云南边疆研究成果来看，"云南行政中心的历史变迁及疆域形成问题"已构成了当今学界有关云南区域史、地方史和边疆史研究中的一个重要视点，目前只是对这一问题的系统研究还十分薄弱，亟待深入。有鉴于此，本书正是在首次总结前人相关研究成果的基础上对这一问题所进行的系统研究。本书以时间为主线，运用中长时段历史观的研究法理论，以 6 个章节分门别类地从地理环境、移民、交通、经济发展及王朝的治边治策等多角度、多因素对"历史上云南行政中心变迁及西南边疆或云南疆域形成问题"进行了深入系统的分析研究；另外，每一次云南行政中心的变迁，又对不同历史时期云南社会的发展格局产生了深远影响，本书也对这一问题做出了深入分析、归纳与总结。此外，运用长时段、系统研究法和纵横比较研究法对云南疆域形成和发展相关理论问题进行宏观整体性研究，分析并总结云南边疆在中国疆域形成发展中的特点、地位、作用、贡献及与其他边疆地区的异同之处，也是本课题研究的亮点所在。

本书立足于运用长时段、综合性、多维度、宏大视角认识问题的方法，突破了以往相关研究仅云南而论云南或仅西南而论云南的局限，把云南行政中心的历史变迁及疆域形成问题放在历史的长河视野中进行审视与研究，从中发掘出中长时段下隐藏的结构性因素，找出历史发展的轨迹和历史演变的规律，是本课题研究中努力的方向所在。鉴于中国历史疆域形成和发展的相关实践及理论研究是一个十分系统而宏大的课题，本书所涉云南疆域形成发展的相关理论研究仅是对这一宏大课题所涉的概要研究，仅是引玉之砖。对云南边疆在中国疆域形成发展中与其他边疆地区的不同之处进行进一步深入系统的比较研究仍需深入；云南边疆及各边疆民族政权在中国历史疆域形成和发展中所展现出来的不同特点及深层次原因尚需深入细化研究，有待认真思考和系统总结。这些都将是今后本人研究中努力的方向所在，当然也热望后来者能够为之努力、耕耘。

此外，还需要说明的是，本书的撰写是在方铁先生指导的硕士学位论文《历史上云南行政中心的变迁及其影响》（2008 年云南大学硕士学位论文）基础上修正、丰富、发展、增添中完成的。恩师马大正先生对本书题目和提纲的确定及撰写在百忙之中也都给予了悉心的指导。在此，谨向马大正和方铁两位先生表达我最为由衷的谢意！非常感谢两位导师多年来对我的栽培与指导之功。

本书在撰写过程中还曾得到云南大学王文光教授的指导与帮助，民族研究院的古永继教授、李晓斌教授和金少萍教授也都为本书的撰写给予过一定的指导，在此一并向诸位老师表示深深的谢意！

2011 年取得博士学位之后，入职云南大学历史系工作以来，我还得到了人文学院历史系诸多师友的关心和帮助，其中罗群教授、吴晓亮教授、韩杰教授和王芳老师对我教学工作的帮助与能力的提高多有助益；陈庆江教授、赵小平教授、张轲风副教授、陈碧芬副教授、辛亦武老师和谢蔚老师也对我多有关照；黎志刚、田晓忠、董雁伟、刘灵坪、施雾、张佳梅和杨晓慧等青年老师在工作中对我也帮助有加。如此众多师友的关心和帮助，使我在历史系大集体中倍感温暖。值此之际，特向人文学院历史系帮助和鼓励过我的诸位师友及同仁表达诚挚的谢意！另外，还要感谢社会科学文献出版社的编辑范迎老师，她为本书的编辑、校对、出版付出了辛苦劳动。

最后，还要特别感谢的是一如既往地支持我学习、工作的父母，多年来，我在千里之外的地方读书、学习和工作，父母是我的坚强后盾，他们吃苦耐劳、积极向上的品格，长久以来，成为激励我勇往直前的无形力量。在本书撰写的过程中，我的岳父岳母也给了我很多的鼓励与支持；我的爱人周昉女士，任劳任怨、操持家务，为我专心写作，为本书的顺利完成提供了莫大的支持和帮助。在此，我想说一声，谢谢你们，辛苦了！

王振刚

2015 年 2 月

于昆明滇池之畔静乐斋

图书在版编目（CIP）数据

云南行政中心的历史变迁及疆域形成/王振刚著. —北京：
社会科学文献出版社，2015.9

（西南边疆历史与现状综合研究项目. 研究系列）

ISBN 978 - 7 - 5097 - 7643 - 8

I. ①云…　 II. ①王…　 III. ①疆域 - 政区沿革 - 研究 - 云南省
IV. ①K927. 4

中国版本图书馆 CIP 数据核字（2015）第 132684 号

西南边疆历史与现状综合研究项目·研究系列
云南行政中心的历史变迁及疆域形成

著　　者 / 王振刚

出 版 人 / 谢寿光
项目统筹 / 宋月华　范　迎
责任编辑 / 范　迎

出　　版 / 社会科学文献出版社·人文分社（010）59367215
　　　　　　地址：北京市北三环中路甲 29 号院华龙大厦　邮编：100029
　　　　　　网址：www. ssap. com. cn
发　　行 / 市场营销中心（010）59367081　59367090
　　　　　　读者服务中心（010）59367028
印　　装 / 三河市尚艺印装有限公司

规　　格 / 开　本：787mm × 1092mm　1/16
　　　　　　印　张：15. 75　字　数：239 千字
版　　次 / 2015 年 9 月第 1 版　2015 年 9 月第 1 次印刷
书　　号 / ISBN 978 - 7 - 5097 - 7643 - 8
定　　价 / 69. 00 元